"Em RESGATANDO A AMBIÇÃO, Dave Harvey destaca a diferença entre ambição para a glória de Deus, que é boa, da ambição pela glória do eu, que é má. A ambição piedosa não existe em um vácuo. Portanto, Harvey nos ajuda a ver como ela está interligada à humildade, ao contentamento, à fé, e, acima de tudo, ao evangelho. Dave Harvey é tanto pastor experiente como talentoso escritor. Assim, você verá que este livro não é apenas de grande proveito como também difícil de ser posto de lado".

Jerry Bridges, autor, *The Pursuit of Holiness*

"Thomas Watson disse: 'A ambição egocêntrica é _____. Entretanto, Dave Harvey nos mostra um caminho melhor em RESGATANDO A AMBIÇÃO. Com sagacidade e sabedoria, Dave desvenda a verdade da Escritura, nos ensinando a maneira como Deus forma em nós uma ambição impulsionada pelo evangelho, para uso em sua missão e para a sua glória. Espero que todo líder da igreja hodierna leia RESGATANDO A AMBIÇÃO."

Ed Stetzer, Presidente, Pesquisas *LifeWay*

"Dave Harvey pensa bem, escreve bem, conta boas histórias e cita pessoas de substância e perceptividade. Há muito tempo aprecio a integridade, sabedoria e perspectiva de Dave. Se eu não temesse alimentar a sua ambição de grandiosidade, ou minha ambição de escrever um endosso memorável, eu acrescentaria que RESGATANDO A AMBIÇÃO é bíblico, honesto, arguto e, às vezes, divertido. Estou feliz em recomendar este excelente livro sobre assunto importante e muitas vezes negligenciado."

Randy Alcorn, autor, *If God is Good* e *Heaven*

"RESGATANDO A AMBIÇÃO é livro para todos nós que fomos criados por Deus, e nos esforçamos para alcançar a excelência. Ele se aplica a todo cristão. Dave Harvey, de modo brilhante e acessível, responde a pergunta: 'Os cristãos conseguem ser humildes e ambiciosos ao mesmo tempo?' Ele explica por que e como isso é possível, sempre colocando as raízes de sua apresentação nas Escrituras. Este é um livro que precisava ser escrito. Você não se decepcionará."

Jim Tebbe, Vice-Presidente de Missões; Diretor, Conferência Urbana de Missões, *Intervarsity Cristian Fellowship*

"Quer você esteja na rua principal de sua cidadezinha quer na *Wall Street*, este livro tem algo a lhe dizer. Nenhum autor fez trabalho melhor ao ajudar-me a entender o meu coração, a minha motivação e o meu Salvador. Harvey usa o humor, a Escritura e exemplos da vida real, para nos ajudar a equilibrar nossos sonhos e nossos chamados, enquanto sempre nos lembra de que Jesus é o Cristo."

Josh Deckard, Ex-Secretário Assistente de Imprensa para o Presidente Bush

"Sempre fui uma pessoa bastante ambiciosa. Não gosto de tetos ou limites. Amo pensar e sonhar sobre grandes realizações, fazer parte de algo grandioso, que transforme o mundo — e sempre me sentia culpado por isso. Tenho batalhado minhas motivações e a razão pela qual quero fazer grandes coisas. Minha luta tem sido sobre como discernir em meu próprio coração, a diferença entre a ambição egoísta e o ímpeto centrado em Deus. A fim de errar do lado mais seguro, às vezes tenho a tendência de reduzir o tamanho dos sonhos e diminuir minhas expectativas. Sob o estandarte de tentar ser humilde, eu me contento com menos. Suponho que sempre lutarei com essa tensão, pelo resto da minha vida caída neste mundo esfacelado – mas, graças a Dave Harvey, tenho agora uma nova ferramenta, que ajuda a avaliar e separar essas coisas de maneira totalmente encharcada pelo evangelho. Obrigado, Dave!"

Tullian Tchividjian, Pastor, *Coral Ridge Presbyterian Church*, Fort Lauderdale, Flórida; autor, *Unfashionable: Making a Difference in the world by Being Different*

"Ambição é guerra – uma luta entre a busca de autonomia impelida pelo pecado, de autossuficiência e glória própria, e o humilde desejo de que tudo que se faz reflita a única coisa que é excelente sobre todas as demais, a glória de Deus. Em cada página, Harvey nos alerta quanto a essa guerra e nos treina a ser bons soldados."

Paul Tripp, Presidente, *Paul Tripp Ministries*

"Como líder de uma organização dedicada expressamente a ver o aprofundamento do evangelho em nossa vida, e sua expansão externa para as nações, sou grato pelo resgate da ideia da ambição feita por Dave Harvey. O livro de Dave é lembrete poderoso, de linguagem clara, saturada pela Escritura, de que, quando o evangelho for central à nossa identidade e segurança, seremos libertos dos sonhos mesquinhos e motivações tacanhas que muitas vezes paralisam o ministério. No evangelho, encontramos a liberdade para sermos verdadeiramente ambiciosos.

Bob Osborne, Diretor Executivo, *World Harvest Mission*

"Desde a primeira página, o estilo de escrever de Dave prendeu minha atenção, com seu humor, humildade e estilo prático, encharcado de Bíblia. Não creio ter visto outro livro sobre ambição, mas tenho procurado provocar as pessoas a encontrar, pedir emprestada, até mesmo roubar um pouco de ambição! Dave escreve para aqueles entre nós que não são suficientemente ambiciosos a ponto de ler (quanto mais compreender) um espesso tratado teológico, entretanto estão suficientemente interessados para ler as palavras de alguém que entende nosso contentamento em simplesmente observar outros que, possuindo ambição, sobem montanhas, compõem grande música, e tentam realizar o impensável — como ensinar os três filhos em casa[1]. Este não é um livro de autoajuda que não ajude; é um despertador para acordar os bons dons colocados por Deus dentro de nós, especificamente para sua própria glória."

Scott Thomas, Diretor, *Acts 29 Church Planting Network*

---

1 Nos Estados Unidos existe a possibilidade de as crianças não frequentarem a escola regular. Os pais ou responsáveis as ensinam em casa (*Homeschool*). [Nota da Tradutora]

"Eu não sabia que minha ambição era deficiente, carente de ser resgatada – até ler este livro. Harvey escreve com percepção e clareza, compelindo-nos a pensar que a falta de ambição piedosa posiciona-se ao lado do pragmatismo e da inconstância teológica como males que afligem a igreja hodierna. No entanto, em sua raiz, este livro não trata tanto da caça aos problemas quanto trata do evangelho, da salvação e abraçar a ambiciosa agenda que Jesus dispõe para nossas vidas. Aqueles que querem viver com propósitos altos e gloriosos pelo Salvador devem ler este livro. Como também os que não querem, ou os que nunca pensaram sobre o que realmente envolve a ambição piedosa. RESGATANDO A AMBIÇÃO nos conclama a viver vidas grandes, ousadas, trazendo tanta glória para Jesus quanto for possível."

Thabiti Anyabwile, Senior Pastor, *First Baptist Church of Grand Cayman*; autor, *The Faithful Preacher*

"Dave Harvey nos ensina que Deus quer que a ambição seja colocada de volta em nosso entendimento da piedade e saúde espiritual. Como cristãos, temos de ser zelosos de boas obras (Tito 2.13) — ou seja, ambiciosos por elas. Temos de ser um povo que sonha e realiza grandes coisas para a glória de Deus e para o bem do próximo. Não nos contentemos com pequenos sonhos vestidos à guisa da humildade. Este livro é essencial para a igreja de hoje porque nos ajuda a recuperar o espírito de William Carey, que disse ambiciosamente: 'Espere grandes coisas de Deus. Empreenda grandes coisas para Deus.'"

Matt Perman, Diretor de Estratégia, *Desiring God Ministries*

"Dave Harvey entregou uma proposta que nos compele ao desenvolvimento de ambição piedosa dirigida a Deus, na vida de homens e mulheres. Este livro perceptivo porta uma mensagem oportuna para nossa cultura de 'qualquer coisa': todos nós temos ambição – para onde ela está dirigida e como ela é utilizada merece séria consideração. Com humilde humor, Dave revela como o fato de estar antenado em glória poderá nos corromper ou nos conduzir a uma agenda divina. Altamente recomendado!"

Carolyn McCulley, autora, *Radical Womanhood: Feminine Faith in a Feminist World* e *Did I Kiss Marriage Goodbye? Trusting God with a Hope Deferred*

"Somente uma pessoa ambiciosa tentaria salvar a ambição! Somente uma pessoa ambiciosa tomaria o tempo para escrever um livro sobre o assunto. E somente uma pessoa humilde conseguiria realizar a tarefa! Existe vasta distinção entre a ambição egoísta e ambição piedosa. Se quiser saber o que as distingue, leia este livro e descubra a diferença radical entre glória egocêntrica e a glória de Deus. Como em seu livro sobre casamento, *When Sinners Say "I Do"*, você encontrará Dave escrevendo a partir de suas próprias falhas e crescimento na graça. É interessante que a ambição possa ser resgatada, porém, esse resgate não será possível sem que antes banhemos a ambição nas virtudes do evangelho e experiências de vida como humildade, serviço, contentamento, fracasso e comunidade. E também não se chegará lá sem um Redentor. Dave certifica que você conheça esse Redentor, Jesus, através das páginas deste livro. Quer você lute contra a ambição egoísta quer por total falta de ambição, este livro poderá ajudá-lo."

Timothy S. Lane, Diretor Executivo e Corpo Docente, *Christian Counseling and Educational Foundation*

"Dave Harvey não se satisfaz com viver uma vida de mediocridade, nem se satisfaz em ver seguidores de Jesus vivendo dessa forma. Com estilo *pé no chão*, Dave tira o conceito de ambição da pilha de 'rejeitados' do vocabulário cristão para nos lembrar de que ser ambicioso, por razões e alvos certos, é algo desejável, ou melhor, é um imperativo do evangelho. Os seus argumentos não são de balbucios psicológicos sem base, antes, são fundamentados na Escritura, teologicamente sãos e intensamente práticos."

Tim Witmer, Professor de Teologia Prática, *Westminster Theological Seminary*

# RESGATANDO A AMBIÇÃO

DAVE HARVEY

**Resgatando a Ambição**
Traduzido do original em inglês
*Rescuing Ambition*
Copyright © 2010 by Sovereign Grace Ministries

∎

Publicado por Crossway Books,
Um ministério de publicações de Good News Publishers
1300 Crescent Street
Wheaton, Illinois 60187, U.S.A

∎

Copyright©2011 Editora FIEL
Primeira Edição em Português 2012

*Todos os direitos em língua portuguesa reservados por
Editora Fiel da Missão Evangélica Literária*

PROIBIDA A REPRODUÇÃO DESTE LIVRO POR QUAISQUER MEIOS, SEM A
PERMISSÃO ESCRITA DOS EDITORES,
SALVO EM BREVES CITAÇÕES, COM INDICAÇÃO DA FONTE.

∎

Presidente: James Richard Denham III.
Presidente emérito: James Richard Denham Jr.
Editor: Tiago J. Santos Filho
Tradução: Elizabeth Gomes
Revisão: Márcia Gomes
Diagramação: Rubner Durais
Capa: Rubner Durais
ISBN: 978-85-8132-030-4

Caixa Postal 1601
CEP: 12230-971
São José dos Campos, SP
PABX: (12) 3919-9999
www.editorafiel.com.br

EDITORA FIEL

**A meus filhos,**
2nd Lt. Tyler . . . e seu irmãozinho Asa —
que suas ambições premiem a glória de Deus acima de tudo!

# SUMÁRIO

**Apresentação | C. J. Mahaney**......................................................15

**Introdução | A Face da Ambição**..................................................19

**Capítulo 1 | Ambição Concebida**..................................................27
Somos antenados para a glória

**Capítulo 2 | Ambição Corrompida**................................................49
Ficando menor em nossa tentativa de ser grande

**Capítulo 3 | Ambição Convertida**..................................................65
Para onde ir quando o seu melhor não basta?

**Capítulo 4 | Agenda da Ambição**...................................................83
Toda ambição tem uma agenda — qual é a sua?

**Capítulo 5 | Confiança da Ambição**.............................................105
Fé centrada em Deus provoca ambição que glorifica a Deus

**Capítulo 6 | O Caminho da Ambição**..........................................125
O caminho da ambição é um paradoxo

**Capítulo 7 | Contentamento da Ambição** ...................................................149
Se for a ambição que me define, ela jamais me realizará

**Capítulo 8 | Fracasso Ambicioso** ................................................................171
Onde está Deus quando nossos sonhos nos conduzem ao fracasso?

**Capítulo 9 | Ambição pela Igreja** ...............................................................193
A ambição encontra expressão em um lugar surpreendente

**Capítulo 10 | Risco Ambicioso** ....................................................................213
A ambição necessita do risco para produzir a recompensa

**Capítulo 11 | Ambição Paga Adiantadamente** ..........................................235
A missão marcha adiante quando a ambição olha para frente

**Pós-Escrito | Por Que Escrevi este Livro** ...................................................261

**Agradecimentos** ...........................................................................................269

# APRESENTAÇÃO

Humilde ambição. É possível tal coisa?

Se você tivesse me perguntado há vinte anos, eu diria: Não creio ser possível.

Meu amigo Dave Harvey é um dos homens que me ajudaram a ver a ambição de outra forma. A humildade não precisa abafar a ambição, e a ambição — da espécie certa — não precisa esmagar a humildade. Na verdade, honramos o Salvador quando cultivamos a ambos.

Se isso o surpreende, você precisa conhecer Dave.

Eu me recordo vivamente de uma conversa que tive há alguns anos com Dave. Estávamos sentados fora durante o intervalo de uma conferência que assistíamos em Coventry, na Inglaterra. Pela primeira vez não estava chovendo, mas não é por essa razão que o momento ficou tão forte na lembrança.

Dave e eu não tínhamos nenhuma agenda para nosso tempo. Éramos apenas bons amigos conversando e rindo juntos, seguindo a conversa por ponde ela nos conduzia. Mas o cenário relaxado foi rapidamente infundido de uma visão apaixonada quando começamos a falar sobre o futuro. Falávamos de começar novas igrejas e se seria correto sermos ambiciosos em servir ao Salvador.

Tenho certeza de que foi Dave que levantou a questão da ambição, porque não era algo sobre o que eu havia pensado muito. Da minha parte, ficava imediatamente alerta quanto à ambição em minha vida, em qualquer forma que ela aparecesse.

Contudo, era óbvio que Dave havia pensado cuidadosamente no assunto. Estava cauteloso quanto à tentação da ambição egoísta, mas tinha também grandes sonhos. Tinha um ímpeto santo de avançar o evangelho por meio da plantação de igrejas. E enquanto conversávamos, ficou claro que eu precisava reconsiderar minha avaliação sobre a ambição.

Desde aquela tarde tenho conversado muitas vezes com Dave a respeito de ambição. Hoje, recomendo de coração a leitura deste livro.

Ora, Dave não fez uma campanha pessoal para escrevê-lo. Foi só recentemente que ele indagou sobre escrever a respeito de ambição, e todos os seus amigos o estimularam a fazê-lo. Achamos que ele tem as qualificações para isso por inúmeras razões. Menciono apenas algumas.

Dave é qualificado para escrever este livro porque a teologia forma seu pensamento. Ele tem estudado o assunto durante muitos anos. A sã doutrina, centrada no evangelho, informa o seu entendimento deste tópico.

E ele não tem estudado simplesmente com desinteressado enfoque acadêmico. Dave é qualificado para escrever este livro porque tem estudado o seu próprio coração. Ele presta muita atenção à própria alma, sendo vigilante sobre a mínima presença de ambição egoísta. Neste livro, ele irá dizer o que descobriu a respeito de si. Não é nada elogioso. Dave é homem humilde, e o ajudará a conhecer o seu próprio coração.

Quem sabe você seja como eu era antes de minha conversão, sem a mínima ambição discernível. Talvez você mantenha os seus sonhos gerenciáveis e domesticados simplesmente porque é mais fácil assim. Ou, quem sabe, você é como Dave — cheio de energia ilimitada, sempre procurando o próximo desafio. E pode ser que você tenha visto sua ambição ficar feia, como os sonhos que se transformam em exigências, e a vida que se torna uma busca por glória pessoal.

De qualquer maneira, este livro foi escrito para você. Trata de muito além da ambição egoísta. Este livro trata da graça. É sobre ambição pela glória de outro. É sobre ver a ambição resgatada e santificada para o avanço do evangelho e serviço de sua igreja local, sua família, seu escritório, sua escola. Trata de acender a ambição para a glória de Deus.

## APRESENTAÇÃO

Cada um de nós tem ambição por alguma coisa ou alguém (é isso mesmo: incluindo você). Mas poucos têm pensado biblicamente sobre o que é a ambição. Não gostamos de falar a respeito disso. Presumimos que, se evitarmos o assunto, evitaremos a tentação. Precisamos alguém com quem conversar, alguém que nos ensine a respeito de nossas aspirações. Este livro o ajudará a cultivar ambição santa.

Se você pensa, como eu pensava antigamente, que a humildade e a ambição não podem andar juntas, vire a página. Acho que daqui a muitos anos você se lembrará onde estava quando leu este livro pela primeira vez e que diferença ele fez em sua vida.

**C. J. Mahaney**
*Sovereign Grace Ministries*

## INTRODUÇÃO
# A FACE DA AMBIÇÃO

Bem-vindo à Introdução — a seção "por qual razão devo parar minha vida atarefada para começar a ler este livro". Uma pesquisa extensa (quer dizer, a que conduzi andando pelo meu escritório e perguntando a algumas pessoas) provou conclusivamente que as pessoas raramente leem as introduções. Sendo assim, obrigado se você contrariou essa tendência.

Vamos enfrentar a questão da curiosidade que o levou até aqui para início de conversa: Por que você, já com tantas exigências sequestrando seu tempo, deveria ler este livro? Deixe que eu responda de modo condizente a um pastor. Dica: a história.

Nas últimas duas décadas, tive uma condição que não me permitia dormir bem. O termo técnico é *apnéia de sono*. Minha esposa a chamava de "roncadeira de botar tudo pra fora".

Procurei o médico.

– Removerei sua úvula – ele me disse. – Então você não roncará mais. Dormirá melhor.

Ora, eu nem sabia que eu tinha uma úvula, mas fiquei apavorado quando ele sugeriu removê-la. Existe algo quanto a médicos, bisturis e pontos na área da garganta que nos deixa mais contentes se passarmos sem conseguir dormir mesmo.

Mas por alguma razão, deixei que o fizesse. Extraíram minha úvula. E agora, consigo dormir.

Existe algo nisso, entretanto, que eu não esperava. Quando perdi a úvula, achei meus sonhos. Veja só, porque eu nunca dormia bem, eu nunca sonhava. Sei que os especialistas diriam que eu sonhava e não sabia disso – mas isso não importa porque nem me lembro de ter sonhado. Nem uma só vez. Eu era despido de sonhos. Mesmo o especialista diria que essa é uma forma chata de passar a noite.

Eu nem sabia que havia perdido os sonhos até encontrá-los – ou melhor, eles foram devolvidos para mim. Na verdade, foram resgatados, levados, pelo ar de alguma fenda fria e sem vida onde os sonhos hibernam até que chegue o sono profundo. Ou algo parecido.

Tudo isso pode soar estranho, mas é verdade. Meus sonhos foram resgatados por alguém com um bisturi. Vá entender isso!

Muitas pessoas vivem desse jeito – sem sonhos. Passam de um dia para outro sem o efeito restaurador de um sonho memorável. Eu entendo bem isso. A minha falta de sonhos nunca foi ruim o suficiente para atrapalhar minha vida – apenas o bastante para transformar minhas noites em movimentos lentos e tornar meus dias enevoados, como uma neblina que obscurecia meu parabrisa mental.

Mas existem sonhos passíveis de perda, de muito maior significado do que os que eu estava perdendo. Não o tipo de sonho de "Movimento Rápido dos Olhos", mas os sonhos que nos impelem quando estamos acordados. Os sonhos fazem que nos estendamos além de nós mesmos, que vejamos além do presente e vivamos por algo mais.

Se você estiver tendo dificuldades em manter essa espécie de sonho, então tem um problema de verdade. E este livro é para você.

## A PAIXÃO MAIS SECRETA?

Meu amigo Andy é um homem talentoso que cresceu tendo pouco estímulo a desenvolver ou usar seus dons. Ser tudo que pode ser? Acho que não. Para Andy, a ambição era como a álgebra — precisava o suficiente para passar, mas mais que isso não valia a pena. Andy preferia uma boa soneca a um novo desafio. Não tinha muitos sonhos – ou perdera aqueles que tinha.

Na faculdade, Andy se converteu a Cristo. Sua vida não era mais sua. Ele reconheceu que sua frutificação como cristão estava ligada aos seus sonhos e desejos para Deus. Com o tempo, os olhos de Andy foram abertos para sonhos que jamais tivera antes — aspirações pela glória de Deus. Isso transformou Andy como homem, marido, pai e cristão. Ele viu a ligação entre sonhos – o tipo certo de sonhos – e prazer, frutificação, e glorificar a Deus. É uma ligação bem forte.

> O que vem à mente quando você pensa em ambição?
> Você a enxerga como algo que ocupa o interesse de Deus?

É dessa espécie de sonho que falo neste livro. Eles mexem com uma das mais potentes motivações do coração humano: a *ambição*.

É a motivação instintiva de aspirar certas coisas, fazer as coisas acontecerem, ter um impacto, contar com algo na vida.

Herman Melville chamou a ambição de "a mais secreta de todas as paixões"[1]. Do que você a chama? O que vem à mente quando pensa em ambição? A palavra faz surgir imagens de ditadores megalomaníacos e mesquinhos, ou pessoas que arrasam qualquer um que esteja no seu caminho na escalada corporativa? Ou você enxerga ambição como parte importante das grandes realizações humanas — o ímpeto por trás de descobertas científicas, transformações políticas, excelência artística?

Mais importante ainda, você vê a ambição como algo que ocupe o interesse de Deus?

Sabe o que me vem à mente quando penso em ambição?

Eu.

Sempre tive mais ambição do que entendimento sobre o que fazer com ela. Se envolvesse uma bola, eu queria estar no time vencedor. Se envolvesse um grupo, eu queria liderar. Se envolvesse a escola, eu queria sair e jogar alguma coisa

---

[1] Próximo ao final do capítulo 29 em *Billy Budd* (1889) de Herman Melville.

com uma bola. (Sim, as minhas ambições eram fortes, mas corriam bastante superficiais). Desde cedo, lembro que queria causar um impacto, me diferenciar de alguma forma. *Me dê a bola, me dê a liderança, me dê a direção* – não importava o quê. Só queria ser alguém que criasse *momentum*. E se, em alguma estranha e totalmente inesperada maneira, as minhas ações conduzissem a atenção para *mim...* – então, vamos em frente, minha gente!

John Adams comentou certa vez sobre a "paixão natural por distinção" que todos temos — como toda pessoa é "fortemente tomado por um desejo de ser visto, ouvido, comentado, aprovado e respeitado".[2] Não estou dizendo que isso era uma boa coisa, mas com certeza era uma característica de Dave.

Ser "primeiro, onde quer que eu esteja" era um mantra inconsciente que eu repetia com fervor religioso. E é a própria luta com a ambição, indo mal, que me levou a escrever este livro.

Quem sabe, você seja como eu. Tenha uma visão de sucesso que dirige seus sonhos bem como suas decisões a cada dia.

Ou talvez você esteja dizendo: *Nada disso. Estou com o Andy. E sou até bom em ficar frio e não fazer ondas naquilo que aparece por aí.* Entretanto, por definição, a ambição trata do futuro, o que significa que é sobre todos nós. Enquanto caminhamos para o futuro, em qualquer coisa que estejamos buscando – seja o Sr. Certinho, o escritório da esquina, filhos bem comportados, ministério bem sucedido, ou apenas uma longa cochilada – é importante para Deus.

Também é importante a *razão* pela qual a buscamos.

## OPERAÇÃO RESGATE

Os sonhos de ambição de que falo não são abertos por meio de um procedimento cirúrgico. Precisam ser resgatados. Resgatar significa salvar alguma coisa, evitar que ela seja descartada ou ferida. Um navio emborcado precisa de resgate; donzelas em perigo precisam ser resgatadas; às vezes a nossa economia precisa disso. A ambição também precisa de resgate.

---

2 David McCullough, *John Adams* (Nova York: Simon & Schuster, 2001), 421.

Veja, creio que a ambição — isto é, ambição piedosa,— é uma força nobre para a glória de Deus. Mas temos de encarar: a ambição, na maioria dos casos, tem pairado fora da respeitabilidade. Para líderes da igreja desde Agostinho até Jonathan Edwards, a ambição era sinônimo de amor à honra terrena, vanglória, busca de fama — coisas bastante asquerosas.

O clima cultural atual não ajuda. A cosmovisão que prevalece no Ocidente envolve uma desconfiança nas grandes ideias e na capacidade do homem de alcançá-las, bem como a firme convicção de que a verdade objetiva não existe. Mas quando negamos a verdade, sufocamos a ambição. Sem a verdade como fundamento, sem ideias que valem à pena ser examinadas, os meandros substituem o significado, a confusão prevalece sobre as convicções, ambivalência engole as aspirações — nada realmente tem tanta importância assim.

---

A humildade, bem entendida, não deve ser um *amaciante de tecidos* sobre as nossas aspirações. A verdadeira humildade não mata nossos sonhos; antes, oferece uma cerca de segurança para eles.

---

A ambição também tem de ser resgatada do entendimento errôneo da humildade. Pode parecer loucura, mas estou falando sério. Acho que esta questão abafa muito do fogo evangélico. A humildade, bem entendida, não deve ser um *amaciante de tecidos* sobre as nossas aspirações. Quando nos tornamos humildes demais para agir, deixamos de ser biblicamente humildes. A verdadeira humildade não mata nossos sonhos; antes, oferece uma cerca de segurança para eles, garantindo que permaneçam na estrada de Deus e se movam em direção à sua glória.

No final, somos nós mesmos que mantemos a ambição como refém. Somos pecadores, amamos a nós mesmos, aspiramos alcançar nossa própria glória e deixamos os sonhos piedosos sempre que algo mais atraente aparece – e nesse processo, morrem os sonhos de tipo certo.

Assim sendo, este livro é a minha tentativa de uma operação de regate. A ideia é salvar a ambição — especificamente a ambição piedosa — devolvendo-a ao lugar que ela pertence. Para tanto, temos de arrancar a ambição do monturo de motivações fracassadas e colocá-la a serviço da glória de Deus.

## E VOCÊ?

Quer você se veja como um Dave ou um Andy, ambicioso ou desmotivado, proativo ou reativo, tipo A ou tipo C, quer você seja estudante, dona de casa, executivo, político ou pastor, quer esteja iniciando uma vida de oportunidades ou de limitações, como você se relaciona com a ambição definirá o que faz e quem você se tornará, muito mais do que pode perceber. "Uma forma de esclarecer a sua espiritualidade," diz Donald Whitney, "é esclarecer a sua ambição".[3]

Não estou baseando essa perspectiva no bom-senso ou em estudos psicológicos bem pesquisados. Não. A ambição é inerente àquilo que somos diante do Deus que nos criou. A Bíblia ensina que as pessoas são criadas por Deus para desejar — e ir atrás desses desejos com determinação sincera. É essa capacidade de desejar e lutar que pode gerar um bem surpreendente ou o mal estupeficante. Quer seja na conquista das nações, quer no domínio do controle remoto, somos antenados para a ambição pelo que desejamos.

Por que ler este livro? Para fazer conexão entre o que você quer e o que você faz... entre as suas oportunidades presentes e suas esperanças futuras... entre a sua vida e a glória de Deus. Essas conexões nos resgatam da infrutuosidade, da falta de sentido, da falta de propósito e da penumbra cinzenta e assombrosa do tempo desperdiçado e das oportunidades roubadas. Elas nos lembram de que um grande Deus usa gente pequena para dirigir o curso da história — gente como você e como eu.

Para se compreender a ambição, temos de entender que cada um de nós vive em busca de glória. Onde a encontramos determinará o sucesso de nossa busca.

É aí que começa a nossa jornada.

---

3 Donald Whitney, *Simplify Your Spiritual Life* (Colorado Springs: NavPress, 2003), 132.

## CAPÍTULO 1

# AMBIÇÃO CONCEBIDA

### Somos antenados para a glória

Ao longo do rio *Wye*, no País de Gales, existe um pequeno vilarejo de mercado conhecido como *Hay-on-Wye*. Este estranho vilarejo obteve reputação internacional por seu comércio um tanto incomum – comprar e vender livros usados. Com mais de trinta livrarias (sebos) dentro de uma milha quadrada, uma das quais ocupando um castelo inteiro, este lugarejo personifica um charme de contos de fadas.

Meu amigo Pete, irlandês-inglês que mora em Gales, frequentou a cidade e suas livrarias durante anos. Chegava cada vez com um objetivo único: escavar as seções de teologia e descobrir uma cópia original de *Lectures to My Students* (Lições aos Meus Alunos - PES) do grande pregador do Século XIX, Charles Spurgeon. Mas Pete não se contentava com qualquer cópia original: queria uma autografada pela esposa de Spurgeon, Susannah.

O que havia nessa assinatura? Essa mulher extraordinária esteve acamada durante a maior parte de seu casamento, mas de alguma forma conseguiu começar um ministério chamado Fundo do Livro. Procurando servir seu marido e sua igreja na causa do evangelho, Susannah providenciava cópias gratuitas dos livros de Spurgeon a pastores em todo o mundo. Antes de enviá-los, ela os personalizava de maneira típica, com sua própria assinatura.

Pete calculava que alguns desses exemplares teriam sobrevivido um século de uso e acabariam aparecendo em *Hay-on-Wye*. As chaves para sua descoberta, ele me disse, seriam paciência, perseverança e um olho clínico. Esse cara era como Indiana Jones em uma expedição em busca de livros usados.

Em uma visita com Pete em *Hay-on-Wye* fiquei na seção de teologia de uma livraria enquanto meu amigo contava sobre a procura do seu tesouro. Como principiante nesta "Terra Santa de Livros Usados", eu era simplesmente honrado por fazer a peregrinação. Eu estava impressionado pela dedicação de Pete. Buscar um livro de edição original de Spurgeon é verdadeira medida de dedicação teológica. Mas voltar a *Hay-on-Wye*, tempos sobre tempos, para resgatar um livro com uma assinatura simbólica é uma declaração *sui generis*. Havia aqui alguém disposto a buscar um prêmio valioso, com dedicação incomum.

Ali, entre as prateleiras, enquanto Pete contava a crônica das muitas milhas viajadas e horas gastas em sua ainda infrutífera busca por Susannah, a minha visão focou em um livro pairado sobre a prateleira atrás de seu ombro. Perdendo por um segundo seu olhar, apertei a vista para ler o título. Era com certeza uma cópia empoeirada de *Lectures to my Students*. Estendi a mão por cima de seu ombro e puxei o livro da prateleira. Sem interromper a narrativa contínua de Pete, abri a capa desgastada e olhei para baixo.

Você adivinhou. Nas mãos desse novato simplório de *Hay-on-Wye* estava uma cópia original de *Lectures to My Students*, assinada por Susannah Spurgeon. Um sorriso tomou conta de meu rosto. Ôba! Isso vai ser muito bom!

Um dos meus maiores privilégios no ministério foi trabalhar com igrejas no Reino Unido. Esses colegas descrevem os americanos como sendo um monte de analfabetos que saqueiam a língua inglesa como se fosse um feudo sem senhorio. Como eu não saberia dizer o que seria um feudo sem senhorio, geralmente apenas dou um sorriso. Mas naquela hora eu soube uma coisa: em menos de sessenta segundos, eu encontrei esse tesouro pelo qual meu bem-versado amigo irlandês-inglês-galês havia passado anos procurando.

Enquanto Pete continuava falando, eu estendi a capa aberta e disse com meu melhor sotaque de Shakespeare de Filadélfia:

– *Yo, dude*, é isso que você estava procurando?

Um a zero para os *ianquis*.

## CORREMOS ATRÁS DAQUILO QUE AMAMOS

O que ficou mais forte comigo quanto a essa experiência não foi o olhar pasmo do rosto de Pete, nem o sorriso que apareceu quando ele percebeu que o tesouro estava finalmente em suas mãos, mas a própria busca. Pete não estava apenas procurando um velho livro para acrescentar à sua coleção. Ele queria resgatar algo que tinha valor além das aparências, valor conectado a algo que importava para ele de maneira profundamente pessoal.

A história de Pete aponta para algo fundamental sobre cada um de nós. Somos perseguidores – vamos atrás das coisas que têm valor para nós.

O que é para você? Pense naquilo que você valoriza. Pode ser que você consiga matracar as suas prioridades como uma lista de compras — Deus, casamento, família, trabalho, paz — muitas vezes estas ficam no topo das listas. Mas elas realmente definem como você vive? Ou existem alguns itens do final da lista que na verdade recebem atenção de manchetes?

> Somos perseguidores — vamos atrás das coisas que valorizamos. O que você busca?

Se não tiver certeza, olhe como você gasta o seu tempo, seu dinheiro. Considere aquilo em que você pensa, para onde vaga a sua mente, o que você nota e pondera. Quando tudo for dito e feito, aquilo pelo qual realmente corremos atrás é o que importa, de verdade, para nós.

Motown capturou o sentimento na música *Ain't No Mountain High Enough*. Se amarmos... *nem vento, nem chuva, nem o frio do inverno, pode nos fazer parar*. É mais uma forma de dizer que todo mundo corre atrás do amor. É algo que está no modo como fomos sintonizados. Sejam os livros, Broadway, ou Botox, corremos atrás daquilo que valorizamos. E o que isso tem a ver com ingleses em livrarias antigas ou a busca por aquilo que valorizamos? Boa pergunta. Continue a leitura.

Reconhecer esse impulso não é grande coisa. O truque é saber dominar quão profundo ele corre e quanto ele determina o que fazemos. Esse impulso é tão grande que pode determinar como reagimos em relação ao próprio Jesus.

## UMA HISTÓRIA DE GLÓRIA

João 12 abre uma janela sobre como essa sintonia humana funciona — esse impulso de correr atrás daquilo que valorizamos. Depois que Jesus chega para o tempo final em Jerusalém, o cenário que descerra rapidamente é essencial no drama da redenção. Ele é o centro de atenção — todo mundo presta atenção a ele.

Em meio a tudo isso, Jesus ora: "Pai, glorifica o teu nome". Imediatamente ressoa com estrondo a resposta: "Então, veio uma voz do céu: Eu já o glorifiquei e ainda o glorificarei" (v. 28).

Uma voz do céu! Quando foi a última vez que você ouviu a resposta de oração de alguém de maneira imediata com a voz audível de Deus?

Esperaríamos que o resultado desse episódio naqueles que o observaram fosse que se tornassem seguidores permanentes de Cristo, não é?

Não exatamente.

João passa a nos dizer algo chocante: "E, embora tivesse feito tantos sinais na sua presença, *não creram nele*" (v. 37). Surpreende saber que pessoas podiam estar com ele – ouvir Deus falar com eles – e ainda assim, não crerem? Pior ainda. Havia outros que acreditavam, mas ainda não quiseram segui-lo: "Contudo, muitos dentre as próprias autoridades creram nele, mas, por causa dos fariseus, não o confessavam, para não serem expulsos da sinagoga" (v. 42).

Vamos entender isso: eles o ouviram, creram nele – mas não queriam dizê-lo publicamente.

Por quê? O que era tão importante que podiam olhar nos olhos do Filho de Deus e ainda assim se desviarem?

João diz que foi "por medo dos fariseus". Afinal de contas, esses chamados crentes eram "autoridades" da comunidade judaica, o que queria dizer que seus empregos e sua reputação estavam ligados à vida da sinagoga — e os fariseus podiam expulsá-los de lá. Ser expulso desse jeito significava perder posição e proventos. Era algo muito sério.

Antes de julgá-los severamente demais, pense no medo de represália que rondou a sua própria conversão. A minha decisão de seguir a Jesus era resposta a um apelo ao altar — na verdade, diversos apelos. A possibilidade de ser expulso da minha vizinhança era inconcebível, embora tenha havido diversos incidentes na escola onde a expulsão era possível. Se o temor daquelas autoridades de Jerusalém parecia algo como o meu medo naqueles episódios, tenho certeza de que eles estavam pasmos.

Mas aqui está o gancho. Na próxima frase, Deus restringe nossa simpatia instintiva por esses indivíduos, virando a luz sobre suas motivações verdadeiras. Por que a hipocrisia? Era algo que *temiam*? Sim, à primeira vista. Mas bem no fundo, era algo que *amavam*.

"Amaram mais a glória dos homens do que a glória de Deus", João escreve (v. 43).

*Glória*. Almejavam glória. Eram viciados em glória. Seu impulso era tão forte, tão poderoso, que os desviavam do Filho de Deus em pessoa.

## SOMOS TODOS PERSEGUIDORES DE GLÓRIA

João nos oferece surpreendente percepção quanto ao modo como funcionamos: amamos a glória. Fomos criados para buscá-la e amá-la quando a encontramos.

Muita glória é prometida e entregue nesta parte da Escritura. A ideia da glória ocorre pelo menos sete vezes em João 12.[1] A glória também permanece como tema significativo no restante do evangelho de João. O evangelista quer que compreendamos que tudo nesse cenário, incluindo o próprio Jesus, está buscando algo — e esse algo é a glória.

---

1 Ver versos 16, 28 (três vezes), 41, e 43 (duas vezes).

O que é glória? O vocábulo do Novo Testamento — *doxa* — fala de valor, dignidade, peso. É mais aplicado a Deus, mas inclui também o homem.[2] Glória trata de brilho radiante e esplendor. Mas glória não é apenas um atributo – ela existe para ser vista e reconhecida. Trata de reputação, estima, posição, honra. Em seu cerne, glória é sobre valor inerente e reconhecível por outras pessoas. Atrai a atenção. Como um ímã, o valor da glória nos atrai.

A Bíblia nos apresenta um Deus glorioso em si mesmo (Ex 33.18-22; Is 42.8; 48.11; 60.1-2; Ap 21.23), cuja glória é reconhecida e confessada (Ex 15.6; Sl 66.2; 76.4; 145.5). Em sentido profundo, este Deus glorioso criou o cosmos a fim de demonstrar sua glória, seu mérito, seu valor.

Demonstrar a quem? A uma criatura especial que pudesse apreender, fazer algum sentido disso e regozijar-se no valor do seu Criador — a nós! É disso que a Bíblia fala quando nos conclama a glorificar a Deus. Não podemos torná-lo algo que ele já é — glorioso. Mas podemos reconhecer a glória que dele irradia, valorizá-lo corretamente e dar a Deus o que lhe é devido.

Fomos criados para isso. Os ministros que compuseram a "Confissão de Fé de Westminster" entendiam isso: "A principal finalidade do homem" eles disseram, está ligada ao nosso instinto de glória; é "glorificar a Deus e gozá-lo para sempre".[3]

Provavelmente você já tenha ouvido falar de caçadores de tempestades. São pessoas que se dedicam a correr atrás das tempestades, até mesmo arriscando suas vidas. Se um tornado estiver se formando sobre alguma cidadezinha do meio-oeste, esses lunáticos correm pela estrada a seu encontro. Estão caçando essa espetacular força da natureza.

Talvez você não corra atrás de tornados, mas todos nós nascemos caçadores de glória. Momentos de glória nos tocam profundamente. Pense naquilo que estimula seu enlevo.

O seu time favorito ganhou o campeonato. Você lê sobre um cego que subiu o Monte *Everest*. Você assiste um ginasta olímpico se desmontando

---

2 Gerhard Kittel e Gerhard Friedrich, *Theological Dictionary of the New Testament*, ed. Geoffrey W. Bromiley, abridged edition (Grand Rapids: Eerdmans, 1985), 178.
3 *Catecismo menor de Westminster*, Pergunta 1.

impecavelmente para ganhar o ouro. Você fica sabendo que Beethoven costumava sentar e improvisar peças no piano, que as testemunhas juravam ser mais refinadas do que suas composições escritas.[4] Ouve novamente a história de Wilberforce prevalecendo sobre o Parlamento para acabar com o comércio de escravos.

Somos maravilhados por grandes retornos, esforços heróicos, perseverança sacrifical e dons extraordinários. A glória prende nossa atenção.

Meu amigo Paul Tripp nos descreve como sendo "viciados em glória":

> Admita. Você é viciado em glória. É por isso que gosta da mudança de 360 graus do jogador de basquete, entre as pernas , ou daquele vestido incrível de miçangas, todo bordado à mão, ou daquele bolo de sete camadas de musse de três chocolates. É por essa razão que você se atrai à imensidão da cordilheira de montanhas ou o esplendor do pôr do sol em múltiplas tonalidades. Foi antenado pelo Criador para uma orientação de glória. Não dá para escapar disso. Está em seus genes.[5]

A glória nos agarra. Mais que isso, desperta alguma coisa em nossa alma. Ela nos move. Experimentamos algo totalmente vicário, um estranho exercício de identificação. E não se engane; a glória vai fundo. Nos chama para algo que valorizamos. Para que façamos algo que tenha grande importância. Para que busquemos algo maior do que nossa insignificante existência.

É o instinto por glória.

Surge de repente forte contraste, como Paulo mostra em Romanos, entre dois grupos de pessoas em busca. De um lado estão os que "perseveram em fazer o bem, e *procuram glória* e honra e imortalidade"; do outro lado "facciosos, que desobedecem à verdade e obedecem à injustiça". Ao primeiro grupo, Deus "dará vida eterna"; ao segundo, "ira e indignação" (Rm 2.6–8).

---

4 A improvisação de Beethoven é citada por Edward Said in "Cosmic Ambition," London Review of Books, July 19, 2001; http://www.lrb.co.uk/v23/n14/said01_.html.
5 PaulTripp, *A Quest for More* (Greensboro, NC: New Growth Press, 2007), 18. [Publicado em português com o título *A busca por algo maior*, São Paulo: Cultura Cristã, 2012. Nota da tradutora]

> Deus não se opõe à busca por glória – ele a *recomenda*. O que é mais surpreendente – ele a recompensa com a vida eterna.

Procure concentrar seu cérebro nisso: Deus não se opõe à busca por glória – ele a *recomenda*. O que é mais surpreendente – ele a recompensa com a vida eterna.

Mas existe uma condição. Temos de buscar certo *tipo* de glória. Devemos ter fome, almejar, querer sinceramente — ser ambiciosos — pela glória que vem de Deus.

Então, onde é que a encontramos?

Quando eu era menino, o vizinho do lado de minha casa tinha uma piscina. Isso foi antes de ser inventada a ideia de "uma piscina em cada quintal". Essa piscina era incrível no modo que atraia as crianças da vizinhança. Quer dizer, a meninada vinha de ônibus desde Idaho só para dar uma nadada. Naquela época, as piscinas tinham esse efeito. Ajuntavam a criançada em um só lugar.

Se quisermos a glória que vem de Deus, temos de começar no lugar onde ela se juntava.

## ESSA GLÓRIA É UMA PESSOA

Eu me converti quando cursava a faculdade, algum tempo por volta de 1979. Tenho conhecido gente que sabe o dia e a hora de sua conversão – seu aniversário espiritual. Isso é legal. Mas não aconteceu comigo. No final, a graça de Deus foi irresistível, mas eu posso ser muito turrão, e resistia a ponto de exaustão. Acho que a fadiga desempenhou papel de destaque em minha conversão. Provavelmente é por essa razão que não me lembro do dia em que me tornei cristão.

Mas existem lembranças daquele tempo que guardo como tesouro, todas centradas em uma alegria surpreendente por ser cativado pela pessoa de Jesus. Ler os evangelhos foi uma experiência que transformou minha vida — ver sua santidade, seu amor, seus milagres, sua bondade me encantou. Jesus não era teórico ou abstrato, como o curso de lógica que eu achava totalmente ilógico. Jesus era surpreendente, real, vivo e acessível.

Antes, eu achava: *Se Deus aparecesse a mim em glória, eu poderia crer.* Ele apareceu — Jesus Cristo é a glória vinda de Deus.

Amar essa glória proveniente de Deus significa primeiramente saborear aquele que personificava a glória de Deus: Jesus Cristo. Glória não é simplesmente uma qualidade de Cristo: Jane tem um sorriso agradável, Ronnie é alto e, a propósito, Jesus tem glória. Não – Jesus *corporifica* a glória de Deus. Ele literalmente é a glória que vem de Deus.

Por esta razão, quando inicia o seu Evangelho, João não deixa dúvidas de que a glória está em seu pensamento: "O Verbo se fez carne, e habitou entre nós, cheio de graça e de verdade, e *vimos a sua glória*, glória como do unigênito do Pai" (1.14). Mais adiante João observa que até mesmo Isaías viu a glória de Jesus e testificou a seu respeito (12.41).

Tanto Paulo quanto Tiago chamaram Jesus de "Senhor da glória" (1Co 2.8; Tg 2.1). Paulo fala com eloquência da "glória de Deus na face de Jesus Cristo" (2Co 4.6), e o autor de Hebreus diz dele: "Ele é o resplendor da glória de Deus" (1.3).

A glória de Deus — sua honra, sua estima, sua surpreendente perfeição, seu valor insondável — está incorporada em carne e sangue, na pessoa de Jesus Cristo. É aqui que a glória de Deus se ajunta.

Amar a glória que vem de Deus significa que amamos a pessoa de Jesus Cristo. Amar a Cristo significa que o valorizamos acima de qualquer outra coisa. Essa é a característica definidora da conversão cristã — amamos o Salvador e desejamos viver para sua glória. Queremos segui-lo, obedecê-lo, confiar nele, e proclamá-lo.

No entanto, amar a glória que vem de Deus não é apenas uma atração emocional por Jesus. Hoje em dia, a espiritualidade é um modismo positivo, e Jesus é considerado bem *legal*. Mas é possível ter bons sentimentos a respeito de Jesus e ainda estar longe da sua glória. Amar a glória de Deus significa conectar Jesus, a pessoa da glória de Deus, ao Calvário, o auge da glória de Deus.

Lembra-se de quando Jesus orou em João 12, "Pai, glorifica o teu nome"? A resposta do céu foi dupla: "Eu o glorifiquei" disse Deus, atestando o fato de que sua glória está encarnada no Filho. Porém o Pai não para por aí. Continua: "e ainda o glorificarei".

Quando é que o Pai glorificaria *novamente* seu nome? Ele falava da morte expiatória que Jesus aguardava naquela hora.

> Deus foi mais glorificado quando o Senhor da glória foi crucificado sobre aquele madeiro.

Sabemos disso porque Jesus explicou imediatamente a seus ouvintes: "E eu, quando for levantado da terra, atrairei todos a mim mesmo". João segue, para certificar-se de que entendemos: "Isto dizia, significando de que gênero de morte estava para morrer" (12.32-33). A magnificência de Deus, o poder magnético de sua glória, estava plenamente em exibição no cume do calvário. Deus foi mais glorificado quando o Senhor da glória foi crucificado sobre aquele madeiro.[6]

Como escreve John Stott:

> O evangelho é Cristo crucificado, sua obra completa na cruz. Pregar o evangelho é mostrar Cristo, publicamente crucificado. O evangelho não é primariamente boas novas de um nenê na manjedoura, um jovem em bancada de carpintaria, um pregador nos campos da Galileia, nem mesmo um túmulo vazio. O evangelho trata de Cristo sobre a cruz. Somente quando Cristo for "abertamente mostrado sobre sua cruz" é pregado o evangelho.[7]

---

[6] Hoje em dia, existe muita ênfase nos círculos cristãos sobre a encarnação -- como o fato de Deus tornar-se homem deve dirigir nossa vida e nosso serviço. Parte disso é útil, mas uma parte é dirigida erroneamente, como um navio que vai adiante com uma bússola não calibrada — bastante *momentum* para frente, mas um pouco fora do rumo. A encarnação é relevante como boas novas, apenas quando compreendida à luz do ato salvador do Filho encarnado sobre a cruz. Conforme observa David Wells: "A encarnação tinha em vista a expiação," em *The Courage to Be Protestant* (Grand Rapids: Eerdmans, 2008), 197. [publicado em português com o título *Coragem para ser protestante* (São Paulo: Cultura Cristã, 2011).]

[7] John Stott, *The Message of Galatians* (Downers Grove, IL: InterVarsity, 1984), 74.

Ao contemplarmos a cruz, paramos e nos maravilhamos com esse espetáculo deprimente: o Senhor da glória pendurado sobre a cruz da vergonha. Carregando sobre si a ira que nós merecíamos, Deus mostrou seu amor "para que ele pudesse ser justo e o justificador daquele que tiver fé em Jesus" (Rm 3.26). Sobre as asas deste evento surpreendente, incompreensível, a glória de Deus subiu voando até o infinito.

A cruz surpreende porque alinha nossa mente e coração na direção certa. É ali que descobrimos o cúmulo da glória de Deus, na pessoa e obra de Jesus Cristo. Confiar nesse ato de amor redentor como sendo suficiente para nos salvar é o passo definidor em direção a amar a glória que vem de Deus.

Mas existe algo mais.

Como novo cristão, alguma coisa aconteceu no fundo de meu ser. Converti minha motivação. A graça fez subir a ambição piedosa. Ambivalência foi substituída por aspiração. Passei de pensar que a apatia fosse boa para a vontade de demonstrar minha fé através de minhas obras (Tiago 2.20–26). De modo literal. Havia certo tempo em que Deus nem estava em meu radar – agora eu queria que Deus usasse minha vida para fazer uma diferença. Por quê? Porque "nascer de novo" é recomeçar, ser propelido para fora de uma velha vida e receber novas ambições. Jonathan Edwards o chamou de "santa ardência e vigor das ações da graça".[8]

Spurgeon colocou da seguinte forma em um sermão sobre ser "Bom soldado de Cristo Jesus" (2Tm. 2.3):

> O verdadeiro soldado é um ser ambicioso. Anseia por honra, busca glória. No campo da batalha ele ajunta seus louros, e em meio a mil perigos, ele colhe renome. O cristão é incendiado por ambições mais altas do que qualquer guerreiro terreno poderia conhecer. Enxerga uma coroa que jamais desvanece. Ama um Rei que acima de tudo é

---

[8] Jonathan Edwards, "Zeal an Essential Virtue of a Christian," em *Sermons and Discourses*, 1739-1742 (WJE Online, vol. 22), ed. Harry S. Stout, 144, the Jonathan Edwards Center at Yale University; http://bit.ly/SbG1fE

digno de ser servido. Tem uma motivação interna que o move a realizar feitos nobres — um Espírito Divino que o impele aos atos mais autossacrificantes.[9]

A graça incendeia a alma e nos faz desejar viver para a única glória que realmente importa.

Contudo, muitas vezes, mesmo após nossa conversão, apesar da magnificência dessa glória que emana de Deus e é centrada na cruz, preferimos amar uma glória fabricada pelo homem. Seguimos a escolha feita pelas autoridades judaicas: amar a glória dos homens em vez da glória que vem de Deus.

> Sempre perseguiremos a glória. A única pergunta é:
> *Onde a encontraremos?*

Quando João pinta o cenário para nós, o que ele traz à luz — e que é absolutamente crucial para nosso entendimento da ambição — é que nós sempre perseguiremos glória. A única pergunta é: *Onde a encontraremos?* Amaremos a glória que vem de Deus, ou amaremos outras glórias?

Jesus pergunta a todos nós: "Como podeis crer, vós os que aceitais glória uns dos outros e, contudo, não procurais a glória que vem do Deus único?" (João 5.44).

As apostas são altas. A ambivalência em relação a Cristo, na verdade, significa que estamos rejeitando a glória que vem de Deus para buscar algo falsificado. As autoridades e os fariseus oferecem lembrança atordoante de que é possível ser sinceramente religioso e ainda correr atrás de glória espúria.

E você? Pode ser que esteja buscando a glória em dezenas de lugares — mas será que já encontrou a única glória que realmente permanece?

---

9 Charles Spurgeon, do sermão "A Good Soldier of Jesus Christ," entregue no Tabernáculo metropolitano de Londres, Newington. Sermão no. 928 em Spurgeon's Sermons: The Metropolitan Tabernacle Pulpit, vol. 16 (1870).

## ESSA GLÓRIA EXIGE UMA BUSCA.

Como esse instinto de glória antenada cria a ambição?

Funciona da seguinte maneira: amar glória é buscar glória. Se amamos a glória que vem de Deus, isso se traduz em uma busca apaixonada, zelosa e para toda vida — noutras palavras, ambição piedosa.

O amor de Deus é sempre visto em seus atos. "Porque Deus amou ao mundo de tal maneira que deu o seu Filho unigênito" (João 3.16). Deus nos amou, portanto, veio até nós em Cristo. É assim também conosco. Se eu digo a minha esposa Kimm "Eu amo você", mas não vou atrás dela, as coisas ficam muito geladas na casa dos Harvey. A profundidade de meu amor é vista na intensidade de minha procura.

Vi, certa vez, uma propaganda dos jogos olímpicos que mostrava o retrato de um corredor parado em cima de seu marco. O suor descia por sua testa, intensidade enchia seus olhos fixos, e seus músculos estavam tesos, prontos a detonar ao som do tiro. Debaixo da foto estavam os dizeres: "Ele esperou a vida toda pelos próximos dez segundos".

O que motiva os atletas olímpicos a treinar durante anos para um único evento — em alguns casos, por apenas segundos de competição real? É o mesmo que manteve meu amigo Pete *fuçando* as velhas livrarias-sebo durante muitos anos. É o mesmo que faz uma pessoa se aventurar a sair de um emprego confortável para começar sua própria empresa. Vemos isso no artista que passa dia após dia em um estúdio tirando lascas de um bloco de pedra. Olhe bem, e você encontrará isso na consumidora que deixa de fazer uma boa compra em busca da melhor oferta. É uma das coisas que mais nos faz humanos. Conscientemente vamos atrás daquilo que valorizamos.

Não é simples questão de ser impelido pela biologia ou genética ou condicionamento ambiental a satisfazer anseios instintivos. Percebemos algo, consideramo-lo de certo valor, e o buscamos conforme aquele valor determinado, porque fomos criados dessa maneira. Tal capacidade de perceber, apreciar e perseguir nosso sonho faz parte de nossa humanidade essencial, e é a essência da ambição.

Antes de ver a ambição piedosa como digna de ser resgatada, precisamos descobrir novamente o seu valor. Em termos simples, se entendermos a ambição conforme intencionada por Deus, veremos como ela é valiosa e por que vale a pena de nos dedicarmos para resgatá-la, como quem corre atrás das tempestades.

Portanto, vamos examinar como a ambição funciona.

## A AMBIÇÃO PERCEBE

As sementes da ambição são semeadas quando percebemos o valor. Algo parece ser digno de nossa atenção. Nos atrai. O valor é sedutor; nossa curiosidade desperta.

Visitei a torre de Londres tempos atrás e vi as joias da coroa.

Eram... bem! Uma maravilha! Magníficas, incríveis, e como meus filhos diriam — *esplendíferas*.

Naturalmente, eu tinha de checar o preço. Perguntei ao guarda:

– Então, qual o valor delas?

Completamente sem olhar nos olhos, mas falando alto para toda a Inglaterra ouvir, o guarda anunciou:

– Não tem preço, meu senhor.

Calculei que ele achasse que eu era surdo. Na verdade, ele achava que eu era burro. E, burrinho, raramente a gente "saca" as coisas. Presumindo que ele não tinha entendido o que eu perguntei da primeira vez, falei novamente:

– Não. Quero dizer, qual o VALOR dessas joias? – Acrescentar volume sempre ajuda. –Sabe, o valor COMERCIAL, NA RUA.

Com certeza ele vive para tais momentos. Alguma nova piada de "turista bobo" que poderá contar no *pub* local. Ainda sem contato de olhos, ele anunciou ainda mais alto:

– NÃO TEM PREÇO, SENHOR!

Da segunda vez entendi a tradução: "Você não vale um olho no olho, seu *ianqui* burro! Não entendeu o que está vendo?

*Okay*, me chame de tapado. Fui embora um tanto envergonhado, mas ainda mais impressionado. De maneira irritantemente suntuosa, o guarda estava ajudando-me a perceber o valor além daquilo que eu estava vendo.

A percepção do verdadeiro valor é o ponto de partida para a ambição piedosa. Nunca teremos ambição por aquilo que não valorizamos. Devemos perceber a glória de Deus como sendo infinitamente mais preciosa do que as joias da coroa. Isso não é fácil, porque vivemos em um mundo que lança muitas coisas diante de nós que parecem gloriosas — riquezas, reputação, sucesso – coisas das quais falaremos em capítulos seguintes. Nosso coração ama buscar a glória em lugares errados. Mas perceber o verdadeiro valor da glória de Deus não é apenas importante — é "sem preço, meu senhor".

## A AMBIÇÃO PREZA

A percepção do valor é um começo importante, mas raramente se transforma em ambição a não ser que pessoalmente prezemos aquilo que percebemos. Não só percebemos o valor de algo, como também colocamos nossos desejos todos em possuí-lo. Nossos afetos seguem a nossa percepção.

Poucos de nós se levantam de manhã ansiosos por fazer exercícios. Não basta perceber o valor de nos exercitar. Podemos, afinal, valorizar objetivamente o exercício e ainda vivermos a vida indolente de uma batata plantada no sofá. Para que o exercício faça diferença, temos de prezá-lo como sendo algo bom para nós. As ambições sobem à altura daquilo que prezamos. Se *percebermos* o exercício como sendo bom, admiramos pessoas que o fazem. Se *prezarmos* o exercício, nos levantamos e fazemo-lo nós mesmos.

Há alguns anos, uma universidade em Filadélfia era proprietária de um conhecido quadro pintado pelo artista Thomas Eakins chamado *A clínica Gross*. Tinha esse nome porque mostrava um famoso cirurgião de Filadélfia do Século XIX, um tal de Dr. Gross (estou falando sério!), fazendo uma cirurgia na perna de um paciente. Ao ver esta pintura bem gráfica talvez você pense que é chamado de *A clínica Gross por* uma razão mais óbvia, que tenha a ver com *grosseiro* (significado da palavra *gross*). No entanto, é considerada uma obra prima de arte norte-americana e um tesouro da história da cidade de Filadélfia. A universidade estava precisando de dinheiro e concordou em vender o quadro para dois museus em outra parte do país. Depois de muito protesto cívico e uma surpreendente campanha pública e privada para angariar fundos, nossos dois mais importantes museus locais compraram o quadro em conjunto por mais do que ele valia no mercado aberto. Por quê? Porque *este* quadro foi considerado como tendo valor a *esta* cidade que excedia em muito seu simples valor de mercado. Como dizem no mundo das artes, era uma obra de arte "premiada".

A ambição está disposta a pagar acima do preço de mercado se isso for necessário. E quer seja Deus ou tacos de golfe ou uma pintura do Dr. Gross, sempre vamos atrás daquilo que *prezamos* como premiado.

## A AMBIÇÃO VAI ATRÁS

Sempre existem coisas que podemos valorizar, coisas que podemos nos esforçar para obter. Mas a ambição não trata apenas de estar "no mercado" por alguma coisa. A ambição preza tanto alguma coisa que vamos atrás dela e estamos dispostos a nos sacrificar para obtê-la. O valor que determino pessoalmente cria a motivação e me leva a agir a fim de obter o objeto valorizado.

Deus se agrada quando prezamos e vamos atrás das coisas certas. Como disse o antigo pai da igreja, Clemente: "Não será agradável ao próprio Deus se valorizarmos menos aquelas coisas que mais valor possuem".[10] É por essa razão que somos conclamados a ter "fome e sede de justiça" (Mt 5.6) e "buscar primeiro o reino de Deus e a sua justiça" (Mt 6.33). Prezar aquilo que possui valor eterno mexe com as ambições de ir atrás dessas coisas.

Em Mateus 13, Jesus ilustra o valor inestimável do reino de Deus com umas pequenas parábolas.

---

10 Clemente de Alexandria, *Exortação aos pagãos*, Capítulo XII, "Exortação ao abandono de seus erros antigos para ouvir as instruções de Cristo."

> *O reino dos céus é semelhante a um tesouro oculto no campo, o qual certo homem, tendo-o achado, escondeu. E, transbordante de alegria, vai, vende tudo o que tem e compra aquele campo.*
> *O reino dos céus é também semelhante a um que negocia e procura boas pérolas; e, tendo achado uma pérola de grande valor, vende tudo o que possui e a compra (Mt 13.44-46).*

Qual a ligação entre essas duas parábolas? Ambas obviamente descrevem algo de valor imenso. E ambas descrevem uma impassível, agressiva, "entre nessa com tudo que você tem", busca por objetos premiados. Jesus está ensinando que algumas coisas são tão valiosas que vale a pena de se gastar e ser desgastado para adquirir.

Paulo nos mostra o que é realmente valoroso. "Sim, deveras considero tudo como perda, por causa da sublimidade do conhecimento de Cristo Jesus, meu Senhor; por amor do qual perdi todas as coisas..." (Fp 3.8). Ele se refere a tudo que antigamente o definia — seu povo, sua cultura, sua piedade debaixo da lei, seu zelo religioso. Essas coroas culturais de antepassados e de realizações, Paulo declara, são apenas um grande zero em comparação com conhecer Cristo.

Isso, por sua vez, impulsiona Paulo a ir atrás daquilo que ele preza, com tudo que possui: "prossigo para o alvo, para o prêmio da soberana vocação de Deus em Cristo Jesus" (3.14).

Seguir a Cristo não é se retirar para uma caverna para contemplar a sua grandeza. Seguir significa paixão, propósito, e ação. Sempre se move para frente, como Paulo. Ele disse aos romanos:

> *por força de sinais e prodígios, pelo poder do Espírito Santo; de maneira que, desde Jerusalém e circunvizinhanças até ao Ilírico, tenho divulgado o evangelho de Cristo, esforçando-me, deste modo, por pregar o evangelho, não onde Cristo já fora anunciado, para não edificar sobre fundamento alheio (Rm 15.19–20).*

A ambição piedosa sabe que uma tarefa completa não é uma vida completa. Existem campos novos, ideias novas, novas inovações, novas canções, novas formas de glorificar a Deus.

## CONEXÕES

Posso ouvi-lo protestar:
– Dave, você simplesmente não entende. Não sou como Paulo ou Pedro ou Joana d'Arc ou qualquer outra personagem vencedora, benfeitora, maior do que existe na vida, que enchem páginas da história. Nem gosto de história! Não preciso estar sempre realizando, pensando. Gosto simplesmente de *ser*. Estar vivo. Ser feliz. Ser livre – é nisso que eu me ligo. Não preciso resgatar a ambição – nem saberia o que fazer com ela se a ambição me fosse entregue em mãos à minha porta!

Tudo bem. Acho que este livro abrirá a você caminhos de vida, felicidade e liberdade que você nunca antes experimentou.

Quem sabe você é do tipo de personalidade "A" que guarda uma listar do que fazer desde os seus dez anos de idade. Você planejava ganhar a medalha de ouro nas olimpíadas, ganhar um milhão de dólares, e depois começar uma companhia de computadores que relegaria a *Apple* ou *Google* à história antiga. Você sempre quis liderar, criar impacto, deixar as pessoas falando de você depois que foi embora.

Tudo bem. Este livro abrirá seus olhos a sonhos ainda maiores do que os que já tem.

Ou, quem sabe, você esteja em algum lugar entre essas duas alternativas.

Qualquer que seja o lugar de onde você está começando, neste exato momento, quero que faça três conexões simples.

> As coisas que você procura — quaisquer que sejam —
> revelam aquilo que você preza.

Primeiro, considere que as coisas que você procura — quaisquer que sejam — revelam aquilo que você preza. Ninguém pode se pintar fora das linhas da ambição. "Ambição," diz John Stott, "concerne nossos alvos de vida e nossos incentivos para ir atrás desses alvos. A ambição da pessoa é o que a faz 'funcionar'; a ambição descobre a mola principal de seus atos, sua motivação interior e secreta".[11]

Segundo, a leitura deste livro diz alguma coisa a respeito de você. No momento, você não está lendo uma revista, um *blog*, um livro popular de autoajuda. Pense nisto: você percebe áreas em que são necessárias mudanças, e preza o crescimento o bastante para buscar mais sobre o assunto. Deus incitou o seu interesse porque quer falar com você.

Terceiro, considere que aquilo que perseguimos, no final, acabará nos definindo. Dominará nosso tempo, absorverá nossos recursos, e formará nosso futuro.

Percebemos, prezamos, perseguimos. Temos ambição.

## DE VOLTA À GLÓRIA

Reconhecer essa tendência humana universal de perceber, prezar, e buscar uma visão bíblica da vida, liga a ambição ao desejo de glória implantado por Deus. Fomos criados para sermos ambiciosos pela glória de Deus e para agirmos em busca dela. A Palavra de Deus apreende os perseguidores de glória que se encontram buscando esplendores falsificados e nos coloca na corrida em busca daquilo que é verdadeiro.

Como Paulo apresenta no início de sua exposição magistral do evangelho no primeiro capítulo de Romanos, Deus está no centro de toda a glória — ele é o valor acima de todos os valores. O problema que Jesus veio resolver, afinal, foi resgatar pecadores das garras de uma troca de glória. Como disse Paulo: "mudaram a glória do Deus imortal" por aquilo que não era imortal nem era Deus (1.23).

---

11 John Stott, *The Message of the Sermon on the Mount* (Downers Grove, IL: InterVarsity, 1993), 160, 172.

É um dilema de ou isso/ou aquilo. Buscamos a glória do homem ao invés da glória de Deus. Valorizamos o homem acima de Deus e iniciamos uma corrida em alta velocidade na direção errada — com consequências eternamente desastrosas.

> A boa nova do evangelho é que não estamos enredados pela tragédia da glória colocada no lugar errado.

A boa nova do evangelho é que não estamos enredados pela tragédia da glória colocada no lugar errado. Conquanto nossos impulsos ambiciosos nos levem a procuras vãs, o Senhor da glória veio resgatar a nossa ambição. Ele veio nos redimir e nos resgatar para a sua glória. Onde não percebemos a diferença entre a glória verdadeira e a falsa, ele abre nossos olhos para que contemplemos a glória de Deus na face de Jesus Cristo. Onde não prezamos aquilo que tem real valor, ele calibra novamente os nossos desejos para caber em sua direção. E onde seguimos atrás de falsa glória, ele nos vira e coloca nossos pés no caminho da justiça por amor de seu nome — para sua glória.

Em seu clássico devocional *The Life of God in the Soul of Man* (A vida de Deus na alma do homem), Henry Scougal imagina uma vida transformada pela ambição fixada na glória de Deus: "Aquele que, com ambição generosa e santa, tem levantado seus olhos para aquela beleza e bondade não criada, e ali fixado os seus afetos, é de outra estirpe de espírito, de tempero mais excelente e heroico do que o restante do mundo."[12]

Neste primeiro capítulo, você talvez tenha feito uma descoberta vital: *você é ambicioso*! Talvez esteja também pensando que as suas ambições não são de "tempero mais excelente e heroico do que o restante do mundo".

Eu entendo. Descreveria as minhas ambições como imperfeitas e seriamente não heroicas. Isso em um dia bom. Quem sabe, a espécie de ambição que Scougal descreve nos pareça mais um sonho impossível.

---

12 Henry Scougal, *The Life of God in the Soul of Man* (Harrisonburg, VA: Sprinkle Publications, 1986), 63-64.

Mas é por isso que estamos juntos nessa jornada. Estamos prestes a descobrir um passeio bastante empolgante.

Você acha que Pete se surpreendeu quando eu lhe entreguei aquele exemplar do livro de Spurgeon com a assinatura de Susannah? Isso não é nada quando comparado a onde iremos em seguida. Se você ousar, sondaremos o que acontece quando *nos* localizamos no centro de nossos sonhos e ímpetos.

Sim, fomos criados para glória, toda nossa fiação conectada para ela. Isso significa que essas ambições por puro acaso, que todos compartilhamos, devem ter um propósito significativo. Para descobrir esse propósito, examinaremos como eles foram corrompidos, e então, como são resgatados. Veremos então como a ambição resgatada encontra sua expressão de modos surpreendentes.

Você está intrigado (ou digamos, "é ambicioso") o suficiente para continuar?

## Capítulo 2

# AMBIÇÃO CORROMPIDA

### Ficando menor em nossa tentativa de ser grande

#### DIMINUINDO NA TENTATIVA DE SER GRANDE

Para um jovem de vinte anos de idade, ele era bastante ambicioso. Não, apague isso. Quando o seu alvo é conquistar o mundo, a pessoa parte da ambição para a atitude de "Queimem o incenso e botem fogo nos sacrifícios — quero ser adorado!"

Ainda mais audaz que seu sonho estava o fato de que Alexandro Magno quase conseguiu. Desde os Balcãs até o Nilo e até a cordilheira Himalaia, ele ajuntou à força um vasto império sobre três continentes e três milhões de kilômetros quadrados. Chamar a si de "Magno" (o Grande) pode parecer pretencioso, mas Alexandre tinha um jogo sério de retaguarda. O historiador Plutarco conta uma história fascinante de outro jovem de nome Júlio César. Após ler sobre os feitos de Alexandre, César ficou calado e de repente rompeu em prantos. Seus amigos perguntaram o porquê.

– Com minha idade, Alexandre havia conquistado tantas nações e todo esse tempo eu nada fiz de memorável.[1]

Para alguns, a dor mais profunda da vida é a da ambição não realizada.

---

1  Plutarco, "Vidas dos nobres gregos e romanos", Tradução Dryden, em *Big Books of The Western World*, vol. 13 (Chicago: University of Chicago, 1990), 581.

Aprendemos que o instinto por glória é dado por Deus e reside dentro de cada um de nós. Então, se a ambição é boa, a ambição de Alexandre (e também do jovem César) foi boa, não é mesmo?

Não exatamente. A Escritura na verdade fala de uma espécie de ambição que estraga sua bondade porque remove Deus como o alvo. A Bíblia a chama de "ambição egoísta" e ela tem seu debute lá atrás, "no princípio".

## ENCOLHENDO-NOS

O Deus vivo lança a história humana em seu papel de Criador. Metodicamente, ele exerce sua vontade em uma aventura artística de seis dias que culmina na formação do homem e da mulher. Para essas primeiras pessoas criadas à imagem de Deus, a vida é simples e boa. Deus é o seu pai, e Éden é o seu lar. O mandato de Adão é claro: Sede fecundos e multiplicai, governai e subjugai, exercei o domínio sobre a criação (que começa com o dar nome a todos os animais). A primeira descrição de emprego no mundo foi bem pesada. Adão foi chamado para uma gloriosa ambição — gastar o tempo e talentos em prol da glória de Deus.

Mas isso muda abruptamente. Enfeitando-se no paraíso está a Serpente, a forma terrena de um ser caído: Satanás. Ele era o ladrão de glória original, e seu crime o fez diminuir de tamanho, de anjo para diabo. Agora ele está resmungando no Éden com apenas um alvo: roubar a glória que pertence a Deus.

Então, Satanás começa a fazer perguntas e reivindicações. Começa a distorcer a verdade a respeito de Deus, sutilmente erodindo a confiança em Deus e substituindo-a por um desejo voraz e egocêntrico – ele vira a atenção de Adão e Eva das muitas boas coisas que Deus lhes deu para as poucas coisas que ele proibiu.

– Por que vocês não podem comer da árvore? Deus sabe que quando comerem dela, seus olhos serão abertos e vocês *serão como Deus*, conhecendo o bem e o mal (Gn 3.5).

Observe como Satanás põe a isca da distorção e sedução no anzol, com um bocado saboroso de glória proibida: "Vocês serão como". E a simples lógica da fala serpentina:

– Gente, para que trabalhar na fazenda de Deus quando você pode ter sua própria propriedade? Consiga a promoção máxima — seja o seu próprio patrão! Pensem nisso. Ele não tem nenhuma glória que não possa ser de vocês. Mas como ele está impedindo, tomem as coisas em suas próprias mãos. *Comam o fruto*!

Eva mordeu fundo e então o entregou para seu marido faminto. O mundo jamais seria o mesmo.

Naquele momento, a gloriosa ambição de usar os dons de Deus para a glória divina encolheu a ponto de não mais ser reconhecida. Em seu lugar ficou a glória autoconfinada. Adão e Eva agora estavam numa busca por glória separada de Deus, impulsionada por fome de autoexaltação.

É isso que a Bíblia chama de pecado — o impulso humano universal de desprezar a lei moral de Deus e viver independente dele. O pecado ocorre quando, externamente, transgredimos a lei, porém, acontece também quando desobedecemos em nosso coração, mesmo quando nossas ações parecem obedecer. Pecado é rebeldia que leva à alienação. Pecado é traição cósmica e um câncer mortal na alma. O pecado nos cega e nos impulsiona. Deixado sem limites, o pecado nos destrói, e seremos julgados eternamente por ele.

O pecado faz, em nós, o mesmo que fez em Adão e Eva. Distorce a verdade de Deus e solapa nossa dependência essencial nele. Seduz-nos a desejar coisas que desfiguram a santidade de Deus e atacam a sua glória. No final, o pecado move o ego ao centro de nossos desejos e sonhos. Em vez de promover a ordem e glória de Deus, tornamo-nos implacáveis promotores de nós mesmos. É uma condição que encolhe a alma.

Ouça o diagnóstico de Jonathan Edwards:

> A ruína trazida sobre a alma do homem pela queda consiste, em grande parte, na perda dos princípios mais nobres e benevolentes de sua natureza, caindo inteiramente sob o poder e governo do amor a si mesmo. Antes e conforme Deus o criou, o homem era exaltado, nobre

e generoso. Porém, agora, ele é aviltado, ignóbil e egoísta. Imediatamente, pela queda, a mente do homem encolheu de sua grandeza e expansão primitiva, para uma pequenez e contração excessiva.[2]

Sei que são densas essas palavras. Mas vale a pena entendê-las. Trace isto: A ambição de Adão e Eva por promoção, na verdade, teve efeito oposto. Separados de Deus, seu amor diminuiu e sua alma encolheu. Seu mundo ficou nada maior que eles mesmos. O homem tornou-se sua própria busca — uma expedição de vida para levar o eu ao centro de todas as suas motivações.

Tornamo-nos menores quando tentamos ser grandes.

Se você é como eu e prefere uma versão "Edwards-para-bobos", ouça as palavras de outra pessoa: "Tornamo-nos menores quando tentamos ser grandes".[3] Você consegue entender isso?

Eu consigo, sim. Mencionei antes minha luta com os tipos errados de ambição. Eu os chamo de "Davebições". Tantas vezes, sou *Davebicioso*. Presumo que toda a minha família daria mais certo se eles se especializassem em *Daveologia*. As amizades dariam mais certo se elas tivessem uma inclinação *Davetística*. Creio que muitos desentendimentos na vida seriam esclarecidos com algum entendimento *Daveológico*. Em geral o mundo seria um lugar melhor se pudéssemos simplesmente celebrar um *Davetoberfest* anual.

Acho que vocês podem me chamar de *Daveólico*. Pronto. Eu já disse. Me sinto tão melhor.[4]

Ora, antes que você deixe de ver seu próprio erro e comece a orar em favor de minha esposa e família sofredora, pense nisso. A razão de ser *Daveólico* não é meu temperamento ou porque eu tenha sido privado de algo quando criança.

---

2 Jonathan Edwards, *Charity and Its Fruits*, ed. Tryon Edwards (New York: Robert Carter & Brothers, 1856), 226–227.
3 Essa declaração foi atribuída a E. Stanley Jones, missionário do século vinte à Índia, bem como ao artista contemporâneo inglês David Hockney, entre outros.
4 Paul Tripp certa vez pregou sobre o egocentrismo como sendo Paul-o-cêntrico. Obrigado, Paul, por inspirar esta ilustração e a convicção que vem com ela.

Também não recebi isso do meu meio ambiente. Foi de meus antepassados que o recebi — de Adão e Eva. E já que todos temos os mesmos antepassados, você também tem isso. O problema — a razão pela qual estamos todos engajados em uma autoconfinada procura de glória – é o pecado.[5]

A igreja primitiva usava um visual fascinante para descrever a natureza focada em si do pecado: *incurvatus in se*.[6] Significa que "nos curvamos a nós mesmos". A serviço do eu, nossos desejos fazem como o bumerangue. Quando um desejo antenado por glória é infectado com *incurvatus in se*, as nobres ambições entram em colapso. A busca da glória própria reina sobre o dia — como foi no Éden. Em nosso desejo de ser grande, na verdade nós nos encolhemos.

Já que essa tendência é comum a todos nós, como a reconhecemos e como lidamos com ela?

## CONSTRUINDO MONUMENTOS A MIM MESMO

A ambição caída é engraçada: quando ela vira para dentro, ela junta energia para se lançar para fora.

"Com a idade de seis anos, eu queria ser cozinheiro", disse certa vez o artista Salvador Dalí. "Aos sete eu queria ser Napoleão. E minha ambição tem crescido desde então".[7] A ambição tem uma tendência de empurrar para fora a fim de juntar novas glórias. Mas em vez de lançar grandes feitos a serviço de Deus, somos mais propensos a lançar gigantescas campanhas para a construção de monumentos a nós mesmos.

Em sua epístola, Tiago traz uma sóbria avaliação desse zelo por autoexpansão:

---

5 No livro *When Sinners Say "I do"* (Quando pecadores dizem "Sim") (Walwallopen, PA: Shepherd Press, 2007), falo sobre como o evangelho inclui a doutrina do pecado e como essa doutrina é essencial para a compreensão de nós mesmos em relação a Deus e ao próximo.
6 David Powlison, "God's Grace and Your Suffering," em *Suffering and the Sovereignty of God*, ed. John Piper e Justin Taylor (Wheaton, IL: Crossway, 2006), 155.
7 Salvador Dalí, citação postada em rede em "Salvador Dalí Paintings," http://salvadordalipaintings.blogspot.com.

> *Quem entre vós é sábio e inteligente? Mostre em mansidão de sabedoria, mediante condigno proceder, as suas obras. Se, pelo contrário, tendes em vosso coração inveja amargurada e sentimento faccioso, nem vos glorieis disso, nem mintais contra a verdade. Esta não é a sabedoria que desce lá do alto; antes, é terrena, animal e demoníaca. Pois, onde há inveja e sentimento faccioso, aí há confusão e toda espécie de coisas ruins (Tiago 3.13-16).*

Tiago dá nome à minha tendência de roubar glória: "sentimento faccioso". Isso é ambição que foi para o lado errado. Ele diz ainda que é sintoma do tipo errado de sabedoria — o tipo que a Serpente ofereceu para Eva no jardim.

Nessa parte de sua carta, Tiago ensina as pessoas a conviver em razoável harmonia. Então ele lança para a sala uma prova surpresa: *Quem entre vocês é sábio?* A resposta é: você conhecerá os sábios por suas obras. Sua conduta revelará sua sabedoria. De repente é uma prova que pode ser terminada em casa. Tiago quer que as pessoas olhem suas vidas. O que verão? Só existem duas respostas possíveis.

Poderão ver a "sabedoria do alto", que é "pura, pacífica, gentil, aberta à razão" e muitas outras coisas maravilhosas que criam relacionamentos harmoniosos (3.17-18).

Ou enxergarão aquela outra espécie de "sabedoria" — o tipo que é "terreno" e "carnal" (3.15). Essa sabedoria de baixo vai além do nojento para até o "demoníaco". É uma palavra que aponta ao autor da ambição-que-foi-para-o-mal – o próprio Satanás. Quando a glória própria é o eixo de nossas ambições, repetimos a primeira tentativa de golpe, quando Lúcifer tentou destronar Deus e roubar a sua glória. Os resultados serão sempre repugnantes.

> A palavra bíblica para ambição egoísta retrata aqueles que, como prostitutas ou políticos corruptos, se rebaixam para ganhar alguma coisa.

É interessante que a palavra original aqui para "ambição egoísta"—*eritheia*— é um retrato daqueles que, como prostitutas ou políticos corruptos, se rebaixam para ganhar alguma coisa. Nosso comportamento de autoexaltação recai sobre nós, encolhendo nossa alma.

João Crisóstomo, um dos grandes pregadores da igreja primitiva, disse certa vez: "Os homens que amam o aplauso têm os espíritos famintos, não apenas quando são casualmente culpados, mas até mesmo quando deixam de ser consistentemente louvados".[8]

Você já viu gente de alma faminta em sua busca de louvor? Sabe de quem estou falando — a pessoa que mantém suas ideias sempre na tribuna ou consegue sempre ser centro de atenção das conversas. Convencido de que os outros estão cativados, seu vocabulário voa longe enquanto descobre novas formas de descrever antigas batalhas.

Já observou como muitas vezes as nossas histórias são exatamente isso — *nossas* histórias? Tornamo-nos o elenco, roteiro e enredo, e nosso nome está em todos os créditos. Estamos à procura de constante louvor. E no processo fazemos nossas almas morrer de fome.

Tenho tido alguns momentos de fome de alma. Recentemente, um dos homens da equipe de pastores com a qual sirvo começou a contar-me sobre uma iniciativa que a equipe queria tomar. Achei excelente ideia. Na verdade, para início de conversa, pensei nisso uns dois meses antes, quando a imaginei e sugeri! Agora, eles estavam transmitindo a *minha ideia* de volta como se ela tivesse chegado por correio, vindo de um planeta distante. Ou talvez apenas parecesse assim. Mas não foi feita nenhuma referência à minha pessoa, minhas ideias, minha grandeza e glória. Nada. Tais injustiças têm de ser respondidas.

Talvez você esteja pensando:

– O que foi que você fez, "Sr. Autor do Capítulo sobre ambição"? Sussurrou bem baixinho os seus agradecimentos a Deus, porque, de onde quer que a ideia tenha originado, parecia haver uma visão comum sobre uma iniciativa impor-

---

8  João Crisóstomo, "On the Priesthood," citado em Joost Nixon, "Pastor Traps: Glory, Part 2," *Credenda Agenda*, vol. 13, no. 6:15.

tante? Você reconheceu que dar crédito às pessoas não é assim tão importante; o que importa é que a igreja esteja sendo servida? Você se lembrou de que mesmo que tenha sido a primeira pessoa a fazer a sugestão, provavelmente você obteve a ideia de outra pessoa?

Nem por um só segundo. Minha *ideia* exigia que eu falasse. Porém, como meu amigo é bastante discernidor e teria se alertado quanto a qualquer agarramento aberto de glória, escolhi uma abordagem de nuança mais sutil. Referendando cuidadosamente minhas conversas e convicções anteriores, conferi sabedoria à ideia, e acrescentei meu apreço por como os homens a meu redor são fáceis de liderar. Bem *liso*, Dave. É o que se chama de política astuta.

Não. É o que se chama crua ambição egoísta.

Deus foi fiel em me convencer quanto a meu desejo desordenado de receber crédito por minha ideia. Olhando para trás, me vejo sentado em frente de meu amigo. Como balão de ar quente, estou tentando me inflar depressa para conseguir subir aos olhos dele. A mera estupidez me espanta de novo quando estou escrevendo essas frases. Havia muito esforço naquela conversa para me fazer grande. Mas só obtive pequenez. Com misericórdia, meu amigo foi generoso em me perdoar quando, alguns dias mais tarde, confessei o que tinha acontecido.

Como ressalta Tiago, o fato de que nossas almas fiquem famintas em busca do louvor não quer dizer que a ambição egoísta tenha ficado confinada. Tiago pinta um quadro feio no versículo 16: "Pois onde existem ciúmes e ambição egoísta, haverá desordem e toda espécie de prática vil". A ambição egoísta não viaja sozinha. Tem um parceiro no crime: inveja ciumenta. Esses dois inevitavelmente ajuntam mais uns dois bandidos: desordem e práticas vis. As palavras gregas para esses dois últimos termos falam de instabilidade ou confusão e atos sem valor moral. Essas qualidades são como uma gangue, sempre viajam juntas à procura de confusão. Onde paira a ambição egoísta, a inveja, desordem e desvalor moral estão preparando os punhos para a briga de rua. Noutras palavras, a ambição egoísta garante consequências negativas.

## A BOA AMBIÇÃO QUE AZEDA

Nem sempre a ambição egoísta começa assim. Às vezes a ambição começa bem. Toda espécie de coisa de valor mexe com nosso desejo, e começamos a mexer-nos em direção a essas coisas preciosas. Na passagem que lemos acima, Tiago não estava se dirigindo a pessoas que têm esperança de desordem. Escreve a pessoas que tinham escolhido seguir a Cristo com a perda em potencial de tudo mais. Em resposta ao evangelho, e em face à crescente desaprovação ao seu redor, eles se entregaram à comunidade da igreja. Alguma espécie de ambição piedosa estava batendo dentro deles.

Mas agora algo começou a cheirar mal. É que a ambição azeda facilmente. Como o leite, pode parecer bom por fora, porém você sente o cheiro quando começa a azedar. A desordem é uma consequência de aspirações que azedaram — ambição egoísta.

Como isso ocorre?

Na primavera de 1814, Timothy Dwight (neto de Jonathan Edwards e presidente da Faculdade Yale) fez o discurso de bacharelado da classe de futuros líderes. Essa não era a palestra típica de "sua vida só se limita por seus sonhos" de formaturas. Dwight escolheu esse momento chave na vida desses formandos para soar uma alerta: "Sobre o amor da distinção".

Ressaltou sabiamente essa cilada do caminho do sucesso, ingrediente que pode coalhar o doce leite de suas realizações. Disse ele: "A maldade e impiedade não pode, de nenhuma outra forma, tornar-se mais intensa nem seus planos mais vastos nem sua obstinação mais contínua nem sua destruição mais extensa ou terrível" do que o amor pela distinção.[9]

> O amor por distinção possui certo apelo a todos, qualquer que seja nossa vocação.

---

9 Timothy Dwight, "Sermon XXVII: On the Love of Distinction," em *Sermons*, vol. 1 (Edimburgo: Waugh & Innes, 1828), 521.

A advertência de Dwight é relevante a todos nós. O amor por distinção possui certo apelo a todos, quer nossa vocação seja mãe de tempo integral ou o pastorado, quer estejamos mirando ser professor catedrático quer zagueiro de futebol no time de secundaristas. Ele promete que você terá destaque na mente das pessoas e no mercado de capacidades e habilidade. Declara que a alegria e realização aguardam o homem ou a mulher que consegue alcançar o alvo mais alto: que o seu ego se destaque.

Contudo, como toda boa mentira que contém um toque de verdade, o amor pela distinção não traz o resultado que promete. Dwight continuou: "Mas, entre todas as paixões que enganam, põem em perigo e atormentam a mente, nenhuma é mais hostil à sua paz de espírito, nenhuma mais cega, nenhuma mais delirante do que o amor por distinção."[10]

O amor por distinção jamais tem um projeto, propósito, ou pessoa em mente além do ego. O mais importante não é o sucesso em uma busca importante ou um grande feito. O mais importante é que *eu* seja lembrando como sendo o melhor, o primeiro. Esta é a armadilha no caminho da ambição.

"O egoísmo, por sua natureza, é pequeno e mesquinho. Contudo, nenhuma paixão e nenhuma procura é mais absolutamente egoísta do que o amor por destaque, distinção. Aqui o *eu* é o único objetivo; nesse objetivo todo o esforço, toda busca, todo desejo termina."[11]

Todos temos visto a ruína que acontece devido ao amor pelo autodestaque. Entra em cena Wanda Holloway, a mulher do Texas que procurou contratar um assassino de aluguel para acabar com a mãe da rival da líder de torcida de sua filha. Entra em cena Tonya Harding, que planejou ferir sua principal rival em uma competição de patinação no gelo. Entra em cena o vendedor que negligencia sua família para obter a conta, ou o político que vende seu cargo para garantir a aprovação do partido na próxima rodada. Entra em cena o atleta que toma alguma substância proibida para lançar mais longe, correr mais depressa. Todos estão cheios de ambição por destaque.

---

10 Ibid., 533.
11 Ibid., 523–524.

Como é terrível o relato de uma vida gasta apenas na luta por adquirir destaque. Adão cedeu a tal disposição e perdeu sua imortalidade. Satanás cedeu a essa disposição uma única vez e foi lançado para fora do céu. O que acontecerá com aquele que ansiosamente seguir a carreira de seu primeiro antepassado e desse anjo apóstata durante todo o seu período de experiência?[12]

O amor pelo destaque às vezes parece inocente. Mas foi o que trouxe morte a Adão, e fez que satanás fosse expulso do céu. É coisa muito séria.

## ESQUEÇA ALEXANDRE – SOU DAVE O MAGNO

Quer seja gritante quer sutil, a ambição egoísta sempre me leva ao mesmo lugar: torno-me ladrão de glória, roubando a atenção de Deus e exigindo grandeza para mim mesmo.

Às vezes fica bem ruim. Quero assumir a jactância do Rei Salomão: "Engrandeci-me e sobrepujei a todos os que viveram antes de mim em Jerusalém; perseverou também comigo a minha sabedoria" (Ec 2.9). É, quem quer ser apenas "bom" ou "igual"? Soa muito melhor ser "grandioso" e "sobrepujante". Venham, minha gente! Me coroem Sultão das Maravilhas e me façam desfilar pelas ruas abarrotadas de pessoas gritando meu nome. Garantam que todo mundo da minha velha vizinhança que ousou questionar a minha grandeza esteja lá. Colocarei no mural do *Facebook* para qualquer quer tenha perdido o evento.

Triste, ein?

Concordo plenamente com Timothy Dwight. Qualquer homem ou mulher que cede a essa paixão egocêntrica se encontra em estado lamentável. Testifico pessoalmente que nada é mais absurdo do que agir como se nós, assim como Alexandre, tivéssemos nosso próprio "Magno" no final do nome. Olhe só para alguns dos títulos de grandeza que encontrei em minhas campanhas de glória pessoal.

---

12  Ibid., 529.

*Dave o ocasionalmente grande.* Esse Dave teve os seus momentos. Ele às vezes até se surpreende. Faz alguma coisa altruísta, pensa nos outros antes de si mesmo. Tem simpatia pelas pessoas necessitadas. É comovido por imagens de pobreza e opressão nos noticiários, e até faz doações a causas dignas. O problema é que simplesmente não consegue juntar tudo sempre — o Dave autofocado, absorto em si fica aparecendo junto. Esse Dave pode confundir os outros, e com certeza confunde a si mesmo. A grandeza é questão de pegar ou largar. E as largadas podem ser bem grandes.

*Dave o Grande Segundo Sua Própria Cabeça.* Esse Dave tem grandes ideias — sobre Dave. Tem planos maravilhosos — para Dave. Sempre consegue um jeito de fazer as coisas melhor do que os outros fariam. Está pronto a oferecer sua valiosa opinião sobre qualquer coisa. É só perguntar. Às vezes você nem precisa perguntar. As suas opiniões jorram como pepitas de ouro de um abarrotado baú de tesouros.

*Dave o Potencialmente Grande.* Esse é o cara sobre o qual todos dizem que realmente faria algo se fixasse a mente nisso. Possui as ferramentas; só precisa juntas as coisas todas. Mas esse Dave tem medo do sucesso e da responsabilidade que o acompanha. Melhor é sempre "ter potencial" do que arriscar qualquer coisa — simplesmente fique empurrando o sucesso para o futuro, e ninguém poderá criticá-lo pelo modo como o alcançou.

*Dave o Anteriormente Grande.* Esse Dave esteve lá e realizou aquilo. Ele fala sobre como eram as coisas "naquele tempo". Acha que tudo está indo morro abaixo desde então... bem, desde que as coisas fossem grandes antigamente. Dave o Anteriormente Grande tem uma memória seletiva: suas falhas desvanecem, enquanto as suas realizações são facilmente recordadas – e igualmente exageradas.

*Dave o Comparavelmente Grande.* Esse Dave sempre obtém sete entre dez. Não é perfeito, mas com certeza, é melhor do que a média. Dave o Comparativamente Grande é extremamente consciente da competição. Sabe o que se exige para permanecer à frente da pessoa comum. Esse Dave não aprecia que alguém seja promovido acima dele. Confunde o seu índice de comparações. Ele ama ganhar e odeia perder.

*Dave o Amanhã Serei Grande*. Esse Dave tem grandes intenções. Está prestes a fazer alguma coisa – dá para sentir isso. Simplesmente tem de descansar um pouco antes, se organizar um pouco mais, se motivar mais. Pergunte a esse Dave por que ele ainda não fez o que disse que faria, e ele se transforma em...

*Dave o Grande Se Apenas...* Este Dave realmente quer ser grande, mas não consegue uma chance. Está constantemente sendo frustrado em seus grandes esforços – pelas decisões, fraquezas ou falhas dos outros. Se ele apenas pudesse encontrar pessoas com quem contar... se essas pessoas apenas fossem mais previsíveis... se apenas ele tivesse os recursos ou o tempo ou a ajuda, seria realmente grande. Se apenas.

*Dave Eu seria o Máximo Se Apenas os Outros Notassem*. Esse Dave jamais diria que é grande, mas com certeza apreciaria se os outros percebessem como ele se esforça. Sabe do que as pessoas gostam, e é bom em entregar-lhes isso. Se tivesse de escolher entre algum grande sucesso que somente Deus observa e algum pequeno sucesso testemunhado por outras pessoas, escolheria o último todos os dias e duas vezes a cada domingo. Não é que ele não se importe se Deus o vê ou não; simplesmente se sente melhor quando os outros observam.

*Dave Eu Vou Ser o Magno Ainda que Morra Por Isso*. Esse Dave é tão motivado pela grandeza que está fixado em seus alvos. Se esforça ao máximo e não aceita "não" por resposta. O fracasso simplesmente não é uma opção.

## A ESCURIDÃO ALÉM DA GRANDIOSIDADE

O que todos esses Daves têm em comum? Instabilidade. Confusão. Feitos sem valor moral. Inveja. *Ambição egoísta*. Grandeza perdida, pequenez atingida.

Você conhece algum desses Daves? Quem sabe, vê uma semelhança a Dave em sua própria vida.

Ambição é algo traiçoeiro, não é mesmo? Achamos que a grandeza é atingível, e nos esforçamos por consegui-la. Mas, como Alexandre, tão logo pensemos tê-la atingido, descobrimos algo maior, além do nosso alcance. Sempre há um gramado mais bonito em nossa vizinhança, um cara mais inteligente na sala de aula, um melhor jogador de golfe no campo, um irmão ou uma irmã mais estimada na igreja.

E assim, somos tentados ao desespero — o desespero do "Não Tão Grande Quanto Queremos Ser". O epitáfio de Charles Spurgeon sobre Alexandre descreveria facilmente o rumo que podemos trilhar: "Vejam as lágrimas de Alexandre! Ele chora! Sim, ele chora desejoso de outro mundo a conquistar! A ambição é insaciável! O lucro do mundo todo não basta. Certamente, tornar-se monarca universal é tornar-se universalmente miserável".[13]

Parece desesperado?

Existe outra opção. Podemos simplesmente abaixar o padrão de grandeza para caber no que podemos atingir com confiança.

Viver vida de santidade? *Impossível*. Que tal uma vida equilibrada e razoavelmente moral? *Está feito*!

Amar a Deus e ao próximo de todo coração? *Esqueça*. Que tal acenar positivamente para Deus e tolerância com o próximo? *Feito*!

Obedecer a Palavra de Deus como regra de minha vida? *Restritivo demais*. Que tal folheá-la para encontrar palavras que me façam sentir melhor sobre mim? *Feito*!

> Nosso fracasso em alcançar a grandeza
> é muito mais perigoso do que pensamos.

Mas se nossa ambição nos leva ao desespero ou a nos acomodar ao *quase grande*, existe em nós algo com o qual teremos de contender: nosso fracasso em alcançar a grandeza é muito mais perigoso do que pensamos.

Vejam, o padrão de grandeza não foi estabelecido por nós, mas por Deus. E Deus não dá nota baseada na média da turma. Ele não recompensa uma

---

13 Charles Spurgeon, do sermão "Profit and Loss," entregue em 6 de julho, 1856 em Exeter Hall de Londres, Strand. Sermão no. 92 em *Spurgeon's Sermons: New Park Street Pulpit*, vol. 2 (1856).

boa tentativa. Por quê? Porque ele demanda a perfeição. É essa a verdadeira definição de grandeza, de verdadeira glória. É a perfeição.

Alexandre poderia ter conquistado o mundo inteiro e ainda construir uma cidade na lua. Mas por mais que ele fosse grande, jamais poderia ser perfeito.

Profundamente embutido em minha carne pecaminosa está um desejo de me instalar como senhor sobre todas as coisas. Quero meu nome adorado, minha glória exaltada, e minha fama comentada muito tempo após a minha morte. Contudo, na busca dessa ambição egoísta, caímos aquém, tragicamente aquém da grandeza e glória de Deus. Como disse o apóstolo Paulo (de maneira muito absolutamente além de minhas preferências): "pois todos pecaram e carecem da glória de Deus" (Rm 3.23).

No modo de Deus julgar, ao "carecer" da glória de Deus, caímos sob sua ira. Sem a perfeição, não existe outra possibilidade.

As más notícias que temos enfatizado neste capítulo são: a busca por minha própria grandeza me leva a um lugar perigoso. Em nossa superestimulada perseguição de glória própria, colocamo-nos no caminho da ira de Deus.

Assim sendo, temos necessidade desesperada de resgate. Temos de ser libertos dessa ira contra a imperfeição — e temos de ser salvos de nós mesmos. Temos de ser resgatados de nossa própria imperfeição crônica.

Precisamos obter a perfeição de algum lugar fora de nós mesmos.

É sobre isso que o próximo capítulo trata.

# CAPÍTULO 3
# AMBIÇÃO CONVERTIDA
## Para onde ir quando o seu melhor não basta?

Alistair Cooke declara: "Golfe é uma exibição aberta de ambição ufanista, esvaziada pela estupidez, habilidade esfregada por uma baforada de arrogância".

Deixe me contar sobre a vez que eu tive um jogo perfeito de golfe. Isto é, perfeito para o meu mundo.

Ora, tenho de dizer claramente – não sou jogador de golfe. Tipicamente, uma rodada perfeita é a que jogo na cabeça. Quando eu acabo jogando de fato, quebrar uma centena de braçadas em dezoito buracos requer uma abordagem muito liberal à matemática. Ou à trapaça. Ou um jogador substituto. Quebrar cem em nove buracos é um pouco mais possível de manejar. *Um pouco*. O que me leva de volta à minha rodada perfeita.

Alguém disse certa vez que o golfe é mais bem definido como uma série de tragédias sem fim, obscurecida pelo milagre ocasional. O meu milagre aconteceu em um campo de "executivos" de nove buracos — que soa como um lugar para gente muito importante, mas na verdade, quer dizer que é um curso menor com expectações menos altas.

Minha primeira tacada foi direto, como uma seta, com a parte lisa entre os buracos, igual tanto à esquerda quanto à direita. Isso é surpreendente, pois minhas primeiras tacadas geralmente são humilhantes; muitas vezes são como a varinha de condão, capaz de encontrar água onde parece que não tem nada. Mas neste dia a minha abordagem tinha um toque de retrocesso e me colocou sobre o verde, alvejando o passarinho. Embora eu tivesse perdido minha primeira tacadinha, consegui dar uma tacada de leve e imediatamente pensei em encerrar o dia. Não poderia ficar melhor que isso.

Mas melhorou, sim. Em cada buraco eu fiquei maravilhado pelo que meus tacos estavam realizando e onde a bola estava indo.

Para mim, um bom dia de golfe é marcar 60 em nove buracos. Se você não for perito em golfe, isso quer dizer que você é melhor que eu no esporte. Um grande dia é quando consigo acertar um único buraco. Mas no final do dia miraculoso, meu escore totalizou 38 — perto do cúmulo para a rodada inteira. Em meu mundo, isso é perfeição.

Qual é a sua definição de perfeição? Uma lista de coisas a fazer realizada? Um gramado sem ervas daninhas? Um orçamento equilibrado? Corpo de aço?

Como já vimos, a ambição é um ímpeto em direção à glória, um impulso à grandeza. Ambição implica em padrão, um "par" por qualquer curso de vida em que estivermos. Se o alcançamos, podemos nos ver como bem sucedidos. Se não o conseguirmos, sentimo-nos fracassados.

A má notícia do último capítulo é que existe um padrão eterno a que nos responsabilizamos — não um padrão de igualdade, mas de perfeição. E a perfeição é padrão que vai além de nossa capacidade. Para que nossa ambição seja mais que uma experiência frustrante e fútil de esforços perdidos em face do juízo iminente, temos de não depender de esforços próprios rumo à perfeição. Temos de receber a perfeição que nos é dada por outro.

O evangelho anuncia que foi exatamente isso que aconteceu. Se você for cristão, jamais terá sido mais amado ou aceito por Deus do que é neste exato momento. Que verdade maravilhosa! Mas tal aceitação não veio sem custo. Foi comprada com preço muito alto, quando na cruz, Deus nos substituiu por seu Filho — aquilo que chamamos de expiação. Em uma troca divina, Cristo tomou nosso pecado e deu-nos a sua justiça. Martinho Lutero chama isso de "troca maravilhosa".[1] Essa surpreendente demonstração de amor nos leva ao coração do evangelho cristão.

---

1 Paulo Althaus, *The Theology of Martin Luther* (Minneapolis: Fortress Press, 1966), 213.

Quando falamos do evangelho, centramos nossa atenção sobre a morte expiatória de Cristo por nossos pecados. Contudo, o evangelho é muito mais que isso. Inclui também a vida de Cristo. Embora isso talvez soe estranho, a vida de Cristo, vivida perfeitamente, é essencial à nossa compreensão da aprovação de Deus e a razão pela qual, agora, a ambição é importante para Deus.

## PERFEIÇÃO PARA NÓS

Olhamos anteriormente a declaração abrangente de Romanos 3 de que todos pecaram e carecem da glória de Deus. Todo o livro de Romanos é *tour de force* teológico que celebra o quê e o porquê de nossa salvação. Tirando do Antigo Testamento, Paulo nos ajuda a ver a linha mais ampla da história do intento de Deus de matar seu Filho a fim de salvar os pecadores.

Nos primeiros quatro capítulos de Romanos, Paulo expõe por que carecemos da glória de Deus e por que somos incapazes de resolver o problema por nós mesmos. O capítulo 5 oferece-nos um ângulo fascinante sobre essa missão de resgate — um contraste entre Adão, nosso antepassado egoísta, ambicioso, e Jesus Cristo. "Porque, como, pela desobediência de um só homem, muitos se tornaram pecadores" escreve Paulo, "assim também, por meio da obediência de um só, muitos se tornarão justos" (v. 19).

*"por meio da obediência de um só, muitos de tornarão justos"*. O que Paulo quer dizer com isso? Está fazendo uma comparação, colocando a obediência perfeita de Cristo em justaposição à desobediência de Adão.

Paulo quer que saibamos que a obediência de Cristo não é apenas alguma nota de rodapé irrelevante na Escritura. Foi importante. Muito importante. Não há dúvida na mente de Paulo: a obediência de Cristo era importante. Imensamente. Precisamos entender o porquê.

Quando pensamos na obediência de Cristo, muitas vezes pensamos primeiro em sua morte. Com certeza a obediência de Cristo inclui a cruz. De fato, John Piper chama isso de "o ato coroador da sua obediência".[2] Sua disposição de

---

2  John Piper, *Counted Just in Christ* (Wheaton, IL: Crossway, 2002), 111.

orar: "Contudo, não se faça a minha vontade, e sim a tua" (Lc 22.42) e levar essa convicção através da agonia da crucificação — é incompreensível.

## A obediência de Cristo incluiu uma vida em que obedeceu as leis de Deus em todas as coisas e todos os tempos.

Entretanto, a obediência de Cristo incluiu uma vida em que obedeceu as leis de Deus em todas as coisas e todos os tempos.[3] Não incluiu apenas alguns dias surpreendentemente perfeitos, como aquele que tive no campo de golfe. Todo dia foi perfeito para Jesus. Era uma vida inteira de *hole-in-ones*. Nosso salvador viveu em perfeito alinhamento à vontade e lei de Deus.

Pense nisso por um momento. Desde seu nascimento num estábulo, foram trinta e três anos de perfeita obediência. Isso é surpreendente.

Pessoas muito mais inteligentes que eu, rotularam isso de "ativa obediência de Cristo".[4] Anteriormente, falamos sobre sua morte substitutiva, porém,

---

3 "Cristo ter suportado a penalidade do pecado não é toda a sua obra. Na criação, o homem foi colocado sob uma lei que tornou a vida dependente da obediência. Deus ainda atem o homem caído a essa obediência e, se Jesus estava agindo pelos pecadores, a obediência era também essencial à sua obra. Assim, lemos: 'vindo, porém, a plenitude do tempo, Deus enviou seu Filho, nascido de mulher, nascido sob a lei, para resgatar os que estavam sob a lei, a fim de que recebêssemos a adoção de filhos' (Mt 3.13; Gl 4.4). Os sofrimentos do Calvário não foram o início de sua obediência e sim seu clímax: 'e foi obediente até a morte, e morte de cruz!' (Fp 2.8). A obediência de Cristo está relacionada tanto à nossa justificação quanto à penalidade que ele carregou: 'por meio da obediência de um só, muitos se tornarão justos' (Rm 5.19)." Iain Murray, *The Old Evangelicalism* [O antigo evangelicalismo](Carlisle, PA: Banner of Truth Trust, 2005), 84.

4 John Piper contende que a obediência "ativa" e "passiva" nem sempre são designativos úteis: "A palavra traduzida 'ato de justiça' no verso 18, ESV (*dtkaiomatos, dikaiømatos*) é empregada em Romanos 8.4 para se referir, no singular, a todo o escopo daquilo que a lei requer '... para que o requerimento (*dikainoma*) da Lei seja cumprido em nós, que não andamos segundo a carne, mas de acordo com o Espírito.' Isso sugere que na mente de Paulo o 'ato único de justiça' que resultou em nossa justificação pode bem se referir a toda a obediência de Jesus vista como um todo único — como um grande ato de justiça — em vez de qualquer ato singular que ele tivesse feito na vida." Piper, *Counted Justified in Christ*, 12. Piper também cita Jonathan Edwards para ressaltar este ponto: "É verdade que Cristo voluntariamente passando por esses sofrimentos que passou, é grande parte daquela obediência da justiça pela qual somos justificados. Os sofrimentos de Cristo são respeitados na Escritura sob uma dupla consideração, ou meramente como ele ter sido substituído por nós, ou colocado em nosso lugar, sofrendo a penalidade da lei, e assim seus sofrimentos são considerados satisfação e propiciação pelo pecado; ou, como ele, em obediência a uma lei ou ordem do Pai, voluntariamente se submeteu a esses sofrimentos, e ativamente entregou-se para carregá-los, e assim são considerados sua justiça, e parte de sua ativa obediência. Cristo sofreu a morte em obediência à ordem do Pai... E isso faz parte, na verdade a principal parte, da ativa obediência pela qual somos justificados". Jonathan Edwards, *The Works of Jonathan Edwards*, vol. 1 (Edimburgo: Banner of Truth Trust, 1987), 638–639.

a ativa obediência de Cristo nos introduz outra ideia deslumbrante: a sua *vida* substitutiva. Jerry Bridges disse certa vez:

> Na sua maior parte, a vida de perfeita obediência de Jesus tem sido vista apenas como precondição necessária à sua morte. Contudo, a verdade é que *Jesus não somente morreu por nós como também viveu por nós*. Ou seja, tudo que Cristo fez tanto em sua vida quanto em sua morte, ele fez em nosso lugar, como nosso substituto.[5]

Fiz meu curso de seminário no Seminário Teológico Westminster em Filadélfia. Westminster foi fundado em 1929 por J. Gresham Machen, depois que o Seminário de Princeton tinha cedido à teologia liberal da época. Anos mais tarde, quando Dr. Machen estava prestes a morrer, dizem que ele ditou um telegrama para seu amigo de longo tempo, John Murray, professor de teologia sistemática no seminário. Curto e simples, dizia: "Sou tão grato pela obediência ativa de Cristo. Sem ela não há esperança".[6]

Por que um teólogo moribundo, de mente poderosa, que poderia abrir numerosas janelas doutrinárias naquele momento, olharia especificamente para a obediência de Cristo como fonte de esperança? Porque a obediência de Cristo importa – e muito. Vejamos a razão.

## ENTENDER A TRANSFERÊNCIA

Pense sobre o tempo quando você respondeu, pela fé, ao evangelho. Você experimentou a remoção do peso da culpa após a sua conversão? Muitas pessoas experimentam isso. Mas você estava cônscio de que também algo lhe foi dado, algo de que necessitava desesperadamente e ainda hoje necessita todo dia?

---

5 Jerry Bridges, *The Gospel for Real Life* (Colorado Springs: NavPress, 2002), 34, ênfase acrescida.
6 John Piper, "J. Gresham Machen's Response to Modernism," 1993 Bethlehem Conference for Pastors (January 26, 1993); http://www.desiringDeus.org/ResourceLibrary/Biographies/1464_J_Gresham_Machens_Response_to_Modernism/.

Imagine um aposentado de recursos modestos que receba uma carta da Receita Federal reportando que ele pagou abaixo do que era devido toda a vida desde os seus dezoito anos de idade. Com os juros, as taxas e penalidades, os impostos devidos são de uma dívida exorbitante que ele jamais poderá pagar. A não ser que ocorra um milagre, ele vai para a cadeia![7]

O homem chega ao tribunal na data marcada, esperando totalmente que seja considerado culpado e sentenciado pelo que deve. De repente, há uma comoção em volta da cadeira do juiz; Algo chocante está acontecendo. O juiz manda o tribunal se calar e faz um anúncio. Alguém que ama esse réu pagou a sua dívida. O juiz o declara inocente.

Maravilhado, os joelhos do homem dobram.

Mas existe mais alguma coisa, diz o juiz. O bem-feitor desse homem também transferiu dez trilhões de dólares para sua conta bancária.

É incompreensível, mas esse réu passou de culpado para riquíssimo. Num piscar de olhos, os problemas de culpa e de sua posição diante da corte foram permanentemente revertidos. Não só foi removida a sua culpa como também ela foi substituída por uma conta bancária transbordante. Ele entrou no tribunal culpado; saiu de lá rico, além de sua imaginação mais exagerada.

Nós estávamos com problemas muito mais sérios do que essa pessoa que foi levada ao tribunal. Na desobediência de Adão, todos nós caímos. Paulo expressou da seguinte maneira:

> *Pois assim como, por uma só ofensa, veio o juízo sobre todos os homens para condenação, assim também, por um só ato de justiça, veio a graça sobre todos os homens para a justificação que dá vida. Porque, como, pela desobediência de um só homem, muitos se tornaram pecadores, assim também, por meio da obediência de um só, muitos se tornarão justos (Rm 5.18–19).*

---

7 [Nota da tradutora: Diferente do que ocorre no Brasil, onde os ricos devem e são impunes, nos Estados Unidos, não pagar os impostos pode dar cadeia!]

Tínhamos um problema duplo: herdamos a culpa de Adão e por cima disso, temos culpa e dívida bastante por nós mesmos para nos condenar.

Para corrigir o problema, certamente precisávamos de um salvador que tirasse o problema daquilo que nós devemos. Foi exatamente isso que Jesus fez. Você crê nisso? *Jesus pagou tudo – eu devo tudo a ele*.[8]

Na faculdade, meu filho mais velho estava fazendo um programa de ROTC (treinamento de oficiais de reserva). O treinamento militar era rigoroso para ele, mas providenciava bons benefícios para mim. Não pagávamos pelos custos de sua faculdade, quarto, livros, lápis — tudo era de graça. A cada semestre eu recebia uma declaração da faculdade fazendo lista de todas as despesas. Embaixo, os custos eram somados e no espaço escrito "Você deve" sempre escreviam "$0". Eu amava aquele zero.

Mas quando um pecador se coloca diante de um Deus santo, não basta ter um zero na caixinha do "pecado".

A ausência de pecado não é ingresso para uma audiência com Deus.

Limpar nossa dívida foi apenas metade do trabalho. Precisávamos algo mais do que a simples remoção da culpa. Precisávamos também de um Salvador que nos desse a perfeição que nós não possuíamos.

A justiça necessária para a aprovação de Deus tinha de cumprir critérios específicos. Nada menos seria suficiente do que uma vida de perfeita obediência, satisfazendo plenamente todas as exigências da lei. Todos nós tivemos dias como o de meu "Milagre nos Campos de Golfe", mas nunca fizemos corretamente *todos* os lances — um buraco em cada tacada, todas as vezes. Jamais conseguimos obedecer a Deus *completamente*, nem por um só dia.

Um Deus santo e justo, por definição, não pode permitir qualquer coisa que não seja santa e justa diante dele. A ausência do pecado é impressionante quando comparada à sujeira em meu coração, mas não é ingresso para uma audiência com Deus. Precisávamos ser "tornados justos" (Rm 5.19). Temos necessidade de

---

8 "Jesus Paid It All," hino de Elvina M. Hall, 1865.

um registro de perfeita obediência à lei de Deus. É requisito absoluto. Somente uma declaração de justiça poderia assegurar permanentemente a aprovação e o prazer de Deus.

Entra o homem perfeito, Jesus Cristo.[9]

No fracasso de Adão, todos nós fracassamos. Mas Cristo veio fazer o que Adão não pôde. Como "segundo Adão", Cristo cumpriu as exigências da lei. Susteve a perfeita obediência por toda sua vida, e até mesmo através de sua morte. Para que o plano de Deus desse certo, Cristo tinha de ter sucesso onde Adão havia fracassado. Cristo o obteve e nós ganhamos com isso.

A morte de Cristo removeu nossa dívida e retornou-nos um saldo zerado. Sua folha corrida de obediência na vida e na morte formou o cômputo da justiça que nos foi transferida na cruz. E a obediência de Cristo colocou riquezas inimagináveis em nossa conta bancária. "Pela obediência de um só, muitos foram feitos justos". Uma justiça positiva — transferência das riquezas da justiça de Cristo sobre nós — foi necessária para abrir caminho para que um Deus santo nos aceitasse. Precisávamos de justiça às toneladas. E a recebemos.

Pense nisto. Obras têm sua importância. Precisamos ser salvos pelas obras – não as nossas, mas as de Jesus Cristo! R. C. Sproul diz:

> O único jeito de alguém poder ser salvo é pelas obras. Deus requer que sua lei seja cumprida. A não ser que você possua perfeita justiça, você jamais será justificado. Ora, a questão é a seguinte: Pelas obras de quem você será justificado? A justificação somente pela fé significa que somos justificados unicamente pelas obras de Cristo.[10]

---

[9] "A razão pela qual necessitamos uma pessoa de infinita dignidade que obedecesse por nós, foi por nossa infinita maldade, comparativamente, pois nossa desobediência foi infinitamente agravada. Precisávamos alguém cuja dignidade e obediência pudesse responder à falta de dignidade de nossa desobediência; portanto, precisávamos de alguém que fosse tão grande e digno quanto nós éramos indignos". Jonathan Edwards, "Justification by Faith Alone," em *Sermons and Discourses*, 1734–1738 (WJE Online, vol. 19), ed. M. X. Lesser, 162, do Jonathan Edwards Centro na Universidade de Yale; http://bit.ly/P3BM13

[10] R. C. Sproul, na conferência nacional anual dos Ministérios Ligonier de 2008 em Orlando, Flórida. "Aprenda a compartilhar o verdadeiro evangelho de Jesus Cristo", Ligonier Ministries; http://www.ligonier.org/blog/2008/06/learn-and-share-the-true-evangelho.html

Em seu leito de morte, Machen compreendeu sua condição com total clareza. Despido de tudo, exceto a carne que se desvanecia, ele bem sabia quem estava sem Cristo. Era filho de Adão, herdeiro daquilo que Adão deixou para ele. Isso quer dizer que era produto da queda de Adão para a desobediência e o pecado. Sabia que deveria estar diante do trono de juízo de Deus a qualquer momento — nu, culpado e sem esperança. Mas Jesus Cristo o revestiu de sua justiça, necessária para o encontro que estava para acontecer. Cada passo que Jesus dava afastando da tentação, cada face que ofereceu, cada pensamento irado que evitou — todas as riquezas daquelas respostas justas foram colocados na conta de Machen. Não era apenas "não culpado", mas foi declarado justo, tudo pela "obediência de um só homem".

Então, o que isso significa para mim e para as minhas ambições?

## O HOMEM PERFEITO RESGATA O MOTIVO DA AMBIÇÃO.

Deixe-me fazer uma pergunta: se somos cristãos, o que Deus vê quando olha para nós? São nossos defeitos e fracassos? Dirigir em excesso de velocidade? Esconder ou variar a verdade? Aquele surto de ira ou de lascívia? O que vem primeiro na contagem de Deus?

É verdade, estamos diante de Deus como homens e mulheres cheios de ambição por nossa própria glória — tanto que tentamos roubar a glória que pertence a Deus. Contudo, somos receptores da folha corrida de Cristo – de perfeita obediência. Deus não ignorou nosso pecado. Ele o julgou, derramando sua ira sobre o seu Filho. Cristo tomou nosso castigo e nos deu a sua justiça.

Então, o que Deus vê? Ele olha além de nosso pecado para a perfeição de Cristo. Ele vê literalmente os trinta e três anos das obras perfeitas de Cristo respingando de nós. Já que Cristo viveu uma vida perfeita e morreu morte perfeita para que seu relatório perfeito de justiça pudesse ser creditado a pecadores imperfeitos, esse documento perfeito é o que Deus vê quando olha para nós.

Não é de surpreender que Paulo dissesse: "Bem-aventurados aqueles cujas iniquidades são perdoadas, e cujos pecados são cobertos; bem-aventurado o homem a quem o Senhor jamais imputará pecado" (Rm 4.7-8).

Compreender essa verdade magnífica transformará seu pensamento quanto a seus sonhos. Sem Deus, nossa busca por grandeza, muitas vezes, é uma busca por aprovação. Quero ser aplaudido e estimado. Vivo para ser louvado. Tento realizar grandes coisas porque anseio ser celebrado. A ambição egoísta muitas vezes é uma busca desesperada por um "Vá em frente. É isso aí!" – um desejo de formar um mundo que me adore.

> Acabou nossa busca por aprovação.
> Em Cristo, já temos toda a aprovação que necessitamos.

O evangelho traz notícias explosivas: nossa busca por aprovação acabou. Em Cristo, já tenho toda a aprovação de que preciso. Porque a justiça de Cristo foi transferida a mim, todo o tempo e energia que outrora eu desperdicei tentando ser amado ou elogiado ou conseguir algo que validasse minha existência, agora poderá ser redirecionado a fazer as coisas para a glória de Deus. Não vivo mais *em busca* de aprovação; vivo *a partir* da aprovação.

Permita que eu reitere essa boa nova, caso ainda não tenha penetrado seu pensamento. A riqueza da obediência na vida e na morte de Cristo é o que Deus enxerga ao olhar para nós. Não nos vê mais chafurdando em nossas arrancadas à procura de glória, em nossas mentiras, luxúrias ou temores. O registro de perfeita obediência de Cristo agora forma a moldura da visão de Deus da nossa existência.

E Deus nunca é ambivalente em face da perfeita justiça e santidade. Ele as celebra. Como o pai que assiste quando o filho faz uma corrida perfeita no jogo de baseball ou a mãe que descobre um boletim perfeito de sua filha, a aceitação de Deus é espontânea, instantânea, entusiasmada e permanente. Seu prazer e sua aprovação surgem para conosco, levando consigo todas as bênçãos espirituais que eram merecidas por Cristo.

Estive num jogo de futebol em que um garoto fez um gol. Seu pai estava tão entusiasmado pelo evento que começou a gritar sua aprovação e celebrar o triunfo de seu filho. Mas esse pai não parava. Fiquei esperando que ele saísse correndo, tirasse o menino do campo e o levasse sobre os ombros. Isso pesa muito para um garoto que mal consegue amarrar seus próprios sapatos. E acho que o time deles perdeu. Mas não importava perder. O que o homem velho via no filho acendia-lhe aprovação pelo rebento espontânea, entusiasmada, e barulhenta.

Isso quer dizer que Deus não se importa pelo pecado do crente? Não, não é isso absolutamente. Seria antibíblico, além de pensamento errado. Como cristãos, o pecado não toca nossa posição diante de Deus, mas pode definitivamente afetar a nossa experiência de Deus. Quando, em criança, eu menti para meu pai, ele não parou de ser meu pai. Mas isso afetou nosso relacionamento. Também mudou a minha experiência de seu afeto. Seu amor foi expresso de outra forma, mais dolorosa. A mão que tantas vezes me abençoava se converteu em mão de disciplina.[11] Senti o seu desprazer, embora nunca tivesse deixado de ser o seu filho.

Não se engane. O pecado é real, e é possível, pelo pecado, afastar muitas coisas boas de nossa vida. Pecado rouba nossa alegria em Deus. É esmagador do deleite. Mas o pecado jamais altera ou reverte o que Cristo fez sobre a cruz. Nunca faz que Deus retire o seu nome ou sua aceitação de nós. Portanto, o resgate da ambição piedosa está agora a caminho.

Você luta contra a paralisia da análise, incapaz de agir com ousadia porque tem medo do que as pessoas vão pensar? Você teme ficar aquém de seus alvos ou que de alguma forma Deus se desagradará de você por não ter feito o que ele realmente queria que você fizesse? Você se encontra na justiça de Cristo — e possui toda a aprovação de que terá necessidade. Não gaste mais nenhum momento tentando ser grande aos olhos humanos. Em vez disso, seja *ambicioso*.

---

11  Ver Hebreus 12.7-11.

## O HOMEM PERFEITO RESGATA A OBEDIÊNCIA DA AMBIÇÃO

A perfeita obediência de Cristo não somente nos resgata da vã procura por aprovação como também torna possível a nossa obediência. Porque Deus nos aceita em Cristo, agora podemos agir em imitação de Cristo.

Nas palavras de abertura do Sermão do Monte (Mateus 5), Jesus estende as bênçãos para aqueles que andam conforme ele andou. As epístolas do Novo Testamento não apenas celebram o evangelho como também nos conclamam a aplicá-lo. Estamos sendo renovados à imagem de Deus para representar Cristo sobre esta terra. Andamos na realidade daquilo que nos foi imputado. Isso significa que é importante considerarmos o que significou a obediência, para Cristo.

Jesus era Deus — eterno, co-Criador, "a imagem do Deus invisível, as primícias de toda a criação" (Cl 1.15). A criação responde a ele; anjos anunciaram sua chegada; todo joelho se dobrará diante dele (Fp 2.9–10). Contudo, quando veio a seu próprio povo, eles não o receberam (João 1.10–11). Deus tornou-se homem em Cristo. Caminhou sobre a terra essencialmente sem ser reconhecido, pois ninguém compreendia plenamente quem ele era. No fim, foi abandonado até pelos amigos mais chegados, aqueles por quem ele estava morrendo.

Agora, pense nessas palavras de Isaías: "Era desprezado e o mais rejeitado entre os homens... como um de quem os homens escondem o rosto, era desprezado, e dele não fizemos caso" (53.3). O Deus vivo tornou-se homem, e foi *assim* que o tratamos.

Lembro-me de andar em um aeroporto quando um famoso astro de esporte estava passando. Uma horda de pessoas fazia órbita em sua volta; ele era a principal atração — imediatamente reconhecido pela multidão. Todo mundo queria estar dentro da ação. Quando Deus tornou-se homem em Cristo, merecia uma campanha pela mídia que arrasasse tudo, espalhando seu nome sobre o mundo inteiro. Mas o que recebeu foi a crucificação.

> Já houve tempo em que você não recebeu a glória que achava que merecia?

Já houve tempo em que você não recebeu a glória que achava que merecia? Talvez seu ministério na igreja não tenha sido reconhecido, ou um colega "tomou emprestada" a sua ideia, ou a meninada deixou de apreciar o seu serviço diário em suas vidas. Você já sentiu certa injustiça, ira, o desejo de endireitar as coisas arrancando certas cabeças na direção do seu sacrifício?

Vamos enfrentar isso: alguns de nossos piores momentos são nossas respostas quando as pessoas não dão aquilo que achamos que merecemos. Contudo, somos chamados a obedecer a Deus imitando aquele que, quando desprezado, devolveu bondade. Quando rejeitado, demonstrou amor. Quando mal entendido, permaneceu paciente. Cada dia de sua vida, ele agradou a Deus com cada pensamento e ação. Jamais chegarei perto de poder dizer o mesmo, mesmo em meus melhores dias. Mas eis a questão: Cristo disse que temos de responder à vida da mesma forma que ele fez. Ele compreende nossas lutas. Cristo "foi tentado em todas as coisas, à nossa semelhança, mas sem pecado" (Hb 4.15).

Fomos tratados intencionalmente com desdém? Cristo sabe como é isso. As pessoas ignoram nossa contribuição? Cristo compreende. Temos de lidar com alguém que certamente esteve ausente quando Deus distribuiu os genes de cortesia e respeito? Cristo experimentou as mesmas tentações que fervilham dentro de nós. Rejeição, pessoas que nos desapontam, esforços esquecidos — ele foi tentado de todas as formas que nós somos tentados, "contudo, sem pecar".

Cristo também nos dá poder para cumprir aquilo pelo qual ele nos chama. Seremos rejeitados, mal compreendidos, maltratados, simplesmente por nossa associação a ele. Não é fácil ser ambicioso pela glória de Deus. Enfrentaremos oposição do mundo caído ao nosso redor, e, com certeza, do pecado que ainda resta em nosso próprio coração. Mas Cristo veio viver em e por meio de nós através do Espírito Santo. Buscamos a glória de alguém que compreende as nossas fraquezas e fez provisão por elas. Você quer andar no poder de Deus? *Seja ambicioso.*

## O HOMEM PERFEITO RESGATA A ALEGRIA DA AMBIÇÃO

Sobre a cruz, nosso *status* mudou. Com ela veio a única coisa que mais precisamos para buscar uma vida de ambições piedosas: a aprovação de Deus. Não é de se admirar que William Carey dissesse que devemos esperar grandes coisas de Deus e tentar realizar grandes coisas para Deus.[12] Ele entendeu que a aprovação deveria inspirar a ambição.

Eis a maravilhosa misericórdia assegurada pela obediência de Cristo: ela abre caminho para que experimentemos a verdadeira alegria nessa ambição.

Anteriormente, nossas aspirações eram agentes de autoexaltação – que encolhem a alma. Mas por causa de Jesus, tudo mudou. Com a aprovação de Deus, muda a razão pela qual obedecer, aspirar e aplicar tudo. Agora a aspiração estimula o deleite. Podemos buscar grandes coisas para Deus, e isso só aumentará nossa alegria em Deus. Não vivemos mais ambiciosos pela aprovação, mas agimos de modo ambicioso porque temos aprovação. Eis a diferença: um nos desilude, o outro nos inspira. Um é temporário, o outro, permanente. Um nos impele, o outro, nos deleita.

De tempos em tempos, ouvimos relatos sobre pessoas que enriquecem de repente. De vez em quando, elas mantêm os seus empregos antigos, embora não precisem mais do dinheiro. Mesmo então, a riqueza inesperada altera *a razão* pela qual trabalham. Quando estamos apenas sobrevivendo, trabalhamos para teto, calor e uma boa comida. Mas quando nos tornamos multimilionários, trabalhamos por prazer. Com as necessidades financeiras resolvidas, o trabalho não é algo que temos de fazer, mas algo que podemos fazer.

O mesmo ocorre com nossas ambições. Como disse o grande teólogo B. B. Warfield: "A única antítese de todos os tempos é a que existe entre as fórmulas rivais: Fazei isto e vivereis, e Vivei e fazei; Fazei e sede salvos, e sede salvos e fazei".[13] Em Cristo vivemos — portanto, fazemos e o fazemos com alegria.

---

12 As palavras originais de William Carey quanto a isso são citadas como "Espere grandes coisas; tente grandes coisas" de um sermão a uma reunião da Associação Batista em Northampton, Inglaterra, em 30 de maio, 1792, conforme citado pelo Centro de Estudos da Vida e Obra de William Carey; http://www.wmcarey.edu/carey/expect/expect.htm.

13 B. B. Warfield, *Faith and Life* (Carlisle, PA: Banner of Truth, 1990), 324.

Como se não bastasse, nossos sonhos e desejos de servir a Deus são recompensados para a eternidade. Quanto isso é maravilho! Somos compensados pelas realizações que ele nos capacita, nos sonhos e desejos que ele dá. Isso causa um júbilo bem sério.

Você quer gozar sua vida? *Seja ambicioso.*

## O HOMEM PERFEITO TORNA TUDO ISSO REAL

Tenho um amigo que é conhecido pelas iniciais C. B., tenho outro conhecido como C. J., e neste capítulo citei pessoas de nome R. C. e B. B. Não tenho certeza do que acontece com essa coisa de usar as iniciais, mas gosto, já que se torna mais fácil escrever os seus nomes.

Meu amigo C. B. ama dar risada, ama os esportes de Filadélfia, e acima de tudo, ama a Jesus. Quando C. B. se empolga por Jesus, seu rosto se ilumina e ele esfrega depressa as mãos. Às vezes isso soa como lixa... C. B. lixa. Se ele estiver realmente animado, parece uma locomotiva C. B. Você não quer ficar em frente de uma locomotiva C. B., porque ele tem dois metros de altura e uma boa corpulência. As pessoas não podem entrar na órbita de C. B. sem ficar cativadas por seu amor por Jesus. Seus olhos se enchem de lágrimas a cada dia quando ele pensa no que Cristo fez por ele. Eu o invejo por isso. Os meus olhos se enchem de lágrimas só quando penso em ser atropelado por uma locomotiva C. B.

C.B. é uma pessoa que quer entregar tudo a Jesus, a cada dia, todos os dias. Recentemente, perguntei-lhe se ele sempre foi assim — apaixonado por Deus e zeloso por produzir frutos. Ele me surpreendeu dizendo que fez sua profissão de fé quando menino, mas que na mocidade viveu com poucos frutos espirituais. Não tinha ambição por Deus. Era apaixonadamente ambicioso por ser legal, durão, grande atleta, admirado pelos colegas.

Um dia um líder de mocidade o tomou pelo colarinho (graças a Deus por bons líderes!). Com coragem, ele confrontou C. B. dizendo-lhe que a sua ambição por glória era uma boa coisa, mas que estava procurando por ela no lugar errado. O líder disse que ele corria atrás da falsa glória e com isso estava desperdiçando sua vida. É uma acusação bem dura, mas atingiu a C. B. bem no meio da testa. Naquela noite, ele não conseguiu dormir. As palavras o assombravam — *desperdiçando a sua vida*. Mas ele não resolveu vender suas coisas e pegar um avião para a Ásia no trabalho de Deus. Estudou a cruz, e ponderou sobre o que aprendeu. Percebeu que o líder de mocidade, na verdade, foi muito bondoso em sua avaliação. O alvo de C. B. era a sua própria glória. Aos pés da cruz, ele se viu como tolo pecador batendo o martelo que pregou Cristo à cruz. Isso o arrasou. De fato, ainda arrasa com C.B. hoje em dia.

O C. B. que eu conheço não tem nenhuma semelhança com o outro C. B., exceto pela ambição apaixonada. C. B. quer fazer estrago por Jesus.

Mas seu alvo não é simplesmente fazer sua vida ter valor. Toda sua orientação ao cristianismo foi resgatada por aquele encontro com o Homem Perfeito que foi crucificado por ele. Quando a cruz foi movida para o centro, o alvo de suas ambições entrou em foco. Saber que tinha toda a aprovação que precisava libertou C. B. a procurar realizar grandes coisas para Deus. Não era mais "É isso que tenho de fazer para Deus" – era "Veja só o que Cristo fez por mim! Agora eu me gastarei alegremente por ele".

## SOBRE GOLFE E GLÓRIA

Por mais que eu queira, provavelmente nunca mais darei tacadas vencedoras no golfe em toda minha vida. Mais importante: existem muitas outras coisas que quero e devo realizar que nunca serão feitas. E existem coisas pelas quais eu poderei lastimar. Mas não luto contra temor ou sentimento de culpa quanto a isso, e com certeza sei que eu não poderei expiar minhas próprias falhas — quer no trajeto de golfe, quer em qualquer outro lugar.

Minha confiança está na rodada completa de outro — o Homem Perfeito, Jesus Cristo, meu salvador. Como J. Gresham Machen, sei que minha esperança está em sua perfeita obediência, tanto por esta vida de desempenhos irregulares quanto na próxima vida de glória eterna.

Como precursor teológico de Machen em Princeton, Charles Hodge, disse bem:

> É bom saber—especialmente quando se enfrenta o mundo futuro —
> que por todo tempo que falhamos em nos conformar à vontade de Deus
> em pensamento, palavra, ou obra, ativamente pecando ou deixando de
> nos conformar à sua vontade revelada, o seu Filho cumpriu a obediência
> que nós devemos. Por ele nunca ter cedido à lascívia, orgulho, preguiça,
> avareza, egoísmo e malícia, que tantas vezes ganham espaço em nossos
> corações abarrotados, Jesus Cristo torna-se nosso salvador não somente
> por sua morte expiadora quanto por toda a sua vida.[14]

A obra completa de Cristo na cruz — o fato de ele ter cumprido a obediência que nós devemos — muda o propósito de nossa ambição e obediência. Como bons mordomos, agora somos zelosos de boas obras porque isso coincide com a razão pela qual fomos redimidos. "Pois somos feitura dele, criados em Cristo Jesus para boas obras, as quais Deus de antemão preparou para que andássemos nelas" (Ef 2.10). Andar em boas obras começa com aspirar por boas obras, ser ambiciosos por elas. Sonhar e realizar as coisas para Deus é evidência, efeito e expectação da fé genuína.

Já temos toda a aprovação de que necessitamos. Quando começamos a examinar as glórias da ambição piedosa, jamais abandonemos essa sólida base: a aprovação de Deus provém da perfeita obediência do Homem Perfeito.

---

14 Charles Hodge, *Teologia Sistemática*, vol. 3 (Grand Rapids: Eerdmans, 1946), 144.

# CAPÍTULO 4

# A AGENDA DA AMBIÇÃO

## Toda ambição tem uma agenda — qual é a sua?

Ela foi chamada de maior missão de resgate da Segunda Guerra Mundial. Durante a segunda metade dessa guerra, os aviões de bombardeiro americanos foram enviados em perigosas missões pelo sul da Europa para enfraquecer a produção de petróleo que alimentava a máquina de guerra nazista. Centenas de pessoas em latas de estanho voantes se elevavam acima de regiões altamente fortificadas de bombardeios antiaéreos. Ao navegar pelo brutal desafio de fogo em terra, muitos foram forçados a saltar de seus aviões furados por centenas de tiros. Pilotos feridos muitas vezes flutuavam de paraquedas até a Iugoslávia ocupada pelos nazistas, esperando ser capturados ou mortos.

Mas sobre a terra abaixo deles, um time surpreendente de resgate já estava sendo mobilizado. Camponeses sérvios traçavam o rumo das equipes de voo flutuantes. Sua única missão era ajuntar os rapazes do voo e levá-los para um lugar seguro — antes dos nazistas chegarem.

Arriscando suas vidas, os camponeses alimentaram e abrigaram os tripulantes derrubados, tratando seus ferimentos. Esses homens foram salvos e estavam em mãos amigas — mas ainda em terreno do inimigo. Ainda precisavam ser resgatados.

A história daquilo que ficou conhecido como Operação Halyard vai em direção a uma ousada missão, uma pista secreta de pouso e um plano de evacuação clandestina envolvendo aviões de carga C-47. Surpreendentemente, mais de quinhentos aviadores foram resgatados — cada um dos homens que haviam sido confiscados por um camponês.

Drama, suspense, ousadia. Isso indica, por todos os lados, uma premiação de Hollywood . Mas existe uma subtrama fascinante a esse resgate. Viajando ao local de evacuação, os aviadores foram entregues aos sérvios lutadores pela liberdade, os únicos que conheciam o caminho para o local de fuga. A despeito da barreira de língua que impedia a comunicação clara, os aviadores gastaram semanas seguindo os seus guias através de terrenos desconhecidos — acordando e andando sob o comando deles. A direção, o passo, e o destino estavam nas mãos de seus resgatadores. Os homens tinham sido salvos do inimigo, mas a jornada não terminara. Ainda tinham de andar até a liberdade.

No último capítulo olhamos para o resgate máximo. Éramos ladrões de glória, roubando a honra de Deus e acumulando-a para nós mesmos. Mas agora, por meio da morte de Cristo e de sua vida de perfeita obediência, somos justificados —aceitos, aprovados e permanentemente seguros no amor de Deus. Não necessitamos mais buscar a aprovação; temos toda a aprovação de que necessitamos. Isso é uma boa nova bastante séria!

Isso levanta uma interessante pergunta. Se Deus enxerga a maravilhosa obra de Cristo quando olha para mim, não seria só isso que importa? Por que eu deveria fazer mais alguma coisa? Por que deveria ser ambicioso por *qualquer coisa* se aquilo que é *o máximo* já me foi dado?

## SALVOS PARA CAMINHAR

A história da Operação Halyard esclarece uma importante realidade espiritual. Ser resgatado *de* alguma coisa nos coloca no caminho *para* algo. Para os aviadores, foi uma jornada de sobrevivência. Para nós, é uma jornada de fé. Aquele que nos salvou agora está nos chamando para caminhar. Não é negociável. Embora arrancados da morte espiritual, logo descobrimos que a vida cristã não é uma chegada — é uma aventura. Experimentamos o resgate, então nos é apontado um caminho.

O apóstolo Paulo descreve essa visão ativa da vida cristã em sua carta aos Efésios, insistindo que eles andem "de modo digno da vocação a que fostes chamados" (4.1). É uma ordem bastante breve, e é fácil irmos adiante sem prestar atenção. Mas não é um pedido rápido ou superficial. É o centro da carta de Paulo, a ponte entre verdade e vida, e é crucial que entendamos o que Paulo está dizendo.

Até aqui, Paulo gastou três capítulos da epístola exultando naquilo que Cristo realizou por nós. A lista é impressionante:

- Fomos escolhidos em Cristo (1.4).
- Fomos predestinados para a adoção (1.5).
- Recebemos uma herança (1.11).
- Fomos ressuscitados com Cristo (2.6).
- Somos reconciliados com Deus (2.16).
- Somos abençoados com as riquezas insondáveis em Cristo (3.8).

E isso é só o começo. Se estiver cavando por um tesouro espiritual, Efésios 1–3 é um filão da riqueza do evangelho. Nos três capítulos finais de Efésios, Paulo olha as implicações práticas daquilo que falou nos capítulos 1–3 — que efeito essa redenção tem sobre nossas ações, nossas palavras e nossos relacionamentos.

Em Efésios 4.1, Paulo constrói a ponte entre a doutrina e o dever, o princípio e a prática, o credo e o mandamento. Essa assombrosa salvação que recebemos? Devemos viver de modo adequado a ela. "Andar de modo digno da vocação a que fostes chamados".

As pontes não são para ficarmos em cima, de pé, parados. São para conduzir a algum lugar. Aqui, na ponte entre a primeira e a segunda metade de Efésios, somos conclamados a alçar nossas ambições e calçar nossos sapatos para caminhar.

Paulo está dizendo: "Sincronizem seu andar com aquilo que Cristo já realizou. Já que vocês foram declarados santos, andem em retidão. Já que foram declarados santos, purifiquem as suas ambições e os seus atos." B. B. Warfield descreve isso como o "ressoante apelo de Paulo... de viver de acordo com [nossos] privilégios".[1] Pela fé tornar-se aquilo que já declarou que você é em Cristo.

## OITO VACAS E UM CHAMADO DIGNO

Já ouviu falar de Johnny Lingo? Era uma personagem em uma peça curta de ficção escrita por Patricia McGerr em 1965. Johnny era polinésio e um dos mercadores mais sagazes das ilhas do Pacífico Sul. Forte, inteligente e rico, era líder entre o povo da ilha de Nurabandi.

Na ilha adjacente de Kiniwata, vivia uma mulher de nome Sarita. Ela não era assim tão bonita — simples, magricela e com uma desesperada necessidade de usar alguns cosméticos *Mary Kay*. Andava pelo vilarejo com disposição carrancuda, ombros caídos como se carregasse algum fardo invisível. Entretanto, por razões conhecidas apenas por poetas e profetas, Johnny amava Sarita e a desejava por esposa.

Era costume entre o povo dessas ilhas o homem comprar sua esposa do pai dela — uma espécie de dote revertido. Duas ou três vacas assegurariam uma esposa média. O acréscimo de mais uma vaca elevaria o nível da aquisição; mais duas compraria uma beleza de primeira grandeza e mais algumas facas *Ginsu*.

Em uma transação que chocou aos ilhéus, Johnny pagou *oito* vacas por Sarita. Por que pagar quatro vezes a tarifa comum por Sarita? Simples. Johnny queria que ela soubesse que aos olhos dele, ela valia mais do que qualquer outra mulher. Era sua declaração de que ela valia mais que qualquer outra. Para Johnny, ela era uma esposa de oito vacas.

Notícias desse preço sem precedentes por uma esposa se espalharam longe. Mas não é o final da história. Um dia veio uma visitante que ouvira a história do casamento de Johnny e queria ver a noiva com os próprios olhos.

---

1 B. B. Warfield, *Faith and Life* (Carlisle, PA: Banner of Truth, 1990), 289.

Ao vê-la, mal podia acreditar. Sarita "era a mulher mais bela que já vi em toda minha vida", refletiu a mulher. "O porte dos ombros, a virada do queixo, o brilho dos olhos, tudo demonstrava um orgulho a que ninguém lhe poderia negar o direito".

Sarita *tornou-se* aquilo que Johnny havia declarado que ela era: uma esposa de oito vacas. Ela andava digna do seu chamado.

Nós somos chamados a nos tornar aquilo que
Deus declarou que somos.

Como Sarita, somos chamados a nos tornar aquilo que Deus declarou que somos. Como os aviadores abandonados na Iugoslávia, fomos resgatados para começar a andar. Deus nos salvou, nos adotou, nos perdoou, declarou-nos justos a seus olhos, e alterou nossos desejos para que se inclinasse para ele. Então ele nos diz: "Agora seja o que eu declarei que você é".

John Murray o coloca muito bem: "Dizer a um escravo que não foi emancipado: Não se comporte como escravo é zombar da sua escravidão. Mas, para dizer o mesmo a um escravo que foi resgatado, é necessário apelar, a fim de colocar em efeito os privilégios e direitos de sua libertação."[2]

Paulo começa a explicar o que significa andar de maneira digna nos próximos dois versículos: "com toda humildade e mansidão, com paciência, suportando-vos uns aos outros em amor, esforçando-vos diligentemente por preservar a unidade do Espírito no vínculo da paz" (Ef 4.2-3).

Agora somos chamados por Deus a andar de modo consistente com os privilégios, de cair o queixo, que gozamos em Cristo. Como o tempero em uma deliciosa refeição, o conhecimento de nossa redenção permeia a alma e tempera nossa vida com o caráter de Cristo. Esta é a coisa que mais vale perceber, estimar e procurar diligentemente — uma ambição essencial para nossa alegria, frutificação e perseverança nesta vida.

---

2 John Murray, conforme citado por Jerry Bridges em *Disciplines of Grace* (Colorado Springs: NavPress, 1994), 74.

Se Deus tanto nos deu e nos chamou para andarmos de modo digno disso, deve haver para nós algo glorioso nisso tudo. Com certeza ele tem uma agenda de trabalho.

## A AGENDA DE DEUS PARA NOSSA AMBIÇÃO

Se você for como eu, quando pensa no chamado como cristão, provavelmente seus pensamentos são: *O que vou fazer para Deus?* Jake sente chamado para servir aos pobres; o chamado de Maggie é para a enfermagem; Leroy foi chamado para o campo missionário; Juanita foi chamada para criar os filhos, às vezes, até mesmo o marido. Com frequência, vemos as atividades e o chamado como sendo sinônimos.

> A gloriosa agenda de Deus para nossa ambição começa com *quem* nós somos.

Mas aqui está uma verdade sobre a qual nem sempre pensamos: a gloriosa agenda de Deus para nossa ambição, como o seu glorioso evangelho, não começa com aquilo que alcançamos, mas com *quem nós somos*.

Andar de modo digno do chamado significa ter nova ambição. Em vez de lutar por minha própria glória ou conforto, sou ambicioso por uma vida transformada. Isso pode ser difícil apreender com nossa mente, porque temos a tendência de avaliar quem somos por aquilo que realizamos. Essa é a armadilha em que o jovem rico tinha caído quando perguntou a Jesus: "O que devo fazer para ser salvo?" E recebeu em resposta uma exibição do que havia em seu coração. É o que fazia Pedro tropeçar em suas tentativas, às vezes cômicas, de provar-se para Jesus. É o que faço quando me descubro somando minhas boas obras realizadas naquele dia como se fossem passos para ficar mais perto de Deus. Mas Jesus não ficou impressionado pelo jovem nem com Pedro — nem se impressiona tanto comigo.

O andar digno ordenado em Efésios 4 é diferente de qualquer outra viagem. Esta jornada trabalha de dentro para fora. Começa com quem nós somos para então se mover ao que nós fazemos.

É por isso que Paulo começa com qualidades tais como humildade, mansidão, paciência, e suportar uns aos outros em amor (4.2). É assim que Cristo viveu e amou. Como seus discípulos, seguimos a ele. Andamos como ele andou: "aquele que diz que permanece nele, esse deve também andar assim como ele andou" (1João 2.6). É este o "chamado a que fostes chamados" (Ef 4.1).

Não se engane: a ambição por mudanças piedosas nos leva a *fazer* as coisas. Sonhos futuros são obtidos mediante a ambição por crescimento atual. O alvo da exortação de Paulo é despertar nossa ambição para aplicar o evangelho a nossa vida. Observe outras áreas que Paulo levanta no restante de Efésios 4: paz, pureza doutrinária, trabalho honesto, fala santa, perdão. Para que experimentemos nosso melhor futuro, temos de aplicar essas coisas hoje. Temos de tomar decisões que concordem com o evangelho.

Na vizinhança onde cresci em Pittsburgh, todo mundo era fã do time *Steelers*. Na verdade, se você não gostasse dos *Steelers*, você não tinha direito de estar em Pittsburgh. Havia jogos em que a temperatura estava abaixo de zero e o estádio estava superlotado. (Eu não disse que eles eram brilhantes – apenas dedicados.) Mas como meninos, tínhamos poucas oportunidades de ir ao estádio e assistir os jogos ao vivo. Assim, cada domingo, com as sagradas cores preto e dourado nas roupas, montávamos os nossos sofás, com petiscos na mão, e nos posicionávamos para a "experiência" do jogo na televisão.

Por meio de um misterioso processo que somente atletas de poltrona podem entender, começávamos uma mescla simbiótica com os jogadores e participávamos vicariamente da luta em campo por alcançar vitórias. As primeiras conquistas se tornaram nossos triunfos, as falhas deles eram nossos fracassos. Uma aterrissagem da bola provocava altos vivas e outras formas de troca masculina, como se tivéssemos pessoalmente lançado a bola através da linha do gol. Entregávamos 110 por cento, mas tudo dos confortáveis confins das nossas poltronas de sala.

Sabe, o atleta e os fãs compartilham algumas semelhanças notáveis:

1. Ambos respiram.
2. Ambos são humanos.
3. Os dois respiram.

Okay, então os fãs e os jogadores são surpreendentemente diferentes. Os fãs assentam-se na poltrona ajustável e se deleitam na realização dos jogadores. Seu ponto de vantagem é, na maior parte, pela janela eletrônica da TV, protegidos dos elementos climáticos, do caos, e com certeza, da dor do jogo. Com fácil acesso a múltiplos ângulos, "replay" instantâneo, câmara lenta e análise em tempo real de jogada por jogada pelos comentadores bem treinados, os fãs não se limitam a assistir o jogo — eles o "experimentam" (como os vendedores de televisores HDTV são rápidos em dizer). Mas sua perspectiva é apenas teórica. Não importa o tamanho da tela do televisor de tela plana, os torcedores não estão realmente jogando.

Os jogadores, em contraste, experimentam um dia totalmente diferente. Estar em campo é estar imerso no caos e na dor. Os papéis dos jogadores e suas responsabilidades têm influência direta sobre o que acontece em cada jogo. O jogador não pode simplesmente atacar a geladeira ou surfar os canais durante os intervalos. Diferente dos fãs, o mundo dos jogadores é de decisão, ação, e exercício. Tudo que fazem tem importância. O seu ponto de vantagem é um campo de atividade onde eles aplicam aquilo que sabem fazer.

Os jogadores de futebol não pedem aos torcedores que entrem em campo. Os torcedores vivem vicariamente; os jogadores vivem experiencialmente. Mesmo jogo – um mundo de diferença.

Cristãos não são fãs ou torcedores.

> Somos chamados a sair da poltrona reclinável
> e fazer diferença no jogo.

No campo de jogo do mundo real, somos chamados a sair da poltrona reclinável e fazer diferença no jogo. Quando Paulo diz para andar de modo digno de nossa vocação, está agarrando os fãs espirituais, arrancando-os de suas salas aconchegantes de televisão e os colocando em campo. Ele diz: "Entre no jogo!"

Graças a Deus, o evangelho nos dá tudo de que precisamos para que joguemos bem. No fim, não temos dúvida nem do resultado. Mas a questão não é assistir, é fazer. E o fazer do andar digno não é fácil. *Fazer* humildade é duro — tente responder com graciosidade um grande ataque de críticas. Você acha que a pureza parece bem no livro do jogo? Tente correr com pureza numa *blitz* de imagens sensuais. Compromissado com o jogo básico de falar a verdade? E quando isso não leva a lugar nenhum? Ansioso por unidade? O que vamos fazer quando a oposição se firmar contra nós na linha da luta pela bola?

A ambição começa quando sabemos quem somos em Cristo e o que recebemos devido a esse fato. Ele treina para o jogo da vida de acordo com a agenda que Deus nos coloca. Ele molda nossa ambição para o papel que ele deseja que desempenhemos no seu plano.

O chamado de Deus me torna ambicioso por um coração transformado e uma vida transformada.

## COMO DEUS MOLDA NOSSA AMBIÇÃO

Deus faz de nossa força viva a sua ação. E, por isso, muito da Escritura fala de andar, continuar a nos mexer e garantir que terminemos o percurso. Mas, se Deus realmente deseja nossa ação em frente, por que às vezes parece que estamos batendo com a cabeça de vidro num muro de pedra? Meus anseios por impacto são confusos e frágeis; simplesmente não sei o que fazer. Ou talvez eu não seja o tipo ambicioso. Tenho fome por nada mais que uma boa revista e um lugar calmo onde ler sossegado.

Deus possui uma agenda: transformar-nos à imagem de seu Filho. Uma forma de realizar essa transformação é por meio de nossos sonhos e ambições. Deus trabalha em nós mediante aquilo que aspiramos.

Às vezes Deus realiza nossos sonhos; outras vezes, não. Mas, como respondemos a seu trabalho torna-se importante intersecção para a transformação em nossa vida. Ao cooperarmos com ele, descobrimos que, no final, não se trata de ganhar a promoção ou ter filhos bem comportados ou ganhar a corrida de carros de Daytona 500 — por melhor que essas coisas todas possam ser. Trata de algo muito maior: como ser como Cristo enquanto vou atrás desses sonhos.

Você compreende dessa forma o seu relacionamento com Deus? Deus não precisa de nós para fazer as coisas, mas ele se deleita em usar-nos, portanto, temos de nos conformar para o seu serviço. Foi exatamente para isso que ele criou a ambição piedosa – atividade de Deus em nós e a nosso redor para que, enfim, trabalhe através de nós. Vejamos três importantes maneiras em que ele nos forma mediante o tratar de nossas ambições.

## AMBIÇÃO PROCRASTINADA

Estar vivo significa ter ambições procrastinadas. Tempo quando a lista de Deus do que deve ser feito diz: "Posponha os sonhos de Dave... indefinidamente!" Pode ser uma formatura, um emprego, um trabalho melhor, saúde, casamento, uma promoção, oportunidades de ministério — uma demora em uma ou mais dessas áreas é experiência comum a todos.

Não é nada novo. Pegue um número e fique atrás de uma lista de personagens bíblicas que esperavam enquanto andavam. Abrão e Sarai receberam a promessa de um filho, mas tiveram de esperar vinte e cinco anos pela chegada de Isaque. Davi é ungido rei, mas teve de esperar mais de uma década enquanto corria em perigo de vida e vivia numa caverna. Paulo é chamado a evangelizar os gentios, mas não antes de marcar o ponto durante catorze anos no deserto. É o modo de Deus fazer as coisas. Demorar no cumprimento de nossos sonhos parece fazer parte do refinamento e do resgate da ambição.

> Como vivemos quando as ambições são procrastinadas molda de maneira significativa aquilo em que nos tornamos.

Como vivemos quando as ambições são procrastinadas molda de maneira significativa aquilo em que nos tornamos. Deus usa a espera para nos ensinar a andar de modo digno de nosso chamado.

"Espere" não é uma palavra popular. Gostamos dela do jeito que uma criança começando a andar gosta! Mas a espera é uma ferramenta usada por Deus frequentemente. A Escritura está repleta de esperas — somos ensinados a esperar que Deus atue (Sl 25.3; 27.14; 37.7; 130.5; Is. 49.23; Os 12.6), esperar por nossa adoção como filhos (Rm 8.23), aguardar a volta do Senhor e sua justiça (1Co 1.7; Gl. 5.5; Tt 2.3). Devemos esperar em fé, crendo que as palavras de Isaías são verdadeiras: "Porque desde a antiguidade não se ouviu, nem com ouvidos se percebeu, nem com os olhos se viu Deus além de ti, que trabalha para aquele que nele espera" (Is 64.4).

A espera é a máquina de Deus na escavação de nossas ambições. A espera desenterra e traz à superfície aquilo que realmente desejamos. No entanto, a espera é algo muito estranho. Os propósitos de Deus não são um ponto de ônibus onde apenas ficamos parados, esperando passar a opção certa. Não, nós continuamos andando enquanto esperamos, e esperamos enquanto andamos. Isso pode parecer irônico, mas serve a muitos propósitos.

*A espera purifica nossas ambições.* Podemos ser tentados a pensar que se nossas ambições demoram a ser realizadas, elas desfalecerão. Contudo, isso não é verdade com respeito à autêntica ambição piedosa.

Estenda sua mão para dentro de um rio e pegue um punhado de pedras. Pode notar aquelas que foram depositadas recentemente, em contraste com as que já estavam lá por algum tempo, esperando. As pedras recém-chegadas são ásperas, com arestas rudes e pontas acentuadas. As outras pedras são lisas; o tempo e a água desgastaram seu torço exterior, revelando uma pedra polida e bela.

Para nós, a espera tem o mesmo efeito. Deus purifica nossas ambições, ao demorar em cumpri-las. Uma ambição com sinal de espera é uma ambição que está sendo alisada no leito do rio da atividade de Deus. As rudes arestas — o egoísmo de nossas ambições — se tornam lisas. A ambição é purificada. O exterior opaco começa a brilhar.

*A espera cultiva a paciência.* Se você for como eu, acredita que a paciência é uma virtude – só não quer esperar por ela. Está certo: sou mesmo impaciente. A impaciência tenta agir espiritualmente quando diz: "Senhor, quero a tua vontade para minha vida, e a quero *agora mesmo*! Mais tarde não serve." A impaciência apaga o horário de Deus e o substitui pelo nosso próprio horário. Perverte a ambição, tornando-a em exigências. Porém, Deus tem um plano de resgate para nós. Ele se chama *espera*.

Há dois séculos o jovem pastor inglês Charles Simeon aspirava pastorear o povo de Deus. Acabou sendo designado ao púlpito da igreja *Trinity* em Cambridge. Estava muito feliz, mas as pessoas estavam indignadas. A maioria dos membros se opunha a suas convicções evangélicas e intentava frustrar seu ministério. Durante doze anos, a sua oposição se expressava de modo muito estranho. Eles na verdade boicotaram o culto de domingo e trancaram os bancos da igreja para que ninguém mais pudesse sentar neles. As pessoas iam para a igreja e tinham de sentar nos corredores. Durante todo aquele tempo, Simeon pregou, pastoreou, e esperou.

Como alguém suporta essa espécie irracional de oposição por doze anos?

> Nesse estado de coisas não via outro remédio senão fé e paciência... Era, na verdade, doloroso ver a igreja, com exceção dos corredores, quase abandonada; mas pensei que, se Deus apenas desse uma dupla bênção para a congregação que assistia, haveria, no todo, tanto bem quanto se a congregação fosse o dobro de tamanho e a bênção fosse apenas metade do que era. Isso me consolou muitas e muitas vezes, quando, sem tal reflexão, eu teria afundado sob meu fardo.[3]

A fé e a paciência prevaleceram. Eventualmente, Charles Simeon viu seus bancos libertados e seu pastorado naquela igreja abençoado por mais quarenta e quatro anos. Simeon recontou as preciosas passagens que o susteram durante aqueles primeiros doze anos e, muitas vezes, citou Lamentações 3.25: "Bom é o Senhor para os que esperam por ele, para a alma que o busca".

Talvez enquanto lê isso você esteja percebendo sua impaciência com Deus e seu tempo na sua vida. Mas o tempo de Deus não é perfeito? Seus caminhos não são perfeitos? Não é a sua vontade perfeita? Seu caráter não é perfeito? E toda

---

3  H. C. G. Moule, *Charles Simeon* (London: Methuen & Co., 1892), 38.

essa perfeição não nos foi demonstrada na cruz? Quem somos nós para questionar a Deus em impaciência quando ele tem demonstrado de modo tão perfeito o seu amor por nós no derramar do sangue de seu Filho sobre a cruz?

*Esperar redefine o que nós definimos como produtividade.* Vivemos em um mundo onde tempo é dinheiro, e assim, a pressa é essencial. Definimos nosso sucesso por nossa "produtividade", e essa produtividade é embrulhada em atividade. Desenvolvemos listas diárias que levariam meses para serem realizadas, e lutamos para realizar o que nenhum homem ou mulher consegue fazer. Colocamos a cabeça no travesseiro à noite, desanimados com nosso fracasso e impulsionados a nos esforçar mais amanhã.

> Muitas vezes, esperar é o programa de Deus de reorientação com vistas à nossa definição de sucesso.

Deus define a produtividade de maneira diferente. Para Deus, a produtividade é envolvida na transformação, naquilo que estamos *nos tornando*, não em naquilo que estamos realizando.

Esperar, muitas vezes, é o programa de Deus de reorientação com vistas à nossa definição do sucesso. Com amor, ele esvazia nossa preocupação mal direcionada com as realizações e a enche de ambição de conhecê-lo e de nos tornar mais como ele é. Deus não deixa de fazer nossa caminhada ir mais devagar para nos lembrar de que só ele é onipotente, e não nós; só ele é onicompetente, e não nós; só ele existe sem necessidade de descanso, não nós.

Os aeroportos são conveniências modernas que Deus utiliza para me ajudar a aprender a paciência. Eis o exercício. Ao entrar em um aeroporto, entramos num mundo aonde planos de voo dependem de centenas, até milhares de variáveis fora do controle da linha aérea. Um mal funcionamento de motor fecha um voo ou um portão, subsequentemente atrasa os horários de milhares de pessoas. E não há nada que você ou eu possamos fazer sobre isso. Podemos reclamar, resmungar, nos enfurecer porque precisamos estar lá agora mesmo! O único jeito de influir sobre a aterrissagem de um avião é por meio de um ataque cardíaco ou uma ameaça de bomba – nenhum dos quais pode resolver seu problema particular "imediato". Acrescente a isso sua chegada cedo ao aeroporto a fim de alcançar o voo e a espera para os voos de conexão e rapidamente você percebe que aprender paciência é a sua única ligação à sanidade mental.

Esperar toma nossa definição de produtividade e a leva para a escola. Nos ensina a conectar nossa agenda, não à realização pessoal, mas à glória de Deus. Então, poderemos produzir os frutos de Deus, satisfeitos por saber que a sua lista é cumprida durante nosso dia, mesmo quando não conseguimos o que estava em nossa lista. "Nisto é glorificado meu Pai, em que deis muito fruto; e assim vos tornareis meus discípulos" (João 15.8).

Permita que eu o encoraje: se as pessoas o descrevem como *workaholic*, se elas lhe parecem interrupção de seus alvos, se você foi temporariamente desviado do trabalho por doença ou por diminuição do corpo de funcionários, ou se tem dificuldade de descansar – então cultive a ambição de estudar "espera" e "descanso" nas Escrituras. Isso o ajudará a "produzir muito fruto".

## AMBIÇÃO DESENVOLVIDA

Deus ama a boa ambição. Ela lhe traz glória quando ele trabalha por meio de nossos desejos a fim de cumprir os seus propósitos. Deus não precisa de nós, mas surpreendentemente, ele nos usa. Porém, para nos posicionar para a frutificação, ele trabalha continuamente em nossa vida, transformando nossos desejos de acordo com seus propósitos, desenvolvendo nossas ambições de acordo com sua vontade. Nesse processo, nós nos tornamos o que Deus já declarou que somos em Cristo.

Muito do restante deste livro tratará de como cooperar com o projeto de desenvolvimento da ambição de Deus em nossas vidas. Mas, permita que eu lhe dê um quadro de como isso poderá parecer mediante a experiência de meu amigo David Sacks.

> Uma boa ambição torna-se em ambição egoísta quando ela for nossa única ambição. Isso se chama idolatria.

David é membro de nossa igreja. É artista que gosta de entremear-se em muitos gêneros, mas encontrou seu lugar especial na fotografia. David não sabia que uma boa ambição torna-se ambição egoísta quando ela for nossa única ambição. Na Bíblia isso se chama idolatria.

Às vezes Deus tem de nos salvar primeiro de nossas ambições a fim de resgatá-las. Para desenvolver nossa ambição, Deus primeiro a converte. Foi o que aconteceu com David, que descreve assim:

> Antes da conversão, a fotografia me controlava funcionalmente. Mudei para a cidade de Nova York City a fim de seguir uma carreira fotográfica e realmente me dedicava a isso; gastava quase cada momento acordado, investindo em minha carreira. Mas minha vida parecia sem rumo. Minhas ambições e alvos estavam enrolados em atingir sucesso a qualquer custo. Trabalhava muitas horas toda semana para fazer isso acontecer. Mas olhando para trás, relembro essa estação como incrivelmente sem esperança. Minha identidade e senso de valor estavam envolvidos em ser fotógrafo de sucesso... era como se a fotografia fosse deus para mim. Estava obcecado comigo mesmo. Minha única ambição era ganhar muito dinheiro e trabalhar junto a muitas pessoas criativas e poderosas.

Deus resgatou David e começou o trabalho de revolucionar seu sistema de valores. Por meio de oração, estudo e pregação da Palavra de Deus, e envolvimento numa igreja local, David começou a mudar sua forma de ver suas aspirações. Viu sua ambição pela arte como a busca idólatra que ela tinha se tornado. Sua procura pelo sucesso não desapareceu. Em vez disso, ele mudou a maneira de definir o sucesso. Deus ligou seus fios de modo diferente, em busca de outra espécie de glória. David jamais sonhara que pudesse haver tanta satisfação ao ver solapada sua maior ambição. Ele recorda:

– Ouvi dizer certa vez que quando você se torna cristão provavelmente não será tão bom em alguma coisa quanto poderia ser, pois vai gastar menos tempo nela. De uma perspectiva, existe verdade nisso — e é para nosso bem. Tenho uma esposa e três filhos — quero viver de acordo com a vontade de Deus para minha vida. E aprendi que enrolar minhas ambições em volta dos alvos de Deus seria a única forma de alcançar sucesso como marido, pai, artista, e cristão.

David descobriu a alegria de usar seus dons não simplesmente como vocação, mas também para servir o povo de Deus. Além de seu estúdio particular, David hoje usa sua habilidade para levantar dinheiro para órfãos na África enquanto providencia, de vez em quando, fotos para diferentes causas de ministérios que ele apoia. Cultivar essa ambição tem aprofundado seu prazer no uso de seus dons. Diz ele:

– Uma parte do reconhecimento que o dom vem de Deus é encontrar maneiras de usá-lo para Deus – diz David.

> Existe alegria nisso. É por isso que amo oferecer meu dom gratuitamente às vezes. Parte da condição humana é um desejo contínuo por significado na vida e no trabalho. Algum do trabalho que faço comercialmente é lucrativo, mas não tem muito significado inerente nele; não enriquece a vida das pessoas. Mas fazer trabalhos de capa para publicações cristãs, ou ir à África ou ao Afeganistão ou Ucrânia para fazer fotos para ministérios, tem muito a ver com honrar o ensino de Deus quanto a ser um bom servo e mordomo dos talentos que ele nos deu. É aí que encontramos o verdadeiro significado.

Você percebe o que aconteceu com a ambição de David? Deus não o julgou em sua idolatria; ele o resgatou dela. Que surpreendente amor! E Deus não tirou a ambição de carreira de David; ele a converteu e desenvolveu. Ao longo do caminho, Deus usou suas aspirações para transformá-lo. Os sonhos de David se desenvolveram ao longo de linhas que lhe deram alegria sem fazer com que sacrificasse aquelas coisas que realmente importavam em sua vida.

Os projetos de desenvolvimento de ambição de Deus produzem resultados para o nosso bem e sua glória.

## AMBIÇÃO NEGADA

O periódico *Harvard Business Review* o chama de "meiolessência". É um fenômeno crescente entre trabalhadores de idade média que estão "estafados, encurralados e entediados".[4] Mas é mais que isso. São homens e mulheres que percebem que jamais atingirão certos sonhos. O gerente que começa a perceber que jamais será um executivo, o técnico que sente que seus sacrifícios no trabalho foram totalmente sem resultado, a artista confrontando as limitações das dotações, o trabalhador entediado a não mais poder quando confronta a probabilidade que "é só isso aí". "Como a adolescência," resume o *Harvard Business Review*, "a *meiolescência* pode ser tempo de frustração, confusão e alienação".[5]

Para David Sacks, andar de modo digno de sua vocação como cristão coincidiu com sucesso em suas outras ambições também. Mas às vezes, a agenda de Deus para a transformação envolve perder nossos sonhos.

Para muitos, vai além da vocação. A mulher solteira de cinquenta e alguma coisa conclui que provavelmente jamais se casará. O homem que se aproxima do tempo de aposentadoria percebe não ter dinheiro suficiente para se aposentar. Nosso cônjuge não muda; o casamento está empacado e sem rumo. Estamos vagando como um carro sem breque e direção. Os filhos parecem parados e requerem trabalho demais. A casa ou vizinhança ou igreja ou rede social ou — você preencha as lacunas — não satisfazem mais. "Não percebemos o quanto nossos sonhos nos influenciam até o meio da vida", diz Paul Tripp. "De repente, senti-

---

4 Robert Morison, Tamara Erickson, Ken Dychtwald, "Managing Middlescence," *Harvard Business Review* (March 2006), 79.
5 Ibid., 80.

mo-nos enganados, ludibriados e emperrados. Aquilo que nos satisfazia não nos satisfaz mais".[6]

Entretanto é mais do que apenas insatisfação. É a morte de certas ambições. É o enterro de nossos sonhos.

> Deus usa nossos sonhos perdidos para alcançar
> a sua ambição para nós.

É um fato da vida que muitas ambições são negadas. Em muitos casos, alguns de nossos sonhos a longo termo são apenas isso – sonhos. Ninguém consegue tudo que quis ou realiza tudo que se dispôs a fazer. Nossas ambições são peneiradas pelos limites da oportunidade, do tempo, de recursos, de nossas próprias capacidades físicas. Também é fato do evangelho que ambições negadas fazem parte do plano soberano de Deus de dirigir nossas vidas a seus determinados fins. Deus usa nossos sonhos perdidos para alcançar a sua ambição para nós — que andemos de modo digno de nosso chamado.

É o poder que emana do grande versículo que memorizamos, Romanos 8.28: "Sabemos que todas as coisas cooperam para o bem daqueles que amam a Deus, daqueles que são chamados segundo o seu propósito". A negação das ambições não é ultimamente uma penalidade ou punição. É a obra graciosa de um Deus amoroso que define o caminho em que devemos andar. Ele instala cercas ao longo do caminho para que continuemos a nos mover em sua direção. Essa expressão do amor de Deus não se limita ao meio da vida.

Quando são negadas as ambições, a soberania de Deus é a primeira coisa a estar sobre tribuna do testemunho interno. Não é que mudamos nossa teologia. É que nossa teologia não está ligada ao nosso desejo não realizado. Perdemos a visão da onisciência e onipotência de Deus. Falhamos em conectar as nossas circunstâncias à bondade de Deus. Essa conexão pode ser a diferença entre deleite e desilusão.

Tendo me formado na faculdade com grau em criminologia e certificação da polícia, meu sonho era fazer parte da força policial local. Mas os empregos

---

6  Paul Tripp, *Lost in the Middle* (Walwallopen, PA: Shepherd Press, 2004), 139.

eram raros e as aberturas escassas. Poderíamos nos mudar, mas estávamos em uma grande igreja. Após diversos anos em trabalho de plantão como guarda de segurança no hospital da cidade, tive minha chance. Dezenas de pessoas se candidataram, mas no fim, eu e mais três outros candidatos fomos escolhidos. Eu sabia que Deus estava comigo e a portas finalmente estavam se abrindo. O momento parecia sob medida e entregue em mãos para a satisfação daquele sonho.

Acabei não obtendo o emprego.

Na verdade, nunca consegui um emprego de policial. Mas dentro de um ano, mudei para Filadélfia, e um ano mais tarde, estava no ministério. Isso foi a vinte e quatro anos. O trabalho na polícia era meu sonho, e eu achava que fosse o plano de Deus para mim. Era ambicioso por uma boa coisa, mas Deus tinha algo melhor. Ele entrou e cercou o meu sonho, e eu descobri o meu chamado.

Deus tanto nos ama que intencionalmente nos cercará para nos manter em sua estrada. Pode ser difícil, eu bem sei. Nunca é fácil olhar de cara para uma cerca que bloqueia o caminho que queremos tomar. Mas Deus cerca nossa estrada para nos fazer continuar indo na sua direção.

Talvez você esteja indagando como foi que chegou até aqui — desempregado, desabilitado, infeliz no casamento, um filho não esperado, um emprego frustrante. Você jamais pensou que sua estrada levaria nessa direção. Já fez toda tentativa, orou toda oração, leu todo livro — mas nada muda.

Não encontramos paz na vida até que sejamos convencidos de que nosso caminho é o caminho dele e nosso lugar é a escolha de Deus. Isso é tão importante que vale a pena repetir: *O seu lugar é a escolha de Deus.* Com cercas e tudo mais.

Quando Deus cerca a nossa ambição, pode parecer constranger nossa liberdade. Mas as cercas não são apenas para conter – elas também protegem. Uma boa cerca nos guarda no caminho certo e evita que caiamos pelos penhascos, mesmo quando parece que estamos correndo atrás de algo bom.

Lembre-se, a agenda de Deus para nossa ambição trata de nos formar para nos usar. Deus nega certas ambições a fim de alcançar um bem maior em nós e por nosso intermédio.

## TUDO ISSO NOS LEVA AO PRAZER.

Deus criou a ambição porque tem o potencial de glorificá-lo e nos dar prazer. A ambição é tão importante que Deus realiza em nós um projeto para toda a vida, formando as ambições que o exaltam e nos enchem de entusiasmo. Enquanto Deus passa a estar no centro de nossos sonhos, os nossos desejos se conformam à glória. Então ele concede os desejos porque sabe que glorificarão o seu nome, não o nosso. O Salmo 37.4 diz: "Deleita-te no Senhor, e ele dará os desejos do teu coração".

Quando cooperamos com o trabalho de Deus, o que nos dá prazer não é mais a ambição tolerada, nem mesmo nossas ambições por Deus, mas o próprio Deus, ele mesmo.

Portanto, permita que eu pergunte: O que está no final da sua ambição? Os seus alvos estão construídos em volta daquele emprego que você tem de conseguir, do peso que você tem de perder, da posição na igreja que leva o seu nome?

Ou seus sonhos são cada vez mais construídos em volta de Deus e sua atividade formadora de vida em você?

David Sacks descreve de modo maravilhoso o impacto acumulado sobre sua vida quando as ambições são treinadas por Deus:

> Todo dia que posso tirar uma fotografia, é só porque Deus me capacitou para isso. Deus criou meus sentidos para ver beleza e apreciá-las. Ele criou tudo que já fotografei. Agora estou mais aberto para examinar as coisas que Deus coloca em frente de minha câmera e na minha imaginação. Acho que Deus quer que eu tenha ambição de ser um bom fotógrafo. Mas não é esse seu principal propósito para mim. Deus quer que eu tenha a ambição de ser uma pessoa que viva para ele em todas as coisas.

CAPÍTULO 5

# A CONFIANÇA DA AMBIÇÃO
## Fé centrada em Deus provoca ambição que glorifica a Deus

Você já ouviu uma história que apareceu como pancada entre os olhos? Esta, relatada por Tim Stafford em *Cristianity Today*, fez isso comigo.

Lalani Jayasinghe vivia no extremo sul de Sri Lanka. Ficou viúva doze anos após o dia de seu casamento, vivendo em uma casa simples, sem encanamento. Lalani possuía poucas razões terrenas para se alegrar e ficar satisfeita. Mas era cristã e membro ativo de sua igreja local.

Há alguns anos, Lalani foi escolhida para representar a sua igreja em uma reunião na capital, Colombo, para discutir os desafios atuais que os cristãos de Sri Lanka enfrentavam devido à perseguição. Lalani tinha experiência pessoal com a perseguição. Enquanto estava em casa com seu filho certo dia, o seu marido foi assassinado brutalmente por monges locais, hostis aos seguidores de Jesus.

Lalani vez a viagem de um dia inteiro até Colombo para a reunião onde muitas igrejas estavam reunidas para notícias atuais, oração e apoio. Elas queriam planejar uma estratégia quanto a como reagir à violência que enfrentavam.

Stafford conta sua resposta:

> Quando perguntada como estavam as coisas em sua igreja, ela replicou: "Maravilha! Louvado seja o Senhor!" Mais tarde, deu um relato mais de-

talhado onde contou como a oposição da cidade tinha organizado nessa semana uma marcha em protesto contra sua igreja, e incendiado o telhado de sapé. Horrorizado pela notícia, alguém na reunião perguntou por que ela dissera que tudo era maravilhoso, ao que ela respondeu, entusiasmada: "É óbvio que se o telhado de palha se foi, certamente Deus quer nos dar um telhado de metal!"[1]

Vamos ver se eu entendi direito: Lalani é vítima de violenta perseguição. Ela já experimentou tremenda perda pessoal, e então uma turba de sua cidade queima o telhado de sua igreja. No entanto, sua resposta é o louvor. Sinceramente, não acho que eu chegaria a uma milha mental da sua interpretação do ocorrido. Se um tornado arrancar o telhado de minha casa hoje à noite, estarei pensando no seguro, não em melhoria de telhados. Mas Lalani tinha os olhos fixos em algo mais alto. Na verdade, tenho um amigo que conhece Lalani, e ele diz que ver telhados de metal quando os telhados de palha são queimados é típica de sua abordagem da vida.

Por que eu não enxergo a vida desse modo? Qual a grande diferença entre Lalani e eu? Acho que a diferença se encerra em uma única palavra, que molda as ambições, se arrisca e transforma a vida: Fé.

Há na Escritura um versículo que sequestrou meu cérebro alguns há anos e fica ali, obstinadamente argumentando comigo cada vez que algum telhado pega fogo em minha vida. É uma sentença persistente que define a diferença entre a perspectiva de Lalani e o jeito que tão frequentemente eu respondo a obstáculos muito menos ominosos em minha vida. Aqui está: "De fato, sem fé é impossível agradar a Deus, porquanto é necessário que aquele que se aproxima de Deus creia que ele existe e que se torna galardoador dos que o buscam" (Hb 11.6).

Provavelmente você observou que esta passagem vem de Hebreus 11, o grande capítulo sobre fé na Bíblia. Quando eu era menino na escola dominical, chamavam Hebreus 11 de "Galeria da Fé". Era legal, Deus misturando beisebol e Bíblia. Mas os jogadores de beisebol não têm nada a ver com as pessoas deste

---

[1] Tim Stafford, "The Joy of Suffering in Sri Lanka," *Cristianity Today* (October 2003), vol. 47, no. 10.

capítulo. Hebreus 11 está repleto de gente comum que demonstrou aspirações mais grandiosas que qualquer coisa que você veja numa galeria de famosos.

Temos o patriarca Abraão deixando tudo para obedecer a Deus; Sara, uma cidadã de terceira idade, crendo que Deus lhe daria um filho; Moisés, recusando as riquezas de Faraó para se identificar com seu povo, os israelitas, que atravessaram o mar vermelho em terra seca — isso tudo é coisa de ambição maluca, doida. Pessoas como Lalani. Não gente como eu.

Gente como eu tem de ser resgatada da miopia. Precisamos da visão de Deus demonstrada por Lalani — de ver uma vida além do fogo. Se nossas ambições para a glória de Deus vão ser formadas, temos de ser resgatados da nossa visão das coisas de Deus. A fim de nos ajudar nesse resgate, Deus nos posiciona a estender a mão de fé para que nos apropriemos daquilo que prezamos. A fé, plenamente demonstrada, conduzirá a uma vida plenamente vivida.

> Pessoas como eu precisam ser resgatadas da miopia.

Mas há um senão. "*Aquele que* se aproxima de Deus *tem de* crer". Epa! São palavras sérias: *Aquele que... tem de...*" Isso me inclui? Com certeza! Com a introdução de "Aquele que", somos todos convidados a tomar assento na Galeria da Fé. E com "tem de crer" estamos de cintos de segurança afivelados e trancados, sem opções de saída.

Caso você pense haver uma saída de emergência em Hebreus 11, considere os versículos que guardam a frente e a retaguarda da Galeria da Fé:

Hebreus 10.38: todavia, o meu justo viverá pela fé; e: Se retroceder, nele não se compraz a minha alma.

Hebreus 12.1: Portanto, também nós, visto que temos a rodear-nos tão grande nuvem de testemunhas, desembaraçando-nos de todo peso e do pecado que tenazmente nos assedia, corramos, com perseverança, a carreira que nos está proposta.

Parece que não existe saída de emergência da Galeria da Fé. Uma vida de fé não é uma opção. Porém, Hebreus 11.6 não nos lança uma tarefa impossível, nos deixando incapazes de consegui-la. Este versículo maravilhoso, na verdade, nos diz como a fé trabalha em nós e por nosso intermédio. Compreendido corretamente, *é* uma porta para todo crente ao lugar que nos é guardado na Galeria da Fé. E essa é uma ambição que vale a pena de ser buscada.

## A AMBIÇÃO ENCONTRA SEU FOCO NA FÉ

Qual o foco da fé? A resposta a essa pergunta pode revelar muito a respeito de nossa jornada teológica. Cresci em um ambiente de igreja tradicional. Para nós o propósito da fé era... bem, era para isso que existiam os domingos. Fé significava religiosidade — frequentar a igreja, obedecer aos mandamentos (parecia-nos que havia muito mais que dez), e extrair a moral das histórias da Bíblia. Não pegava. Pelo menos, não para mim.

Tive minha experiência de conversão na faculdade, pela influência de alguns cristãos de tendências carismáticas. De repente, minhas mãos se levantavam quando estávamos cantando, e a fé era uma coisa muito grande para todos, o tempo todo. Fé era poder de fazer as coisas para Deus, e o mundo era nosso laboratório. Com certeza, Deus estava ali em algum lugar. Mas essa coisa chamada de fé era realmente maravilhosa — e era minha!

Um amigo escreveu uma canção popular que encerra perfeitamente meu entendimento de fé naqueles primeiros anos de minha vida cristã. (Não menciono o seu nome porque hoje ele nega qualquer lembrança de tê-la escrito).

Tenho um destino que sei que cumprirei;
Tenho um destino naquela cidade na montanha;
Tenho um destino e sei que não é desejo vazio;
Pois eu sei que nasci para um tempo como este.

Eu . . . eu... eu... eu... Você já viu. Era o tema da minha canção. Em minha mente centrada em Dave, a fé se tratava de mim e o que eu faria para Deus.

Se existe um lado positivo nessa abordagem, é que dá um arranque nas expectações para que Deus nos use. Mas não creio que é o que Hebreus 11.6 tem em vista.

---

*A fé não é um poder misterioso, desinteressado, uma espécie de força superior. A fé começa com Deus e se firma em Deus.*

---

Aos começar a estudar a Palavra de Deus, me apaixonei pelas doutrinas da graça. Descobri essas verdades centradas em Deus, que exaltam a Cristo, nos escritos de João Calvino, dos Puritanos, Jonathan Edwards e Charles Spurgeon. Tais doutrinas continuam a me formar mediante as palavras de contemporâneos como J. I. Packer, John Piper, D. A. Carson, e uma miríade de outros que me inspiram com suas palavras e suas vidas.

Nas doutrinas da graça descobri que a fé não é um poder misterioso, desinteressado, uma espécie de força superior. A fé começa com Deus e se firma em Deus. É por isso que Hebreus 6.1 a chama de "fé para com Deus". Fé vem de Deus e é despertada em nós pela morte de Cristo por nós.

Sei que há muito ensino sobre "fé" por aí, que instrui as pessoas a acreditar que ela gera seu próprio poder criativo. Mas isso nos leva só para dentro e para nós mesmos, não para cima e em direção de Deus. Nossa fé não cria a prosperidade, curas e novas revelações. Nossa fé tem o foco fervoroso em Deus. A fé bíblica confiantemente — até mesmo ambiciosamente — pede que Deus aja segundo as suas promessas. A verdadeira fé então aceita a resposta. Nossa fé se firma no caráter imutável de Deus.

Ora, se você for como eu, que ama todas as coisas da Reforma, posso dar-lhe uma palavrinha? Amo a confiança e ênfase sobre a soberania de Deus que caracteriza a herança de Lutero e outros reformadores e puritanos e muitas outras pessoas semelhantes a eles. Que isso nunca mude! Mas acredito que possa haver em nosso mundo sistemático uma tendência de permitir que a ênfase teológica na soberania de Deus — que é boa e necessária — abafe erroneamente uma percepção consciente de nossa necessidade de crescer ativamente em nossa fé. Se nosso entendimento da doutrina criar uma passividade para com a presença poderosa de Deus ou esfriar as brasas quentes de nossa ambição, entendemos erradamente a soberania divina. Quando compreendemos corretamente o controle e cuidado de Deus sobre todas as coisas, tal conhecimento deverá acender uma fé robusta e um desejo ousado de agir em nossos corações. Vemos mais claramente a Deus para que nossa ambição se estenda mais longe.

Então, qual o foco da fé em Hebreus 11.6? O autor declara desta forma: "Aquele que se aproxima de Deus..." O foco da verdadeira fé não são as montanhas a ser tomadas, batalhas a serem vencidas, as provações a serem enfrentadas. O foco da verdadeira fé está em Deus — não apenas Deus no sentido abstrato, teológico. É o Deus que se torna conhecido na pessoa de Jesus Cristo.

Jesus anunciou: "Eu sou o caminho, e a verdade, e a vida; ninguém vem ao Pai senão por mim" (João 14.6). Deus nos deu o desejo de nos achegar a ele mediante o poder regenerador da cruz (Tito 3.5). Ele se revelou como nosso Pai pela misericórdia reconciliadora da cruz (Gl 1.3–4). E abriu o caminho para que gozemos desimpedido acesso e posição junto a ele nos privilégios provenientes de nossa justificação e adoção como filhos e co-herdeiros em Cristo (Rm 5.1–2).

Aproximarmo-nos de Deus, portanto, não é subir uma escada em espiral sem fim rumo a um destino desconhecido. Aproximar-se de Deus é ter uma vida de comunhão íntima com uma Pessoa, vida de maravilha irresistível que coloca tudo mais em perspectiva.

Se você está perguntando o que deverá ler nos seus tempos com Deus, sugiro que estude as vidas das pessoas cujos perfis se apresentam nesta Galeria da Fé. Hebreus 11 nos dá o resumo executivo; vá para trás e leia suas histórias, e obterá todo o drama de pessoas em relacionamento com Deus.

Paradoxalmente, quando a fé enfoca seu principal objetivo — chegar-nos a Deus — não nos tornamos religiosamente obcecados ou "de cabeça celestial demais para fazer qualquer bem terrestre". Na verdade, obtemos perspectiva e conseguimos lidar com as complexidades e desvios da vida de modo equilibrado. Considere, por exemplo, a história de Charlotte.

Charlotte era mulher cristã solteira que trabalhava fielmente para subir a escada de gerência de uma famosa companhia de publicações. Como muitas mulheres, tinha uma constante luta entre duas ambições piedosas que competiam. Por toda sua vida ela tinha um desejo de se casar e criar uma família, mas não era como se conseguisse estalar os dedos e fazer que isso acontecesse, como um gênio da lâmpada. Charlotte também reconhecia que Deus lhe dera dons e a promovera no trabalho. Havia oportunidades pessoais e evangelísticas em sua carreira que o casamento e uma família poderiam mudar.

Se Charlotte tivesse enfocado seu desejo não realizado de se casar, ela poderia ter visto sua vocação como plano à revelia de Deus, onde a segunda escolha era a única coisa que conseguiria, ou mesmo uma lembrança diária de que Deus tinha menor cuidado e amor por ela. Ao mesmo tempo, ela nunca foi capaz de rejeitar os sonhos do casamento e se lançar de corpo e alma no mundo corporativo.

Eis como ela descreve andar na corda-bamba entre os diferentes postes dessas ambições:

> Jamais quis ser presidente da companhia. Mas queria usar meus dons no ambiente de trabalho a fim de sustentar a mim mesma e ser generosa para com o próximo. Sempre achei que enquanto era solteira e responsável por sustentar a mim mesma, eu deveria me esforçar ao máximo para servir as pessoas e a corporação na qual Deus havia me colocado. Eu acho que essa atitude levou ao avanço de minha carreira mais que qualquer planejamento estratégico que eu pudesse fazer para desenvolvimento na profissão.
>
> Ainda assim, quase todo dia era uma luta para ver a bondade de Deus. Lutava com séria inveja, quase todo dia, quando minhas colegas se casavam, quando colegas de trabalho iam para casa para suas famílias e mesmo quando algumas colegas minhas que tinham companheiros, vivendo juntos sem se casar, paravam para conversar. Havia tentações de entrar em relacionamentos impiedosos com pessoas que eu conhecia no trabalho.

Pela graça de Deus, resisti essa espécie de relacionamento, mas às vezes era tentada a pensar que o preço da pureza era extremamente alto! Em meados e fim dos trinta anos, comecei a invejar até mesmo as dificuldades que minhas colegas tinham com quem cuidava das crianças e problemas de escola com os filhos. Como solteira sem filhos que muitas vezes cobria as faltas das que tinham cônjuges ou filhos doentes, eu era tentada a indagar o que as pessoas pensavam de mim. Queria saber se elas perguntavam "por que" eu era solteira. Será que achavam que ninguém me queria ou que eu era tão egoísta à procura de uma grande carreira? Muitas vezes eu me sentia "diferente" dos outros.

A fonte de grande parte de minha inveja e descontentamento estava na comparação pecaminosa. Ainda não aprendera que Deus conduz cada pessoa em seu próprio caminho, e querer saber "Por que eu?" Ou "Por que não eu?" É, realmente, questionar a bondade e fidelidade de Deus.

Comecei a ver que dinheiro, prestígio, charme, e poder podem ser armadilhas muito enganosas, e podem desaparecer em um momento. Com a ajuda de Deus, reconheci que o único em que podia realmente confiar era o próprio Deus. Fiquei com medo (sábio, creio eu) de me contentar com qualquer coisa senão um foco singular, totalmente dedicado e provado para com Deus e seus propósitos.

Embora não fosse fácil, Charlotte aprendeu que a resposta não era ter fé no casamento ou na carreira. Era se chegar a Deus em confiança, certa de que ele trabalharia seus propósitos perfeitos por ela.

Conheço inúmeras mulheres solteiras que podem se identificar com Charlotte, saltando entre a ambição do casamento e a do campo ministerial de seu trabalho. Para Charlotte, Deus resolveu essa tensão pouco antes de seu aniversário de quarenta anos, trazendo-lhe um marido que era verdadeira resposta de oração. Como sei disso? Trabalho com ele, e não se pode encontrar um homem mais piedoso do que meu amigo Pat.

Mas a necessidade de Charlotte de se achegar a Deus não terminou quando o seu desejo de se casar foi cumprido. Charlotte lhe dirá que se aproximar mais de Deus pela fé não é o modo de realizar nossas ambições – é o único foco digno da verdadeira ambição.

## A AMBIÇÃO LUTA CONTRA A INCREDULIDADE UTILIZANDO-SE DA FÉ

A boa notícia de Hebreus 11.6 é que, com fé, *podemos* agradar a Deus. Porém, esse versículo nos leva por uma negativa dupla: "sem fé é impossível" agradá-lo.

Por que o autor coloca dessa forma? Está enfatizando o ponto de que o cântico normal do coração humano não é a canção da fé. Embora ela trabalhe de maneiras diferentes, os cristãos e não cristãos enfrentam uma luta similar. Ambos lutam com a descrença.

A descrença – incredulidade – é coisa séria — o escritor de Hebreus já o rotulou como tóxico quando advertiu contra o "perverso coração de incredulidade que vos afaste do Deus vivo" (3.12). Portanto, não chegamos a Hebreus 11 encontrando muita simpatia pela incredulidade.

Ali o autor nos diz que sem fé é "impossível agradar" a Deus. Nada de enganoso, nada de difícil. Não: é simplesmente impossível!

Não creio que tenhamos a tendência de nos sentir tão contrários à incredulidade quanto Deus. A incredulidade é uma desconfiança decidida quanto às promessas e o caráter de Deus. Spurgeon descreve a incredulidade como uma "desconfiança nas promessas e fidelidade de Deus".[2] A incredulidade nega as perfeições e o poder de Deus e lança fora suas misericórdias aos pecadores. A incredulidade é chamar Deus de, se não um descarado mentiroso, pelo menos de artista do engano e truques.

Imagine ter um relacionamento com pessoas a quem sempre você fala a verdade e mantém suas promessas. A sua disposição — não importa qual seja,

---

2 Charles Spurgeon, extraído do sermão "Unbelievers Upbraided," entregue em 8 de junho, 1876, no Tabernáculo Metropolitano de Londres, Newington. Sermão no. 2890 em *Sermões de Spurgeon: The Metropolitan Tabernacle Pulpit*, vol. 50 (1904).

sem falha – é ser gracioso para com eles. Você sempre é bondoso, misericordioso, ajudador, disposto a atender a todo tempo.

Agora, imagine com você se sentiria se eles duvidassem frequentemente que você existisse ou se retraíssem de você constantemente como se você estivesse prestes a dar-lhes um tapa ou temessem que você tomasse de volta tudo que já lhes deu, só por rancor. Apesar do histórico de seu desempenho, eles continuassem insistindo que simplesmente não podem confiar em você. Imagine a afronta ao seu caráter, o insulto à sua benevolência, e o ataque sobre sua integridade.

A maioria dos cristãos, a começar comigo, raramente se enxergam como tendo essa espécie de incredulidade descarada. Mas, é o que acontece. Muito. Infelizmente, a descrença não se confina aos grandes momentos de doença e diminuição do quadro de funcionários. A incredulidade começa nas pequenas coisas. Recebemos um relatório negativo quanto aos filhos, nossos planos para o dia são interrompidos, o mercado de ações cai inesperadamente, e sem titubear, estamos perguntando se Deus não seria um enganador.

Meus amigos dizem que tenho uma mente brilhante. Queria que com isso eles estivessem dizendo que sou muito inteligente, como aquela personagem do livro e do filme. Mas o que realmente estão falando é que às vezes eu vejo coisas que não estão ali — como aquela personagem doida do livro e do filme. Você já conheceu alguém assim? Você é assim?

Tome, por exemplo, a hora que alguém me diz: "Sabe, realmente precisamos conversar". Minha mente incrédula salta, perturbada, fabricando cenários cheios de medo. "É, com certeza é notícia ruim, provavelmente alguma espécie de correção. Não, provavelmente ele está liderando uma divisão na igreja, e foi designado para me contar. Não, fizeram um complô contra mim — ele vai me atacar!" Acaba sendo que ele queria me dizer o quanto um de meus sermões ajudara sua vida.

Às vezes, minha mente precisa de uma gaiola. Na verdade, vou revelar-lhe um pequeno segredo. Os místicos cristãos do passado costumavam falar da "escura noite da alma". Para mim, isso geralmente acontece pela manhã. Na maioria dos dias, quando soa o despertador, meus problemas parecem magicamente agrupados ao redor de minha cama. São meus Condutores da Descrença, dando as boas-vindas ao novo dia.

– Olá Dave, estamos esperando por você. Planejamos todo o seu dia. Vamos começar com um forte exercício de preocupação, seguido de um longo banho de chuveiro de autopiedade. Temos um café da manhã delicioso de problemas impossíveis de se resolver. Depois disso, você vai até seu ensaio dos fracassos passados. A tarde será dedicada ao treinamento em futilidades em sua caixa de entrada. Temos ainda uma grande noite de desapontamentos planejada especialmente para você, se conseguir chegar a tanto. Portanto, levante-se – desperte e se abata!

Ah, eu mencionei que todos estão usando camisetas com os dizeres "Deus não existe, ou se existe, ele não gosta do Dave"? Acho que chegam cedo porque sabem que é quando estou mais propenso a concordar com eles.

Boom—primeira coisa pela manhã, antes mesmo de minha dose de cafeína, tenho uma escolha: fé ou incredulidade.

> Primeira coisa pela manhã, antes mesmo de minha dose de cafeína, tenho uma escolha: fé ou incredulidade.

Se a incredulidade pode estar por perto, sendo tão persistente assim, é fácil ver como ela pode se tornar habitual. De fato, ao ler sua Bíblia, você verá que a descrença muitas vezes não é um evento e sim uma condição. É uma paralisia da alma. Quando tropeçamos na descrença, temos a tendência de permanecer na fossa da dúvida. Não estamos realmente à vontade ali, mas não somos motivados a fazer algo para mudar isso.

A incredulidade afoga a ambição piedosa. Se formos tomados pela descrença, a vida trata da sobrevivência e a fé é uma miragem. Só enxergamos os telhados de sapê pegando fogo. Deus não se encontra ali. A ironia está em que o único antídoto para incredulidade é a fé.

É por essa razão que é tão importante ver a fé como dom de Deus. Se ela viesse de nós mesmos, quando fosse derrotada pela descrença, teríamos perdido a fé para sempre. Mas, como é um presente que vem a mim como beneficio da cruz, podemos acessá-la voltando-nos a Cristo. Acho que todos nós nos identificamos com o homem que exclamou a Jesus: "Creio. Ajuda-me na minha incredulidade!" (Marcos 9.24).

Combatemos incredulidade com a fé porque o alvo da fé é aproximarmo-nos de Deus. Os olhos da fé só podem enfocar o alvo de Deus. Pode haver muitas coisas a nos distrair, mas a fé bíblica tem um foco singular.

Você já subiu por uma escadaria em espiral até o topo de uma velha torre de sino ou campanário de igreja – sabe, o tipo onde você olha para baixo no centro e sente que está num filme de Hitchcock? Se tiver problema com alturas, terá problema com essa escadaria. As pessoas que conhecem essas coisas dizem para você olhar os degraus à frente de você ou atrás de quem estiver subindo antes de você — *mas não olhe para o meio*. Por quê? Porque não há o que focar. Só uma grande expansão de espaço com ruína certeira embaixo.

O que acontece quando seu foco vai para cima? Você obtém confiança para ir em frente.

Conheço alguém que aprendeu muito sobre fé. Siva cresceu como Bramane Hindu no sul da Índia. Depois que ele mudou-se para os Estados Unidos para seus estudos superiores, o Senhor bondosamente abriu seu coração ao evangelho, e ele teve uma conversão radical. Por meio de uma longa jornada cheia de muitas histórias fascinantes sobre a soberania de Deus, Siva se encaminhou até Filadélfia, casou-se com uma moça cristã piedosa, e começou a seguir carreira em seu campo de especialização, engenharia de corrosão.

Há alguns anos, Siva creu que Deus o conduzia a começar sua própria companhia de engenharia. Isso significou, entre outras cosias, deixar o conforto de um bom emprego. Siva descreve isso como um "salto de fé". Sempre quis começar seu próprio negócio, mas era uma longa estrada.

Durante seis anos Siva fez todo o possível para tornar sua empresa rentável. Local na internet, gráficos, chamadas frias, trabalhos na rede, assistência a conferências — se havia alguma forma de fazer conexões, lá estava Siva. Mas não deu para virar a esquina. No fim, ficou claro que ele teria de fechar sua empresa e voltar a trabalhar para alguma outra pessoa. Se você já esteve nessa situação, pode entender não só a prova de fé como também a prova de humildade que vem de admitir que simplesmente não consegue fazer a sua própria empresa dar certo.

Mas fechar a firma não acabou com os problemas de Siva. Encontrar novo emprego também ficou difícil. O Senhor lançou Siva numa jornada de fé que requeria que ele se firmasse diariamente contra a incredulidade. Tinha de lutar contra dúvidas quanto a Deus, dúvidas quanto ao futuro, dúvidas quanto a sua capacidade de prover para sua família.

Uma prova severa que surgiu foi a questão se deveria mudar ou não para outra região do país. Siva cria que foi chamado a criar sua família na sua igreja local. Mas depois de meses de busca, simplesmente não havia empregos dentro de sua especialização que permitissem que ele ficasse naquela região. As opções de Siva pareciam reduzidas a uma escolha dolorosa: deixar o campo pelo qual ele foi treinado, ou deixar a igreja que amava? Siva queria fazer o que era certo, mas tudo parecia dar errado. Às vezes, quando orava, sentia que Deus estava distante e inacessível, em vez de pronto a abençoá-lo e guardá-lo.

O que um homem faz quando duvida se ouviu de Deus, se seu futuro é seguro, e se suas ambições o destruíram financeiramente?

Mas Siva tinha fé bíblica — a espécie que encontra em Deus todo seu foco, não em nós mesmos. Decidiu confiar na Palavra de Deus mais do que em seus sentimentos ou fracassos. Embora não fosse pecado mudar a família a fim de poder sustentá-los, suas convicções bíblicas fizeram com que se visse como homem em uma comunidade mais do que homem em uma empresa. Resolveu permanecer na igreja local e aceitar qualquer emprego que conseguisse.

> O que fazer quando duvidamos se ouvimos de Deus e duvidamos se nosso futuro é seguro?

Você não deve ficar surpreso ao descobrir que Deus providenciou um caminho. Não era o melhor emprego, mas era na mesma cidade. Isso o manteria dentro de seu próprio campo de especialização e manteria a família em sua mesma igreja. Siva estava disposto a sacrificar sua própria visão pessoal por amor de coisas que valorizava mais.

Mais tarde voltaremos à história de Siva, mas não perca de vista o ponto principal. Siva tinha uma fé centrada em Deus. Não incorreu dúvidas impossíveis tentando manter em pé um sonho moribundo. Não comprometeu os seus valores para resolver seus problemas, nem acusou a Deus quando a sua fé, por um tempo, parecia um salto sem frutos. Firmou-se na verdade e buscou conselho sábio. Quando veio a dúvida, Siva creu que o Deus de sua conversão e o Deus de sua provação eram o mesmo — e podia confiar em ambos.

Você se encontra na armadilha da incredulidade? Deus parece distante, preocupado, inacessível? Você já seguiu o que pensava ser a direção de Deus para descobrir-se em uma estrada de dificuldades? Como Siva, recuse ver a si mesmo como vítima das suas circunstâncias. Isso o libertará para tirar os olhos das circunstâncias e fixá-los em Deus. Então, procure ajuda. Mas não peça que os outros tenham dó; peça-lhes a verdade da Escritura. Peça que relembrem quem é esse Deus e por que ele é digno de sua fé. Isso ajudará a alinhar o seu pensamento à verdade objetiva, não interpretações subjetivas ou pensamentos emotivos. Em seguida, confesse o pecado da descrença e receba misericórdia em tempo oportuno. Isso o ajudará a receber a limpeza do perdão e fé renovada para um novo caminhar.

## A AMBIÇÃO CONFIA EM UMA RECOMPENSA FINAL

A fé parece coisa tão nobre, quase real, não acha? Para mim, lembra aqueles guardas com altos chapéus peludos em frente ao palácio real da Inglaterra. (Será que a rainha olha pela janela e diz: "sinto-me tão segura; esses caras de chapéu engraçado estão de guarda no meu palácio"?) Essa guarda real é conhecida por sua total dedicação ao dever. Não ouse tentar fazê-los sorrir para tirar fotografia, não tente perguntar-lhes a direção de alguma coisa, e não pergunte o que eles têm dentro do chapéu. Tudo que obterá é aquele olhar rígido de atenção, olhando para frente, como quem diz: *as pessoas sem chapéu são realmente esquisitas, Deus salve a Rainha*. É realmente admirável.

Hebreus 11.6, entretanto, diz algo sobre a fé que vai além de uma dedicação singular e confiança em Deus a ponto de arriscar tudo: *ele galardoa aqueles que o buscam*. John Piper enfatiza que inerente à revelação que Deus faz de si mesmo, está o que Deus promete fazer: "Deus é real. Deus é galardoador".[3] Uma parte significativa da fé está na confiança de que Deus responde à fé.

Que loucura é essa? Deus nos dá o dom da fé como um presente, arranja as nossas circunstâncias para chamá-la, dá-nos graça para agirmos com ousadia em fé — e então *nos* dá recompensa por isso! A fé é uma obra de Deus pela qual nós somos recompensados.

> A fé ambiciosa sempre está se movendo para frente, perseverando, enfrentando os obstáculos à medida que surgem.

A ambição piedosa sempre tem em mente a recompensa. Quando nosso desejo por glória for energizado pela espécie de verdadeira fé de Hebreus 11, coisas ousadas acabarão acontecendo. Fazemos coisas que negam a nós mesmos, que o mundo jamais imaginaria realizar. Resistimos a autogratificação. Arriscamo-nos por amor do evangelho. Grandes riscos, como proclamar o evangelho em um país onde ser cristão é punível de morte. E pequenos riscos como proclamar o evangelho num escritório ou sala de aula onde ser cristão é punível de deboches.

Acima de tudo, a fé ambiciosa sempre estará se movendo para frente, perseverando, enfrentando obstáculos à medida que surgirem, sabendo que em algum lugar ali está a recompensa prometida.

Meu amigo Larry é um grande exemplo dessa ambição perseverante. Larry é pastor que ama sua igreja local. Ama liderar e cuidar da congregação e ama estar com sua família. Mas desde que tinha cerca de seis anos de idade, Larry

---

3 John Piper, "Without Faith It Is Impossible to Please God," June 8, 1997, Desiring God Ministries; http://www.desiringgod.org/ResourceLibrary/sermons/bydate/1997/1000_Without_Faith_it_is_Impossible_to_Please_God/.

sonhava em viajar. Esses sonhos eram nutridos por muitas viagens até o aeroporto. "Eu olhava meu pai descer até o jato e achava que era um túnel mágico. Imaginava toda a aventura que encerrava. Pensava: Tem tanta aventura por ali – um dia quero fazer isso".

Quando Larry terminou o segundo grau, seus sonhos de viajar nunca desapareceram, mas ele desistiu da faculdade e não tinha muita direção na vida. Estava cuidando de cursos de minigolfe, fazia um pouco de paisagismo, e de vez em quando pintava casas ou construía varandas. Seguramente podemos dizer que a ambição não aparecia na sua tela de radar.

Larry se converteu aos vinte e um anos de idade. Foi levado ao Senhor por um amigo cuja vida tinha sido dramaticamente transformada pelo evangelho. Em seguida, Larry conheceu Marilyn, a mulher se tornaria sua esposa. Ela encorajou Larry a uma confiança ativa em Deus que trouxe em vista a ambição que corre riscos. Seu primeiro grande passo na ambição foi terminar a faculdade. Em seguida, eles se encontraram ajudando a começar uma igreja na área de Washington, D.C.. Larry também obteve sucesso como treinador de um time esportivo do colegial que foi nacionalmente classificado.

Os sonhos de Larry de viajar não mudaram, mas cada vez mais ele sentia o chamado ao ministério, e isso foi confirmado por outras pessoas. Eventualmente ele assumiu uma posição na equipe de sua nova igreja e se acomodou a um ministério em igreja local sem viagens.

Um dia, em uma reunião, Larry ouviu falar de uma viagem missionária para a Índia. Devido a seu antigo sonho de viajar, ele deu um passo de fé, e humildemente expressou seu interesse em fazer essa viagem. Seis meses mais tarde, se encontrou em um avião rumo ao norte da Índia — sua primeira viagem internacional.

O que aconteceu nessa viagem cimentou um surpreendente marco na vida de Larry. Ele descobriu que não gostava de viajar simplesmente. Ele *amava* ir a lugares que o americano comum se esforçaria muito para evitar.

Eu mesmo tenho marcado uma quantidade considerável de horas de voo, e posso afirmar o quanto é exaustivo passar dias no avião, tropeçar por diferentes zonas climáticas, comer comidas que não estou acostumado, aclimatar a culturas radicalmente diferentes, bater de frente contra barreiras impenetráveis de linguagem, e dedicar cada hora em que estou acordado para realizar o ministério. As viagens me deixam exausto por dias. Mas Larry possui uma graça descomum em sua vida. Viagens difíceis e ministérios que atravessam culturas diferentes, na verdade, dão a ele mais energia. Enquanto ele está tirando a mala da esteira de bagagem, está mental e emocionalmente pronto para pular para outro avião e se dirigir ao próximo posto remoto para falar do evangelho. E Marilyn, que nunca quis casar com pastor ou deixar os subúrbios de Washington, ama o trabalho que Deus deu para Larry realizar.

O chamado sobre a vida de Larry a esse ministério "enviado" tem sido tão forte que outras pessoas no ministério pensaram ser sábio colocá-lo em uma igreja maior onde suas viagens não conflitariam com as necessidades da congregação local. Hoje, Larry, que não tinha ambição, é o embaixador Larry. Mas para chegar ali, ele serviu fielmente onde se encontrava, confiou em Deus quanto à sua ambição... e esperou com paciência.

Foram depois de vinte e dois anos da conversão de Larry que Deus finalmente permitiu que ele viajasse. Durante esse tempo, diz Larry: "Deus mostrou a minha ambição egoísta. Por todos aqueles anos, a minha ambição de viajar estava arraigada em meus próprios desejos". Agora, diz ele: "Cada vez que entro em um avião, balanço a cabeça e penso: *não acredito que tenho a oportunidade de fazer isso aqui!*"

A ambição egoísta insistiria: "Tenho o direito de fazer isso. Preciso disso. Isso me realiza". Ambição arraigada em Deus diz: "*Não preciso* disso. Eu servirei onde e como eu puder. Isso glorifica a Deus".

Larry acertou — suas ambições são direcionadas a Deus. Reconhecem que Deus é real e que Deus é o galadoador. Larry sabe também que a vida nem sempre será assim. Como acontece com todos nós, eventualmente uma pessoa mais jovem aparecerá e tomará o seu lugar.

– Apenas deixe-me saber quando você quer que eu ceda meu lugar. Farei o que preciso enquanto for preciso, mas não mais que isso – diz Larry. Temos aqui um homem que finalmente recebeu o desejo de seu coração após anos de perseverança paciente e piedosa. E agora está disposto a abrir mão de tudo. Por quê? Não é mais algo realizador para ele? Estaria ele procurando um passo a mais na escada ministerial? Está esgotado? Não! Larry recebeu uma recompensa por sua fé, mas está procurando um galardão que vai muito além daquilo que ele faz nesta vida. Está encontrando o seu próprio lugar na Galeria da Fé, como os santos que o antecederam, seguro das coisas pelas quais espera, convicto de coisas que não se veem. Viajar pelo mundo a serviço do evangelho? Sim, é uma recompensa. Mas não é a última recompensa. Essa é algo que ainda não vimos — mas é inimaginavelmente boa.

Lembra de Siva? Ele enfrentou o fracasso e voltou a trabalhar para outra pessoa. O que Siva imaginava era que Deus usaria esse emprego para criar algumas avenidas significativas, onde ele começasse a se especializar em um campo de sua indústria que estava prestes a explodir. Em uma surpreendente "coincidência", o empregador de Siva tomou a decisão empresarial de se afastar dessa especialidade, fazendo com que cortassem Siva do seu emprego e forçando-o a recomeçar sua própria companhia — exatamente quando essa área exigia sua especialização singular. Em época de declínio econômico, mas com anos de trabalho contratado à sua frente, Siva está se esforçando muito para atender aos pedidos de sua empresa. Sua firma rapidamente quadruplicou. Mas ele sabe que nada disso provém de seus próprios esforços. O sucesso, após a perseverança em meio ao fracasso, é uma evidência da recompensa de Deus àqueles que o buscam.

E o que dizer de Charlotte? Bem, ela se encontra em meados dos quarenta anos, mãe de três crianças pequenas. No âmbito natural, isso nem deveria estar acontecendo. Mas aconteceu, porque Deus é galardoador daqueles que o buscam.

## NEM TODO FINAL É FELIZ – POR ENQUANTO

Hebreus 11 deixa claro que nem toda história da fé tem um final feliz — pelo menos não no capítulo terreno da história. Ainda que Lalani tivesse grande fé, seu marido morreu nas mãos dos perseguidores, seu filho cresceu sem pai, e sua igreja foi incendiada. Mas sua fé estava firmada em ver o Salvador e ela olhava a fidelidade de Deus, encontrando alegria por crer que Deus é real e galardoador daqueles que o buscam.

Não há como receber nesta vida toda a recompensa por nossa fé. A verdade é que nossa vida, deste lado do céu, não tem como segurar toda a recompensa. Ela está reservada, guardada para nós, não porque temos de ser pacientes, mas porque é tão magnífica que não teríamos como lidar com ela aqui. É por isso que você encontra gente Lalani na Galeria da Fé, com essa placa acima da porta:

> *Todos estes morreram na fé, sem ter obtido as promessas; vendo-as, porém, de longe, e saudando-as, e confessando que eram estrangeiros e peregrinos sobre a terra. Porque os que falam desse modo manifestam estar procurando uma pátria. E, se, na verdade, se lembrassem daquela de onde saíram, teriam oportunidade de voltar. Mas, agora, aspiram a uma pátria superior, isto é, celestial. Por isso, Deus não se envergonha deles, de ser chamado o seu Deus, porquanto lhes preparou uma cidade (Hb 11.13–16).*

É uma inscrição propícia também para a maioria das pessoas que nos instruem através da história da igreja no passar dos séculos. Enquanto isso, pessoas como Larry, Siva e Charlotte ainda têm outras ambições e sonhos que podem ser ou não ser recompensados nesta vida.

Ambição piedosa encontra seu foco pela fé. Luta contra a incredulidade pela fé. Depende da fé quando as circunstâncias gritam o contrário. E a ambição é confiante no galardão final e último.

## CAPÍTULO 6
# O CAMINHO DA AMBIÇÃO
### O CAMINHO DA AMBIÇÃO É UM PARADOXO

Talvez você tenha ouvido a história do violinista tocando numa estação do metrô de Washington, D.C. Claro, músicos de rua tocam por dinheiro nos metrôs o todo tempo. Mas ele não era músico de rua, e com certeza não precisava do dinheiro. Seu nome é Joshua Bell, violinista mundialmente conhecido, ganhador do prêmio *Grammy*. Ele tocava um violino Stradivarius que vale $3.5 milhões de dólares — para ser preciso, o Stradivarius Gibson ex-Huberman, de 1713. (Não tenho a mínima ideia do que isso quer dizer, mas só de digitar o nome já fiquei impressionado).

O jornal *Washington Post* contratou Mr. Bell para fazer uma experiência. Eles vestiram Joshua com roupas humildes — jeans, camiseta esportiva e boné. Então fizeram que ele executasse algumas das mais difíceis composições possíveis. (Caso a sua mente trabalhe como a minha, "O diabo foi para a Geórgia" não estava em seu repertório).

O mestre violinista Bell tocou por uns quarenta minutos. Durante aquele tempo, mais de mil e cem pessoas passaram por ele. Apenas sete pararam para escutar. O comprimento total do filme de vídeo mostra que na conclusão de cada peça, não houve aplauso, nada de elogios – apenas o som dos trens do metrô apitando para os destinos ao redor da cidade. Refletindo sobre a experiência, Mr. Bell comentou: "Foi um sentimento estranho ver que as pessoas me... ãã... ignoravam!"[1]

---
1 Gene Weingarten, "Pearls before Breakfast," *The Washington Post* (10 de Abril, 2007).

O Washington Post chamou-o de "um teste das percepções e prioridades das pessoas".[2] As pessoas perceberiam a presença de um autêntico mestre violinista? Notariam? Seria sua prioridade escutá-lo?

Não o fizeram. Não os culpo por isso. Os mestres violinistas não são encontrados nas estações de metrô usando jeans e boné. Para ouvi-los, você precisa pagar duzentos dólares para o ingresso no Teatro Central *Kennedy*. Afinal, se não estiver vestido como um mestre nem tocando onde tocam os maiores mestres, é provável que seja apenas mais um joão-ninguém como o resto de nós, não é mesmo?

## O MESTRE DISFARÇADO

O Novo Testamento nos traz diante de outro Mestre. Nada de boné, nada de violino, mas ele cruzou um abismo ainda maior do que o mestre violinista do metrô. Vestindo os trapos da humanidade, Jesus Cristo veio ao metrô-terra: "E o Verbo se fez carne e habitou entre nós" (João 1.14). Foi a prova máxima de percepção e prioridades. Uma única apresentação.

O Filho de Deus veio a terra! O que os jornalistas diriam depois dele sair do teatro? Surpreendente poder? Sim, e bastante. Incrível sabedoria? De fazer cair o queixo. Caráter exemplar? Perfeito. Mas o que foi mais surpreendente quanto a esse desempenho? Uma única palavra. *Humildade*.

Considere o que o apóstolo Paulo ressalta quando nos lembra sobre Jesus no palco da história humana.

> *Nada façais por partidarismo ou vanglória, mas por humildade, considerando cada um os outros superiores a si mesmo. Não tenha cada um em vista o que é propriamente seu, senão também cada qual o que é dos outros. Tende em vós o mesmo sentimento que houve também em Cristo Jesus, pois ele, subsistindo em forma de Deus, não julgou como usurpação o ser igual a Deus; antes, a si mesmo se esvaziou, assumindo a forma de servo, tornando-se em semelhança de homens; e, reconhecido em figura*

---

2 Ibid.

*humana, a si mesmo se humilhou, tornando-se obediente até à morte e morte de cruz (Fp. 2.3–8).*

Esta passagem se encontra em parte de uma carta a uma igreja que Paulo amava. Ele celebra sua parceria com eles (1.3-5, 8) e ora por eles (1.9). O avanço do evangelho entre eles está sempre diante de sua mente (1.5, 27). Mas como em todas as igrejas, Filipos tinha sua parcela de personalidades e problemas coloridos. Mais tarde, no capítulo 4, Paulo menciona duas senhoras, Evódia e Síntique, que pareciam ter desentendimentos públicos. Seu conflito parece típico de uma desunião mais ampla dentro da igreja. A ambição egoísta nunca deixa de trabalhar sua mágica divisiva.

Assim, no estilo do *Washington Post*, Paulo realiza seu próprio "teste de percepção e prioridades". Mas, nas palavras acima citadas de Filipenses 2, ele está testando muito mais do que gosto musical. O comentarista F. B. Meyer disse desta passagem que era "quase inatingível em sua majestade inigualável".

Majestade inigualável... na *humildade*. Parece uma contradição, não é mesmo? Pelo menos, um paradoxo. De fato, Paulo está nos apontando ao que talvez seja *o* maior de todos os paradoxos de todos os tempos: Deus, Todo-Poderoso, em humildade. O caminho da humildade é o caminho tomado pelo Filho de Deus para nos alcançar. E, conforme veremos, as maiores ambições são realizadas, paradoxalmente, no caminho da humildade.

## PRIMEIRO PARADOXO: A MAIOR REALIZAÇÃO SE ENCONTRA NO ESVAZIAMENTO

Paulo não está dando aos filipenses uma prova surpresa de teologia. Esta é uma prova diária do que significa viver à luz do evangelho. A imitação é mais do que apenas a forma mais sincera de elogio. Paulo está dizendo que é vital para nosso chamado como cristãos: "Tende em vós o mesmo sentimento que houve também em Cristo Jesus", diz ele (2.5). Imite a mente de Cristo; adote a mentalidade do Mestre.

Se você não sabe o que isso quer dizer, Paulo não deixa dúvidas:

> [Cristo Jesus], subsistindo em forma de Deus, não julgou como usurpação o ser igual a Deus; antes, a si mesmo se esvaziou, assumindo a forma de servo, tornando-se em semelhança de homens; e, reconhecido em figura humana, a si mesmo se humilhou, tornando-se obediente até à morte e morte de cruz (2.6–8).

*Em forma* de Deus? Isso significaria que ele queria ser como Deus – "na forma de Deus", mas não o próprio Deus? Como meu colega que tem um irmão gêmeo? Ou como quem diz: "Puxa, alguém já lhe disse que você é idêntico a..."? Uma cópia duplicada de Deus, mas não a coisa autêntica? Não, de maneira nenhuma.

A palavra grega para "forma" trata do caráter essencial ou da natureza de alguma coisa — mesma patente, mesmo status ou estação na existência.[3] Paulo está dizendo que Jesus pré-encarnado existia como Deus. Não se engane: Cristo é igual a Deus Pai; ele é coigual, coeterno, da mesma essência, em tudo igual. O Credo de Nicena diz que Jesus é "vero Deus do vero Deus". Essa é uma forma legal do credo declarar que ele é Deus e não aceita nenhum substituto!

Mas, o que Paulo diz em seguida realmente explode os nossos parâmetros teológicos. Embora Jesus fosse inteiramente Deus, ele não "contou com a igualdade a Deus como algo a que se agarrasse". Apesar de ter todos os direitos, a honra e os privilégios de Deus, Jesus não protegeu sua posição ou seu prestígio egoisticamente a fim de se projetar, mas abriu mão deles —para morrer na cruz pelos nossos pecados.

> Somos chamados a uma humildade radical,
> expressa mais claramente no autoesvaziamento temporário
> e voluntário do próprio Filho de Deus.

---

3   A palavra grega *morphe* "sempre significa uma forma que expressa verdadeira e plenamente o ser que está sob ela." James Hope Moulton e George Milligan, *The Vocabulary of the Greek Testament* (Grand Rapids: Eerdmans, 1930), 417.

O impulso de parar agora mesmo e cair de joelhos para adorar pela graça salvadora de Deus em Cristo é sobrepujante. Mas ao adorarmos, vamos seguir a aplicação que Paulo faz aos filipenses. Ele está nos chamando a uma humildade radical, expressa mais claramente no autoesvaziamento[4] temporário e voluntário do próprio Filho de Deus.

Você enxerga a ironia disso? As pessoas procuram sua realização nas coisas que adquirem ou ganham por merecimento. Jesus compartilhou a glória de Deus, e abriu mão da mesma. Jesus não era apenas a pessoa excepcionalmente superdotada da classe, que tirava dez em todas as provas e dominava todos os concursos de ortografia. Não. Quando as galáxias a um milhão de anos-luz foram chamadas à existência, Jesus estava presente e trabalhava. Contudo, ele se esvaziou dos privilégios e prerrogativas da divindade para tornar-se homem — viver sob nossos limites e regras. O evangelho nos lembra de que Cristo foi cosmicamente diminuído de tamanho a fim de viver e morrer por nós. Ele realmente era alguém de valor, mas tornou-se nada, ninguém.

Joshua Bell em uma estação de metrô não começa a ser comparável a isso.

O que isso quer dizer para nós e para nossas ambições? Significa que, se realmente quisermos encontrar realização na vida, teremos de seguir o caminho do Mestre. Quer estejamos ardendo de paixão por um alvo, quer falte ambição e não saibamos por onde começar, sigamos o Salvador em sua *descida*.

Quando nos esvaziamos de glória pessoal, não ficamos vazios; vamos rumo à plenitude de Cristo. Nossas ambições são resgatadas nesse processo.

## SEGUNDO PARADOXO: É ERRADO PENSAR PRIMEIRO NOS DIREITOS

"Não vendo o ser igual... como algo em que se agarrar" (outra tradução de "não julgou como usurpação o ser igual a Deus", v.6) é uma frase que canta para a alma. Soa ótima durante nossas devocionais matutinas, e é uma pregação mara-

---

[4] A Bíblia *New American Standard* traduz o primeiro verbo grego de Filipenses 2.7 como "esvaziou a si mesmo".

vilhosa em um estudo bíblico. Não parece audacioso até que sejamos chamados a aplicá-lo na vida prática. Um outro carro voa para nosso espaço no estacionamento enquanto estávamos sentados, de seta ligada, pacientemente esperando. Você fez quase todo o trabalho — outra pessoa recebe o crédito por ele. Mais uma vez, você é preterido na posição ministerial que parecia ser perfeita para você realizar. É uma longa lista. Você é como eu — pensa primeiro em seus direitos a cada vez que os outros erraram com você?

Não leva muito tempo para reconhecer que quando a gente se agarra ao orgulho, impedimos a humildade. "Mas, e os meus *direitos*? Agora está cutucando demais, Paulo. Todo mundo sabe que a igualdade é uma coisa boa, não é mesmo? E igualdade não quer dizer que temos de proteger nossos direitos? Afinal de contas, é um mundo cão lá fora. E tenho direitos, direitos inalienáveis, se leio corretamente a Declaração da Independência dos Estados Unidos. E não se esqueça daquele pequeno documento denominado Código de Direitos. Ei, amigo! Saia de cima dos meus direitos!"

> Quem teve maiores direitos do que Jesus?
> Mas ele abriu mão de todos a fim de ganhar a nossa salvação.

Quem teve maiores direitos do que Jesus? Total igualdade com Deus — o direito de ser adorado por tudo que foi criado e os direitos de todo poder e autoridade nos céus e na terra. Contudo, ele abriu mão de todos a fim de ganhar a nossa salvação.

A questão não é que os direitos não sejam importantes. Eles são. É injustiça e opressão quando uma pessoa viola os direitos de outra. Embora queiramos ser conhecidos como defensores dos direitos legítimos dos outros, não devemos ser conhecidos por nossa ambição de proteger nossos direitos pessoais. Seguir a Cristo significa ver a aliança nele como tendo maior significado do que qualquer direito que tenhamos na vida. Para ser fiel a Cristo, teremos de abrir mão de nossos direitos — talvez até mesmo nosso direito viver.

Com sua fidelidade ao Salvador, meus irmãos e irmãs perseguidos por todo o mundo lembram-me de que vivemos pela graça, não por direitos. Ser cristão é reconhecer que a única coisa de que temos perfeito direito é a ira de Deus — e esse não é um direito que queiramos insistir em manter.

A. W. Tozer descreve o perigo da mentalidade de "meus direitos" entre os cristãos:

> Poucas coisas são mais deprimentes do que ver alguém que professa ser cristão defendendo seus supostos direitos e resistindo amargamente qualquer tentativa de violá-los. Tal crente jamais aceitou o caminho da cruz. As doces graças de mansidão e humildade são-lhe desconhecidas. A cada dia, ele se torna mais endurecido e mais cáustico ao defender sua própria reputação, seus direitos, seu ministério, contra seus inimigos imaginários.[5]

Ser ambicioso com humildade nos confronta com o modo que vemos nossos direitos. Com Cristo e seu exemplo sempre diante de nós, nossa visão deverá ser distintamente diferente do restante da civilização humana.

Veja como isso aconteceu na vida de Otto. Tendo liderado a adoração por dez anos, Otto conseguia reconhecer um líder natural. E o novo sujeito que apareceu domingo passado nasceu para liderar o louvor. No entanto, a liderança do louvor era o papel de Otto na igreja, algo em que ele servira fielmente, incansavelmente e com muita oração. Entretanto, após orar a respeito disso e consultar alguns amigos, ele se aproximou do seu pastor e recomendou que o novo rapaz o substituísse. Por que ele planejaria a sua própria saída? Porque sua ambição por Cristo era mais alta do que a ambição por qualquer posição que ele pudesse ter.

Pode parecer *Alice no país das maravilhas*, mas histórias como a de Otto simplesmente não acontecem nos contos de fadas. Acontecem onde as ambições por Cristo excedem as ambições egoístas.

---

5  A. W. Tozer, *Of God and Men* (Camp Hill, PA: Christian Publications, 1995), 105–06.

Deus trabalha no coração de seus filhos, substituindo nossa preocupação com comparações de igualdade pela aspiração de nos esvaziar de nós mesmos... No reino do Mestre é certo que seja assim.

## TERCEIRO PARADOXO:
## SER NADA REALMENTE É ALGUMA COISA.

Cristo poderia ter vindo como imperador e ninguém teria disputado sua reivindicação por direito. Ele merecia a mais apta posição que existisse sobre a terra. Na verdade, devíamos ter criado essa – de Mestre do Universo! — só para acomodá-lo.

Mas não foi essa a posição que ele quis. Escolheu outra. Tomou a "forma de servo" (Fp 2.7). É surpreendente a palavra *servo* quando aplicada a Deus, mas apenas começa a encerrar o escopo do sacrifício contido na palavra grega usada aqui: *doulos*. Talvez a tradução mais acertada fosse "escravo"— aquele que voluntariamente se coloca em escravidão a outro.

Sei que a ideia é provocatória, mas está na Escritura. Deus, intencionalmente, escolheu essa metáfora para ressaltar a afirmativa feita pelo evangelho que engloba tudo em nossas vidas. O estudioso da Bíblia, Murray Harris, descreve a ideia por trás do termo conforme se aplica no Novo Testamento:

> Num sentido fundamental, a escravidão envolve a ausência de direitos, especialmente o direito de determinar o curso da vida de alguém, bem como o uso de suas energias. O que é negado ao escravo é a liberdade de ação e de movimento; ele não pode fazer o que quer nem ir onde quer. A faculdade da livre escolha e o poder da recusa lhe são negados.[6]

Você é ambicioso por ser escravo?

---

6   Murray J. Harris, *Slave of Christ* (Downers Grove, IL: InterVarsity, 1999), 107.

O caminho da carreira cristã parece diferente das outras carreiras. Não devemos ter fome por nosso próprio nome nem ser irrestritos em nossa autopromoção. Não precisamos ser corretores de nosso futuro. O evangelho nos lembra de que nossa ambição deverá seguir a ação de Cristo. Se Deus submeteu sua grande majestade ao chamado da escravidão, também podemos submeter nossos talentos musicais, nosso desejo de ensinar, nossas habilidades motivacionais, ao chamado da escravidão.

Quantas vezes vivemos vidas insatisfeitas porque nossa posição não está de acordo com nossas ambições? Assim, resmungamos no bebedouro de água e nos queixamos no confinamento de nosso carro, frustrados porque o seguinte passo, pela lógica, foi bloqueado por alguma coisa ou por alguém.

Uma grande medida da humildade é se podemos ser ambiciosos pelas realizações de outra pessoa. Não sermos apenas tolerantes, acomodando os alvos dos que estão acima de nós, mas adotar a sua visão, promover e buscar os sonhos deles.

> Nossa disposição de estimular o sucesso das outras pessoas é grande medida da pureza de nossas ambições.

Acredite, isso pode nos parecer muito radical. Por exemplo, em uma sociedade obcecada por direitos e igualdade, o papel tradicional de esposa e mãe — de ajudadora do marido, investindo na família — tem levado péssima opinião. Aos olhos do mundo, sacrificar os sonhos de salário, viagens, ou status social a serviço da família parece antiquado, ignorante e uma comédia sem graça. Contudo, esvaziar-se a serviço da família é uma ilustração que coroa o coração e a vida do Salvador. Eu devia saber. Vejo isso a cada dia na minha esposa.

Todos quantos chamam Cristo de salvador são chamados a servir. Escrevendo aos filipenses, Paulo estabelece essa espécie de ambição pelos outros, chamando-os a se afastarem do partidarismo ou vanglória (2.3). Partidarismo ou rivalidade traduz o mesmo vocábulo que Tiago usa para "ambição egoísta"

(3.16). O intento de Paulo está claro. Nada devemos fazer para competir ou usurpar os outros, especialmente aqueles que estão no comando acima de nós.

A rivalidade acontece quando as ambições se enchem de inveja. Outra pessoa está desfrutando aquilo que nós queríamos. A inveja queima, e obscurece nossas muitas bênçãos. Não conseguimos a posição, as finanças, as dotações de outra pessoa, e assim temos má vontade em relação a elas e acusamos Deus de desigualdade. É uma coisa bastante séria — e está longe do esvaziamento de si e de considerar o próximo como melhor que nós.

O rei Saul é cartaz bíblico para a rivalidade. As Escrituras dizem que ele começou pequeno aos próprios olhos (1Sm 10.20-24). Quando o profeta Samuel foi ungi-lo como rei, ele estava escondido atrás da bagagem – provavelmente onde ele deveria estar.

Mas uma vez feito rei, a inveja o cercou e cativou. Saul começou a ressentir-se de Davi, o jovem que acabaria o substituindo. Isso abriu a porta para a suspeita e o julgamento. Saul começou a atribuir motivações vis a Davi. Deixou de amar a Davi para desprezá-lo. Observe que ele não desprezava Davi como pessoa, mas como rival. O fato de Davi estar na vida de Saul expunha as ambições do rei. Ele não estava servindo às pessoas, mas protegia o seu próprio poder. Davi se tornou ameaça às suas aspirações futuras, e assim, tinha de morrer. Supostamente, Saul deveria ser um rei benevolente, mas lançou uma caçada humana por um de seus súditos.

C. S. Lewis entendeu a tirania comparativa da inveja:

> Ambição! Temos de ser cuidadosos com o que queremos dizer com isso. Se significar o desejo de estar à frente das outras pessoas..., então é ruim. Se significar apenas fazer algo bem-feito, é boa. Não é errado um ator querer desempenhar seu papel tão bem quanto for possível, mas o desejo de ter o nome em letras maiores do que os outros atores é ruim... O que chamamos de "ambição" geralmente quer dizer que desejamos ser mais destacados ou bem-sucedidos do que outra pessoa. É esse elemento competitivo na ambição que a torna ruim. É perfeitamente razoável querer

dançar bem ou parecer bonito. Mas quando o desejo dominante for dançar melhor ou ser mais belo do que os outros – quando você começa a sentir que, se os outros dançassem tão bem ou fossem tão belos quanto você, perderia toda a graça – então você está indo pelo caminho errado.[7]

Saul deu errado. Sua ambição o traiu. Prometendo-lhe satisfação, virou-se contra ele e o destruiu. Em um campo de batalha cercado por inimigos, Saul cometeu suicídio, caindo em cima de sua própria espada.

> A rivalidade destrói amizades, divide igrejas, solapa o testemunho e nos faz parecer em nada diferentes do mundo a nosso redor.

As experiências cristãs diárias com a rivalidade não terminarão com alguém morrendo sobre sua própria espada. Entretanto, a rivalidade destrói amizades, divide igrejas, solapa o testemunho e nos faz parecer em nada diferentes do mundo a nosso redor.

A rivalidade é coisa séria. Sua natureza é de subordinar os interesses do próximo e fazer esforços irracionais de proteger nossos próprios interesses. É um impulso para o qual somos chamados e capacitados a negar, tirar e crucificar.

Mas este não é o final do chamado de Paulo. A humildade considera o próximo mais significativo do que nós mesmos — cuida dos interesses dos outros. Não é interessante como é difícil ter inveja dos interesses do próximo quando estamos, na verdade, cuidando deles? A humildade enxerga na disposição de ser servo o caminho para a libertação. O poder baseado no evangelho de uma ambição serva dos outros é o caminho para a libertação, que expele a inveja e a ambição egoísta das nossas vidas. Podemos servir ao próximo. Podemos estar em segundo lugar e permanecer satisfeitos.

Aqui, a tentação instintiva é nos colorir para fora das linhas. Talvez você esteja pensando: "Você não conhece a minha situação. Não entende o meu marido,

---

7 C. S. Lewis, *God in the Dock* (Grand Rapids: Eerdmans, 1994), 55–56.

meu chefe, meus pais, meu administrador, meu professor. Os seus interesses já são a principal preocupação que eles têm. Não precisam da minha ajuda nesse departamento!"

Mas lembre-se, é o exemplo de Cristo que nos é proposto aqui. Ele veio para aqueles que eram inimigos de Deus. Amou aqueles que o negaram. Serviu aos que o rejeitaram. Até morreu por aqueles que eram mais hostis a ele. Quando consideramos o que Cristo fez, servir a nosso adolescente egoísta ou chefe injusto parece trivial.

Jamais subestime o trabalho singular que Deus realiza em nossas vidas ao nos colocar sob pessoas insensíveis ou inescrupulosas. Pode parecer que eles controlam nossa vida. Porém, "Como ribeiros de águas assim é o coração do rei na mão do Senhor; este, segundo o seu querer, o inclina" (Pv 21.1).

Poucas coisas arrancam melhor o amor próprio do que a manobra diária de servir a outros que parecem deleitar-se em tratar-nos como escravos. Deus intencionalmente cria oportunidades nas quais temos de servir ao próximo, porque isso resgata as nossas ambições e força que ele esteja no centro. Viver pelo sucesso de outros — isso mesmo, até deles — é um maravilhoso aroma do evangelho que agrada a Deus. Jesus disse: "Mas o maior dentre vós será vosso servo. Quem a si mesmo se exaltar será humilhado; e quem a si mesmo se humilhar será exaltado" (Mt 23.11–12).

A ambição resgatada não insiste mais em ser o melhor ou o primeiro. Contenta-se com o comparativo "nada" da escravidão, em estar em segundo lugar, se for isso que traz maior glória a Deus.

Realmente é algo importante tornar-se como nada. Leve esse conceito ao seu escritório, e verá alguns queixos caídos.

## QUARTO PARADOXO:
## QUANDO O ASSUNTO É AUTOAVALIAÇÃO, NÃO CONFIE NO QUE VOCÊ VÊ.

Às vezes conseguimos ler essas palavras sobre ver os interesses de outros, contar os outros como sendo mais significantes do que nós mesmos e pensamos:

*Está bem, só preciso parar de pensar em mim*. Mas isso não é o que Paulo está falando. Contar o próximo como mais importante do que nós mesmos presume que em algum ponto tenhamos pensado em nós.

Paulo liga claramente nossa capacidade de agir com humildade à consciência de nossos próprios interesses. Não estamos *apenas* olhando nossos próprios interesses. Em outro lugar ele instrui o crente a não pensar de si além do que convém, mas "pense com moderação, segundo a medida da fé que Deus repartiu a cada um (Rm 12.3). Assim, de acordo com Paulo, o problema para os cristãos não é a autoconsciência, mas a autoconsciência da *espécie* errada. "Digo a cada um dentre vós que não pense de si mesmo além do que convém". É uma consciência de si mesmo baseada na humildade — ver-nos com fé e sóbrio juízo, e então viver como se os outros fossem mais significantes do que nós mesmos.

> Precisamos desesperadamente dos olhos e das palavras de outros para nos auxiliar a formar uma autopercepção humilde.

Sabe o que eu descobri? Ambição e autoavaliação estão inextricavelmente ligados. Os que são egoístas, ambiciosos, são terríveis na aritmética de si mesmos. Quando "contam a si mesmos," é sempre mais que quase todas as outras pessoas. Quando vivo em minha casa ou minha igreja como o Rei Davi, torno-me cego sobre minhas próprias limitações e falhas. Por esta razão, preciso desesperadamente dos olhos e das palavras de outros que me ajudem a formar uma humilde autopercepção.

O filósofo romano Sêneca disse certa vez: "Os espelhos foram descobertos para que o homem possa vir a conhecer a si mesmo".[8] Não sou grande fã de espelhos, porque muitas vezes não gosto do que vejo. Já observou que a maioria dos espelhos não mostra o corpo inteiro? Bom ou

---

8  Seneca, *Quaestiones Naturales* (Natural Questions), 1.17.6, 8, 10; da tradução de John Clarke, *Physical Science in the Time of Nero* (London: Macmillan, 1910), 44; http://www.questia.com/PM.qst?a=o&d=94245462.

mau, enxergamos somente o que está à nossa frente. Podíamos estar andando durante anos com um cartaz gigante dizendo "chute-me" nas costas e nunca saber.

Estou supondo que você não tenha um cartaz desses nas suas costas. Mas provavelmente existem algumas coisas a seu respeito das quais seus amigos têm consciência, mas que você não percebe. Deus nos projetou de forma a precisar uns dos outros para que obtenhamos um quadro completo. Não aprendemos sabedoria em um livro ou no topo de uma montanha. Sem a ajuda do próximo, muitas vezes somos cegos sobre o que fazemos e sobre o porquê de nossas ações. Aprendemos sabedoria em comunidade. Se ficarmos em pé sozinhos, caímos. Por isso é que a humildade procura espelhos. Os humildes não apenas toleram a entrada de dados vinda do próximo, eles a procuram.

Você tem espelhos em sua vida? Se não tiver, procure arranjar. Você não se arrependerá. Se você indaga como eles o ajudarão, eis algumas maneiras que eles me servem.

## OS ESPELHOS AJUDAM COM OS MOTIVOS

Talvez você tenha tido a experiência de passar pela vida, trabalho ou ministério, achando que está indo bem, e de repente alguém lançar esta pequena bomba no seu desfile de produtividade: "Por quê?" Como em: "Por que você fez isso, Dave?" ou "Por que você disse aquilo, Dave?" Ou, mais no ponto central: "O quê o motivava, Dave?"

Dê-me uma pergunta "o quê" em qualquer dia, e eu não fico abalado quando as pessoas questionam o que eu faço — Ei! Não sou perfeito, todo mundo comete erros. São as inquirições de "por que" que me perturbam mais. À vista de Deus, o resultado não é tudo que importa. Os motivos são importantes. E muito. Deixe-me perguntar: existe alguém em sua vida que tem a liberdade de perguntar-lhe os "porquês"? E o que acontece quando alguém questiona os seus motivos pelas coisas "boas" que você faz?

Se estivermos fazendo algo de bom, mantemos a ideia de que nossas motivações estão, de alguma forma, acima de serem questionadas. Mas pode ser que não haja melhor lugar para esconder nossas motivações egoístas do que no serviço ao próximo, mesmo na igreja. Com certeza o serviço é doação de si mesmo, mas também pode ser feito sob medida para disfarçar a ambição egoísta. Na verdade, creio que muitas divisões nas igrejas acontecem porque as pessoas não estão dispostas a ter questionados os seus motivos. Discutirão pontos detalhados de teologia, eclesiologia, missiologia, pneumatologia — todo tipo de "ologia" — mas nunca colocam sobre a mesa uma pergunta muito simples: "Por que isso é tão importante para mim?"

Isso também está em jogo naquilo que dizemos. Nosso mundo ama a conversação. Amamos falar sobre ideias, arte, cultura, vida — que venha tudo isso! A conversa é legal. Eu mesmo amo conversar. Mas às vezes, queremos conversar sobre ideias e vida como se a nossa fala estivesse desconectada ao coração. Sem perceber, fazemos aquilo que a Escritura nunca permite — desligamos nossos motivos de nossa boca, esquecidos de que "a boca fala do que está cheio o coração" (Mt 12.34).

Sem saber, acabamos em um lugar muito perigoso. Quando nosso mundo interior não está aberto ao escrutínio, nosso mundo exterior acaba entrando em colapso. Se você alguma vez estiver insistindo que suas motivações são despoluídas — *quem sabe o que eu disse não estava certo, mas meus motivos eram puros* — saia das sombras e volte para sua Bíblia. O amor de Deus é tão vasto que ele tem grande interesse em todo aspecto das razões por trás de tudo que fazemos. Uma das formas que ele demonstra esse amor surpreendente é nos dando espelhos para ver a nossa motivação.

Permita que eu fale sobre algo que fiz que é difícil falar. Abri à força a janela da avaliação até ao nível das motivações. Sim, eu me refiro à fala, ação, o negócio todo. Era simples, mas um tanto cabeludo, contar à minha esposa e filhos que quero esse grau de ajuda. Por que quero isso? Porque os motivos são importantes. Minha única ligação à realidade bíblica está em manter no quadro o "porquê".

## ESPELHOS AUXILIAM COM OS DONS

Misha é destinada à grandeza. Pelo menos é isso que seus pais sempre lhe disseram. Sua boa voz para cantar chegou ao auge cedo, e quando estava na décima série era regularmente vista como cantora principal na escola. As portas se escancararam em muitas igrejas. Porém, a grandeza é um patrono relutante, e sua subida emperrou. Agora na casa dos vinte anos, ela não entende. Diz ela:

– Meu sonho era simples. Só queria usar meus dons para servir a Deus.

Mas para Misha, servir a Deus realmente queria dizer assinar contratos de gravações e viajar em turnês musicais. Ela pergunta:

– Por que as pessoas não conseguem reconhecer os meus dons?

Misha tem ambições que parecem piedosas, pelo menos para ela. Diz ela que quer usar seus dons "no serviço de Deus." Seus amigos da igreja acham que sim, ela é talentosa, mas provavelmente está tentando alcançar alto demais. Relutam em falar isso a ela, pois sabem que isso desanimaria o seu sonho.

Imagine que você seja amigo de Misha. Do que ela precisa? Todo mundo dando vivas? Ou alguém com coragem suficiente para questionar o seu sonho, com sabedoria, por meio de uma avaliação objetiva? Situação difícil de manejar, ein?

*Sempre que houver um dom, haverá um limite.*

A história de Misha é bastante comum, especialmente na igreja. Existem músicos Misha, compositores Misha, pregadores Misha, evangelistas Misha. Os Mishas estão todos à nossa volta – e às vezes dentro de nós. Uma das inegáveis realidades da experiência espiritual é a seguinte: *Sempre que houver um dom, haverá um limite.*

É por esta razão que mesmo quando nossas motivações são piedosas, todos precisamos do espelho de alguém que faça uma avaliação bem pensada, graciosa, mas realista de nossos dons, alguém que nos conhece e nos ame. Precisamos dos outros para nos ajudar a pensar em nós mesmos "com moderação" (outra versão diz *sóbrio juízo*) (Rm 12.3).

Tenho descoberto que o reconhecimento dos limites de meus dons, na verdade, me liberta do fardo de bater contra a parede, tentando fazer algo que Deus não quer para mim. Também permite que eu aprecie a diversidade dos dons que Deus coloca a meu redor. Deus nos dá dons para que sirvamos aos outros. Nós os descobrimos e refinamos em comunidade, não sozinhos no deserto, debaixo de um cacto. Ao falar da igreja, Paulo diz: "Não podem os olhos dizer à mão: Não precisamos de ti; nem ainda a cabeça, aos pés: Não preciso de vós" (1Co 12.21). Deus deixa isso bem claro: precisamos uns dos outros!

Quanto mais cedo entendermos isso, mais fácil se tornará nossa vida. Porém, isso pode demorar, especialmente para nós que somos homens. Permita que eu revele um pequeno segredo de gênero. Conquanto as mulheres possuam dois cromossomos X, os homens têm um X, um Y e um outro cromossomo que diz: "prefiro dirigir o carro até outro bairro, duas vezes mais longe, do que pedir direções". Esse cromossomo extra é de tal maneira dominante que um homem pode ter passado sua saída três estados atrás e ainda estar procurando o atalho. Esse tipo de comportamento é tão irracional que tem de ser genético. Os homens são as únicas criaturas conhecidas que entram em briga com o GPS. As rodovias ao redor do mundo estão abarrotadas desses aparelhos, jogados das janelas por homens que dizem ser óbvio que estão quebrados. Mas na verdade, não é a genética. Existe algo em meu coração que não quer ajuda externa. É aquele tolo interior que tantas vezes quer sair para brincar. Pedir ajuda é sinal de que estou perdido, sou carente, estou errado e desesperado — coisas todas verdadeiras, mas que prefiro perder um pulmão a admitir. No momento, dirigir até acabar a gasolina parece muito mais atraente. Entretanto, pedir ajuda é melhor, e mais bíblico.

A graça nunca vem aos orgulhosos. Vem quando nós nos humilhamos e pedimos a ajuda da qual necessitamos. Precisamos de espelhos que funcionem de maneira frutífera.

Você é uma Misha, um Misha? Se quisermos despertar uma ambição, desejemos verdadeiramente saber quem somos e como devemos servir melhor mediante nossos dons. Para isso, precisamos da ajuda dos outros.

## ESPELHOS AJUDAM COM OS FRUTOS

Ter fome de ser ajudado a determinar onde estão meus dons e minhas limitações, ou onde devo estar atento às minhas motivações, é um grande começo, mas um pobre final. Resgatar a ambição inclui avaliar como nossos esforços estão produzindo frutos. A frutificação é algo sobre a qual Cristo é extremamente sério. "Nisto é glorificado meu Pai, em que deis muito fruto; e assim vos tornareis meus discípulos" (João 15.8). Noutras palavras, Deus deseja que nossos esforços piedosos tenham efeito. Se isso é a principal prova de que somos discípulos, devemos aspirar a avaliar nossa efetividade. Com frequência.

Os cristãos são uma turma engraçada. Somos ambiciosos por começar as coisas, mas detestamos terminá-las. Toda iniciativa pode parecer certa, boa e importante — temos certeza de que Deus está por trás disso. E assim, lançamos as coisas como se os grandes esforços no nome de Deus não precisassem de datas de validade. Presumimos que o que tem efeito em uma estação será efetivo em todo o tempo. Métodos se tornam em monumentos.

Não somos os primeiros a enfrentar tal desafio. A igreja em seus primórdios enfrentava semelhante momento de definição. Em uma demonstração extraordinária de liderança evangélica, os doze apóstolos estavam pessoalmente envolvidos em certificar-se de que as viúvas da igreja tivessem alimento a cada dia. Mas, isso criou um problema. Ao se entregar às viúvas, eles estavam negligenciando a maior frutificação da pregação da Palavra de Deus. E a igreja crescia tanto que algumas viúvas estavam sendo negligenciadas na distribuição diária.

Os líderes da igreja, na verdade, tiveram de se assentar e avaliar se a pregação seria mais frutífera do que servir as viúvas. Ora essa — qualquer pastor de algum valor sabe que não se mexe com as viúvas. Quando elas oram, Deus atende! Desdenhe uma viúva, e você será chamado bem depressa ao escritório central de Deus. Será que a "inspeção dos frutos" dos apóstolos realmente tinha de incluir a avaliação de seu papel com este grupo de pessoas?

É melhor acreditar nisso! Os doze apóstolos concluíram: "Não é razoável que nós abandonemos a palavra de Deus para servir às mesas" (Atos 6.2). A frutificação de toda a igreja estava em jogo, e assim, foi necessária uma ação dramática. Servir às viúvas era uma boa coisa, mas os Doze precisavam se dedicar ao labor que produzisse mais frutos para mais pessoas. Assim, a igreja teve de se radicalizar. As estratégias de ministério mudaram quanto ao cuidado contínuo oferecido às viúvas, novos líderes foram designados, os doze estavam livres para enfocar a pregação e a oração, novos ministérios começaram – tudo para nutrir e proteger a frutificação da igreja.

Parece que deu certo. "Crescia a palavra de Deus, e, em Jerusalém, multiplicava o número dos discípulos; também muitíssimos sacerdotes obedeciam à fé" (6.7). Alguém teve a coragem de avaliar as verdadeiras necessidades das viúvas. O resultado foi que a igreja estava posicionada para o crescimento. Uma época acabou, mas começou outra espécie de frutificação.

> Um bom espelho, a cada estação, faz perguntas não populares sobre os frutos.

Um bom espelho faz perguntas não populares, até mesmo escandalosas, sobre os frutos a cada estação. Isso não é maldade, é importante meio de saber se devemos continuar ou mudar aquilo que estamos fazendo. Os espelhos ajudam a nos proteger de dois perigosos extremos da ambição: construir monumentos às nossas capacidades e inflamar-nos em esforços desperdiçados.

Sou grato pelas horas em que meus amigos fizeram as perguntas óbvias de "por quê?". Já derrubamos alguns monumentos grandes com o passar do tempo. E sabe o quê? Ninguém parece se importar que eles acabassem.

Isso não significa, contudo, que a ambição seja algo para se viver apenas pelo momento. Uma ambição bíblica de frutificação tem em vista algo longo na vida. "Ficar queimado" por Deus pode parecer radical, mas não nos posiciona a "produzir muito fruto" (João 15.8). Devemos pensar em queimar longamente, como a tocha olímpica, que tem de viajar por muitas terras antes de chegar ao seu destino final. Os cristãos devem ser ambiciosos por correr longe e terminar ainda fortes.

Corto meus dentes cristãos sobre a paixão de Keith Green. O seu zelo por Deus catalisou muitos jovens crentes a maior fervor por Cristo. Certa vez ele disse: "Eu me arrependeria de ter gravado uma única canção, ou ter feito um único concerto, se minha música, e mais importante, minha vida, não tivesse provocado em você inveja piedosa ou uma entrega mais completa a Jesus!"[9] Amo tudo isso. "Vamos dar tudo para Jesus; pregue isso, Keith!" Mas Keith Green morreu em trágico acidente aos vinte e nove anos.

Também há Jim Elliot, que investiu sua vida para alcançar os índios Huaorani do Equador. Não se pode ouvir seu nome sem pensar na sua citação famosa: "Não é tolo quem entrega aquilo que não pode guardar para ganhar aquilo que não pode perder".[10] Este herói também morreu aos vinte e nove anos, martirizado por aqueles que tentava alcançar.

Não posso explicar o quanto admiro o fogo, os sacrifícios, e a paixão desses homens. Queimaram brilhante e fortemente durante sua peregrinação sobre a terra. Mas a maioria dos cristãos não morre na casa dos vinte anos. Como Cristão em sua jornada para a Cidade Celestial em *O Peregrino*, andamos em uma estrada mais longa e permanecemos em muitas estações da vida. Não se engane — Deus realmente nos chama a dar tudo por Jesus. Mas é uma paixão espalhada por todo o tempo da vida. É uma jornada em que temos de prosseguir em meio a fraquezas, desânimos e pecado. Para o Zé ou a Joana Comum, não haverá um livro comemorando as batalhas ou marcando as vitórias.

O que é que sustenta os frutos, conforme diz o hino antigo: *Amazing Grace*, "através de perigos, labutas e ciladas mil"?

O evangelho é nossa única resposta. Ao contemplar diariamente a vida, morte, e ressurreição do nosso Salvador, somos cada vez mais surpreendidos por sua escolha incondicional, feita antes do início do tempo. Mas essa escolha levava consigo um chamado. Temos de cultivar a ambição de produzir fruto por seu nome. Eis o caso: *desejamos* produzir fruto; *ele* certifica que o fruto permaneça. Diz Jesus: "Não fostes vós que me escolhestes a mim; pelo contrário, eu vos

---

9 Melody Green, *No Compromise: The Life Story of Keith Green* (Nashville: Thomas Nelson, 2008), 472.
10 Jim Elliot, *The Journals of Jim Elliot*, ed. Elisabeth Elliot (Old Tappan, NJ: Fleming H. Revell, 1978), 174.

escolhi a vós outros e vos designei para que vades e deis fruto, e o vosso fruto permaneça; a fim de que tudo quanto pedirdes ao Pai em meu nome, ele vo-lo conceda." (João 15.16). O espelho fiel do trabalho de quem avalia os frutos é que nos ajuda a terminar de maneira forte. Precisamos desesperadamente ver o alvo. Precisamos também dos espelhos que nos ajudam a ver nossos frutos, nossos dons e nossos motivos indispensáveis no resgate de nossas ambições.

## QUINTO PARADOXO:
## A VERDADEIRA HUMILDADE PROMOVE A GRANDE AMBIÇÃO

Às vezes entendemos mal a humildade, assumindo que ela trabalhe contra a ambição piedosa. Pode nos parecer orgulho sonhar em como poderemos trabalhar para a glória de Deus. Mas em Filipenses 2, a humildade de Cristo é demonstrada em sua ação. Ele "esvaziou-se," tomou a "forma de servo," "se humilhou, sendo obediente". Ter entre nós essa mentalidade, conforme nos instrui o versículo 5, é seguir um exemplo de ação, intenção e iniciativa. A humildade de Cristo não restringiu seu empreendimento – ela o definiu.

Deus nos conclama a seguir este exemplo — ser "zeloso de boas obras" (Tito 2.14).

> Quando nos tornamos humildes demais para desejar, deixamos de ser humildes.

A humildade não é um amaciante de tecido sobre nossas aspirações — alisando, amaciando e temperando nossos sonhos a ponto de sermos modestos demais para alcançarmos qualquer coisa. G. K. Chesterton admoestou contra encontrar "humildade no lugar errado". Apelou por um retorno à "antiga humildade", dizendo:

> A antiga humildade era uma espora que impedia o homem de parar; não um prego na bota que o impedia de continuar. A antiga humil-

dade fazia um homem duvidar de seus esforços, fazendo com que trabalhasse ainda mais. Mas a nova humildade faz o homem duvidar de suas metas, o que o faz parar totalmente de trabalhar.[11]

Quando nos tornamos humildes demais para desejar, deixamos de ser humildes.

A humildade jamais deverá ser desculpa para inatividade. Nossa humildade deve colocar rédeas em nossa ambição, não impedi-la. Não é orgulho conversar a respeito dos seus sonhos por Deus — é essencial. Se você for humilde demais para sonhar, pode ser que tenha um entendimento errado do que seja a humildade. O servo que é fiel no pouco ainda tem o olho fixo no muito. John Stott acertou quando afirmou:

> As ambições para si mesmo poderão ser bem modestas. [...] Ambições por Deus, porém, se forem dignas, jamais serão modestas. Existe algo inerentemente errado quanto a acalentar apenas pequenas ambições para Deus. Como nos contentar em que ele receba apenas pouca honra no mundo? Não, uma vez que estejamos claros quanto a Deus ser Rei, ansiamos por vê-lo coroado de glória e honra, e recebido seu verdadeiro louvor, que é o lugar supremo. Tornamo-nos ambiciosos pela expansão de seu reino e sua justiça em toda parte.[12]

Você está vendo o quadro? Atiçar a ambição piedosa está longe se ser inconsequente. Sem essa ambição piedosa, morre a exploração de terras novas, as pesquisas param, as crianças ficam estragadas, a indústria fica emperrada, as causas fracassam, as civilizações desmoronam, o evangelho fica estacionado. Não podemos permitir que isso tudo aconteça em nome da humildade. Se nossas ambições forem dignas da glória de Deus, jamais poderão ser modestas.

---

11  G. K. Chesterton, from "The Suicide of Thought," capítulo 3 em *Orthodoxy* (Londres: The Bodley Head, 1908).
12  John Stott, *The Message of the Sermon on the Mount* (Downers Grove, IL: InterVarsity, 1993), 172-173.

Permitir tal passividade é cortar o próprio coração da humildade, deixando-o vazio do poder e graça que Deus promete aos humildes. A "antiga" humildade, humildade verdadeira e bíblica, tem um nome suficientemente grande para as maiores ambições piedosas. Precisamos ser ambiciosos por essa espécie de humildade.

## NOSSO CAMINHO É ACESO

Os cristãos são inflamáveis. Deus nos criou para pegar fogo. Não como o fósforo – brilhante e quente, mas facilmente extinguível. Isso faz pouco bem aos outros e traz pouca glória a Deus. As ambições são como um maçarico de mão. Deus as acende, aponta-as na direção certa, e a obra eterna é realizada. A chama é sustentada pelo combustível da graça. A obra de Deus, feita da maneira de Deus, para a glória de Deus. Por que queimar por qualquer outra coisa?

A maioria das pessoas pensa na ambição como uma subida, mobilidade para cima, sempre à procura de um passo acima para galgar (e disposto a pisar nos outros para alcançá-lo). Porém, a ambição bíblica aponta em outra direção — a direção que Cristo tomou. Nosso Mestre esvaziou-se, iluminando o caminho para nossas ambições. Somos chamados a segui-lo.

Ao nos esvaziar, encontramos a plenitude de Cristo. Cuidamos dos direitos dos outros acima dos nossos. Encontramos alegria no avanço do sucesso do próximo. Pedimos que outras pessoas nos ajudem a pensar de modo realista quanto a nós mesmos. Seguimos a Cristo, que tendo forma de Deus, anulou-se.

É um paradoxo: a ambição piedosa nos move para *baixo*. Ver as implicações deste chamado é um teste muito melhor de percepção e prioridades do que qualquer mestre violinista que tocasse seu instrumento no metrô. As ambições piedosas são humildes porque visam servir ao Salvador — o mais alto alvo que se possa imaginar. Conforme disse Charles Spurgeon: "Isto é céu para o santo: servir ao Senhor Jesus Cristo, pertencer a ele como seu servo, é a alta ambição de nossa alma para a eternidade".[13]

---

13 Charles Spurgeon, *The Checkbook of the Bank of Faith: Precious Promises forDaily Readings* (Ross-shire, UK: Christian Focus Publications, 1996), 301.

# CAPÍTULO 7

# CONTENTAMENTO DA AMBIÇÃO

## SE FOR A AMBIÇÃO QUE ME DEFINE, ELA JAMAIS ME REALIZARÁ

Se a história da igreja fosse um *dojo*, os puritanos ingleses seriam todos faixas pretas. Sério, eles tinham percepções surpreendentemente sagazes da vida cristã. Mas quando lemos seus escritos, temos de perguntar: será que essas pessoas eram pagas pelo número de palavras? Palavras compridas, sentenças longas, parágrafos enormes, longos livros. Mesmo os resumos de seus livros são compridos.

Entretanto, ao vasculhar todos os escritos dos puritanos, inevitavelmente você tropeçará em uma declaração clara, concisa e curta o bastante para fazer pensar por longo tempo: "Se não temos o que nós desejamos, temos mais do que merecemos".[1]

Nesta breve sentença do livro clássico *The Art of Divine Contentment* [A arte do contentamento divino], Thomas Watson desenha o retrato de um santo que se encontra em paz. De cara, o contentamento parece contrário à ambição, não acha? Mas, para que sejamos resgatados da ambição egoísta, as cores quentes do contentamento piedoso deverão ser misturadas às cores frias da ambição piedosa. Vejamos por que isso é importante e o que ele cria.

---

1 Thomas Watson, *The Art of Divine Contentment* (reprint, Londres: Religious Tract Society, 1835), 223.

## O PROBLEMA: NÃO TEMOS AQUILO QUE DESEJAMOS

O dia ensolarado não combinava com a disposição de Walt. Ainda que tivesse acontecido havia seis meses, Walt não conseguia acreditar que Monique tivesse recebido o emprego que ele merecia.

Claro, Monique era qualificada, mas Walt sempre sonhara em ocupar aquela posição. Tinha orado a esse respeito durante os últimos dois anos, pacientemente aguardando o tempo até a posição abrir. Walt era competidor. Jogava justamente, mas duro, e não estava acostumado a perder. Mas havia perdido. E ainda que nunca o dissesse em voz audível, ficou amargurado por ter perdido a vaga para uma mulher. Parecia um fracasso total.

Agora, sua estrela não estava mais subindo na companhia. Pela primeira vez em sua vida, ele se sentia como "todo mundo". Sabia que seu chefe não o via como a pessoa que resolve tudo — dava para perceber em sua voz. "Perdeu a confiança em mim", Walt sussurrava para si durante suas sessões de autocomiseração que aconteciam de hora em hora. "Ele diz que ainda sou importante para o departamento, mas simplesmente não sinto isso". Não podia tirar da cabeça o sentimento de que estava encolhendo diante dos olhos de todos.

Sua esposa sugeriu que estivesse olhando tudo isso de maneira errada. Ela o lembrou de que ele tinha boa saúde, uma família que o amava, opções de investimentos, e até mesmo seu cristianismo. Em seguida ela forçou para fora a questão de ele não ter conseguido a promoção:

– Por que isso o incomoda tanto?

Era uma grande pergunta, mas Walt não conseguia dar uma resposta. Sua confusão o levava a novos sentimentos de desorientação, como se estivesse perdido ou vagando à deriva no mar. Cada vez mais, Walt sentia enfraquecer o brilho de sua vida, como um pavio de vela queimando sem chama, à procura desesperada de uma faísca.

Nas palavras de Watson, Walt teria de admitir: "Não tenho aquilo que desejo". Ele ambicionava a promoção, trabalhou por ela, orou por ela, mas não conseguiu. E Deus não estava telefonando para lhe oferecer explicações. Será que Deus saiu para almoçar quando Monique foi promovida? Será que foi distraído por um momento por alguma surpresa no Oriente Médio? Nada disso. Deus quis a subida de Monique, embora Walt a desejasse muito.

> Quando Deus age de modo contrário à nossa vontade,
> o desapontamento é compreensível.

Quando Deus age de modo contrário à nossa vontade, o desapontamento é compreensível. Mas quando nossos desejos passam não sendo realizados e a decepção começa a nos definir, alguma coisa mais está no ar. Chama-se descontentamento.

O descontentamento ergue a cabeça quando nossas ambições se frustram. Aspiramos a algo que nos parece perfeitamente legítimo, mas parece que Deus desiste da sua parte do contrato. Então, ficamos cheios de autopiedade, remoendo e questionando por que Deus seria tão remisso na forma em que realiza o seu trabalho. O descontentamento é um arauto que anuncia que havia mais em nossas ambições do que nobres aspirações. E Deus nos ama demais para nos manter no escuro.

As ambições de Walt ficaram inchadas de egoísmo. Certamente queria o papel para usar os dons e talentos que Deus lhe dera. Isso era real e valioso. Mas, uma agenda mais perigosa assumiu o controle. Walt começou a investir a promoção de identidade. Ao enfrentar a cada dia a rotina de seu trabalho, começou a querer mais... *precisar* de mais. Decidiu que tinha de ser visto como jogador; precisava que as pessoas pensassem que ele só corria com os cachorros grandes. Seu coração saltou do desejo para a demanda.

Mas Deus amava demais a Walt para responder a essa oração. Fechar a porta sobre essa ambição, na verdade, foi proteção de Deus. Às vezes, o cuidado de Deus significa que ele não satisfaz nossos desejos.

Querer maiores responsabilidades não é errado. Pode ser sinal saudável de ambição piedosa. Mas às vezes o nosso motivo verdadeiro é revelado quando nossa ambição é rejeitada. A posição foi para Monique, e Walt empacou. O mal não estava em sua ambição; estava na ambição inchada de egoísmo.

Walt perdeu o emprego, mas seu descontentamento ganhou enorme promoção. Quando ambições egoístas não são satisfeitas, desenvolvemos o descontentamento.

## SOLUÇÃO: TEMOS MAIS DO QUE MERECEMOS

Quando não temos o que desejamos, é importante reconhecer isso. Seríamos tolos em ignorá-lo. Se aquilo que nos falta se torna nosso foco principal, a ambição fica contaminada pelo ego. Se quiser uma ambição que negue o ego e diminui o descontentamento, medite nesta ideia: já possuímos muito mais do que merecemos.

Essa declaração o intriga? Continue a leitura. Tem mais.

Como Walt pode ser ajudado? Como agir quando ambições bloqueadas abrem a porta ao descontentamento? Para onde vamos quando somos assombrados e perturbados por: "Eu já deveria estar em... a essa altura"? O que fazemos quando não temos aquilo que desejamos? Como parece o reconhecimento de que temos mais do que merecemos?

Para responder essas perguntas, mais uma vez devemos visitar outro homem que conhecia bem a ambição.

## CONTENTAMENTO REQUER UMA PERSPECTIVA CORRETA

Suponhamos que você leia a seguinte citação de famoso conselheiro espiritual:

> Digo isto, não por causa da pobreza, porque aprendi a viver contente em toda e qualquer situação. Tanto sei estar humilhado como também ser honrado; de tudo e em todas as circunstâncias, já tenho experiência, tanto de fartura como de fome; assim de abundância como de escassez; tudo posso naquele que me fortalece.

Qual seria seu retrato mental do autor dessas palavras? Um ermitão místico vivendo nas montanhas? Ex-empresário, riquíssimo, que vendeu tudo para viver num barco a vela navegando pelo mundo? Oprah Winfrey?

Acredite ou não, veio de um prisioneiro — Paulo, conforme documentado em Filipenses 4.11-13.

Paulo, homem de ação, estava trancafiado na cadeia (Filipenses 1.13). Não sabia se iria viver ou morrer (Fp 1.20–23). Além do mais, seus amigos queridos da igreja de Filipos estavam sofrendo ataques de fora (Fp 1.15-17, 28–30) e divisões internas (2.2–4; 4.2–3). Paulo não está oferecendo as calmas reflexões de um filósofo em profunda contemplação. Está desesperado para proteger a igreja, pregar e preservar a verdade, e localizar e reparar os problemas avassaladores — eram essas as suas ambições. Pareciam bastante nobres, não acha? Com certeza Deus abriria a cela da prisão de Paulo para tanto.

Mas Paulo não pôde cumprir suas ambições. O Deus que o enviara agora o confinara à prisão. Nada de telefone, nada de Internet, nenhuma videoconferência, nada de rede social contatando outros líderes no campo. As únicas formas de agir em relação às suas ambições eram ineficientes e vicárias — escrever cartas ou enviar representantes. Se isso fosse o meu cenário, o descontentamento já teria se instalado há muito. Mas Paulo aprendeu uma resposta diferente. Não tinha o que desejava, mas sabia que tinha algo melhor.

"Não que eu esteja necessitado", escreve ele, "pois tenho aprendido em toda e qualquer situação a estar contente".

Espere aí! Paulo estava preso, mas não tinha necessidade. Queria que isso ficasse claro. No capítulo 4 ele está agradecido pelo apoio financeiro que deram, mas não "precisa" dele. Não por estar nadando em dinheiro, mas por ter aprendido algo na vida. Possui aquilo que Jeremiah Burroughs chamou de a "rara joia do contentamento cristão".

Isso é bom para Paulo, você diz. Mas o que significa? Paulo tinha pensamentos felizes e um grande sorriso bobo?

Contentamento significa *estar satisfeito e em paz com a vontade de Deus em todas as situações*. É um estado de alma onde seus desejos são conformados com onde você se encontra.

Em Filipenses descobrimos algo que marca a vida de todo crente. Por um lado, somos chamados a "nos esforçar por aquilo que está à frente" e "prosseguir para o alvo do prêmio da soberana vocação" de Deus em Cristo Jesus (3.13–14). Mas também nos é dado o exemplo de Paulo de aprender "a estar contente em toda situação" (4.11). Será que Paulo se confundiu? Parece estar dizendo: "tenha fome por mais" em um capítulo, e: "seja feliz onde você se encontra" no próximo. Exatamente.

> Como as ambições de Paulo não eram egoístas, ele podia viver com elas, mesmo que não tivessem sido realizadas.

Como as ambições de Paulo não eram egoístas, ele podia viver com elas, mesmo que não tivessem sido realizadas. Com certeza, ele tinha sonhos e desejos — mas estes eram focados em Deus, não em Paulo. Se estes permaneciam não realizados, era a responsabilidade de Deus. Assim, Paulo foi capaz de aspirar por mais, enquanto descansava pacificamente naquilo que Deus provia. Ele tinha fome de mais, mas estava contente com menos. Os sonhos deferidos não o corroíam. Paulo podia estar em paz no presente sem abandonar as esperanças para o futuro.

A ambição egoísta é um desejo motivador de fazer as coisas para a glória do eu. A ambição piedosa é um desejo motivador de realizar as coisas para a glória de Deus. Quando triunfa a ambição piedosa, o contentamento é o que acontece. Onde há ambição piedosa, podemos estar em paz com aquilo que vem em nosso caminho.

## A LIÇÃO DE PAULO

Ter fome de mais, mas contentar-se com menos — isso não é esquivar-se. Charles Spurgeon disse: "Certamente este é o mais alto grau de *humanidade* que um homem pode atingir, aprender a estar contente em qualquer estado que estiver,".² O Sr. Spurgeon falava de graus avançados; se você for como eu, ainda está fazendo pinturas a dedo no jardim da infância da escola de contentamento. Mas não é ali que devemos permanecer.

Às vezes, quando Deus adia as nossas ambições, tentamos — e sei que isso é loucura – *puni-lo*, arrancando nossos sonhos da mesa. "Deus, o Senhor não cumpriu, e assim, não vou confiar as minhas esperanças e sonhos ao Senhor. Está aí". É mesmo uma loucura, mas se você consegue entender isso, ou sente que simplesmente não conseguiu amarrar um acordo com essa coisa toda de contentamento, Paulo tem palavras encorajadoras.

*"Aprendi..."*

Tenho de admitir, desejava que fosse diferente. Não seria ótimo se houvesse pílulas de contentamento ou algo que a gente pudesse pegar no caixa de supermercado? Não nesta vida. Tem de ser aprendido. "Aprendi a estar contente em toda situação".

Li certa vez o seguinte a respeito de Jonathan Edwards: "Ele tinha a aparência de um homem de Deus, cuja felicidade estava fora do alcance de seus inimigos".³ Creio que isso queira dizer que Edwards aprendeu contentamento. Para ele, paz não dependia de como era tratado pelos outros. Mesmo quando outras pessoas pecavam contra ele, ele tinha paz e estava satisfeito com a vontade de Deus. Sabemos que Jonathan Edwards era ambicioso. Este era um homem que escrevia tratados teológicos aos dezessete anos de idade. Porém, é encorajador saber que mesmo ele "aprendeu a estar contente".

Aprender a viver contente quando não temos aquilo que desejamos é poderoso antídoto contra ambições egoístas. Andar na tensão entre a ambição piedosa pelo futuro e contentamento no presente não é fácil.

Não é de admirar que Paulo dissesse ter aprendido o "segredo" de enfrentar

---

2  Charles Spurgeon, do sermão "Contentamento," entregue em 25 de março, 1860, na Capela nova da *Park Street* em Londres, Southwark. Sermão no. 320 in *Spurgeon's Sermons: New Park Street Pulpit*, Vol. 6 (1860).

3  George Marsden, *Jonathan Edwards* (New Haven, CT: Yale University Press, 2004), 361.

tanto a fartura quanto a escassez. Não é a espécie de segredo que encontramos numa biscoito de sorte chinês. Contentamento é algo que se adquire quando a fé é aplicada com o passar do tempo, naquelas situações em que não temos aquilo que desejamos.

Ninguém gosta da escola de contentamento. Mas todo aquele que quer glorificar a Deus, recebe ali a sua educação.

## OS CONSTRANGIMENTOS DE PAULO

Paulo especifica o campo de atuação do contentamento. Marcando os limites do campo estão duas zonas de final — duas experiências de vida onde o contentamento envolve as ambições. "Sei estar humilhado, e sei ser exaltado. Em toda e qualquer circunstância, aprendi o segredo de enfrentar fartura ou fome, abundância ou carência".

Toda a vida é jogada em algum lugar deste campo. Numa extremidade estão os tempos em que as ambições são satisfeitas. Paulo usa palavras como "abundante," "fartura," "honrado." Está se referindo aos bons tempos: você conseguiu um aumento de salário, ficou grávida, ganhou a conta esperada, tirou nota máxima, ficou noiva! Os sonhos estão acontecendo, vivos, e a vida está ficando muito boa.

Na outra extremidade do campo está a zona oposta, onde as ambições passam fome. Paulo descreve isso como estar "rebaixado", "enfrentar fome", "estar necessitado". Os tempos difíceis. Em ambas as extremidades do campo, Paulo diz que aprendeu o segredo do contentamento.

## O TESTE DA PROSPERIDADE

Em tempos de fartura, as ambições muitas vezes são gordas, felizes e prontas a festejar. Contudo, Paulo diz: "*Tenho experiência* de abundância". Isso é realmente algo que precisamos aprender? Meu primeiro instinto é pensar: "Vá em frente, Senhor, prova-me com prosperidade. Só me dê um Lexus — consigo aceitar isso! É isso aí". Consigo abundância. Mas não acho que seja isso o que Paulo tinha em mente. A abundância sábia e bíblica é muito mais difícil do que aparenta.

Paulo precisava aprender a viver em abundância porque com grandes bênçãos vêm tentações inesperadas. "O cristão muito mais frequentemente desgraça a sua profissão na prosperidade do que quando está sendo abatido", disse Spurgeon.[4] Ter satisfeitas as suas ambições poderá ser uma espada de dois gumes para o seguidor de Cristo.

"Como o crisol prova a prata, e o forno, o ouro, assim, o homem é provado pelos louvores que recebe" (Pv 27.21). Isso veio de Salomão, o homem mais sábio da história. Pense no que ele diz. Para metais preciosos, o crisol e a fornalha desempenham, ambos, o mesmo papel — são provados pelo calor. Porém, Salomão detecta um perigo que muitas vezes é ignorado em culturas como a nossa, onde a afirmação elogiosa é vista como direito inalienável. O louvor ou elogio tem um jeito de inflamar os desejos, e as impurezas do coração têm a tendência de sair na superfície.

Não pense que "louvores" aqui sejam simplesmente as pessoas o encorajando. "Ótimo trabalho, Joãozinho!" É mais que isso, porque o louvor vem de muitas formas. Os bônus no trabalho são louvor, como também o são as promoções e estímulos. Festas de aniversários, iniciações em clubes de irmandades, milhas de voos frequentes, ganhar o prêmio de Melhor Jardim da Vizinhança. Quando pensamos nisso, não há falta de vozes nos dizendo que de alguma forma somos grandes, por alguma razão.

Ao ouvirmos a palavra "prova", pensamos em coisas que queremos evitar, como a pobreza e a perseguição. Mas é mais provável que você se encontre em outro tipo de prova, que vem nos tempos de fartura, abundância e prosperidade. Salomão chama isso de prova dos louvores.

> Quando os louvores chegam a nós, ficamos mais humildes ou com fome de maiores louvores?

Para onde vai nosso coração quando o louvor nos vem? Tornamo-nos mais humildes ou famintos de mais elogios? Quando o louvor se encontra com as am-

---

4  Charles Spurgeon, "Contentment".

bições piedosas, inspira gratidão a Deus. Um sinal claro de piedade nas nossas ambições é a facilidade com que transferimos a Deus toda honra, reconhecendo-o como fonte e poder de todo nosso desempenho. Por quê? Porque o fazemos para sua glória em primeiro lugar.

Mas quando anelamos por nossa própria glória, guardamos o louvor para nós mesmos. Não o passamos adiante. Como um príncipe glutão, festejamos com cada bocada e em seguida exigimos um pedaço maior.

No livro de Ester, o conselheiro Hamã foi promovido a chefe debaixo apenas do rei. Todos se curvavam para homenageá-lo — com exceção de um homem judeu de nome Mordecai. Hamã ficou enraivecido e anunciou que exterminaria todos os judeus. Deus interveio, Mordecai foi protegido, e Hamã encontrou a infâmia no final de uma forca. Tal a sua busca de honra: Hamã estava prestes a exterminar todo um grupo étnico porque um homem não o louvava. Com certeza seu coração foi revelado.

Se somos ambiciosos de modo pecaminoso, o louvor dos outros ironicamente provoca o descontentamento. Um líder leigo ambicioso, com forte dose de egoísmo, entenderá mal o louvor como um chamado para consolidar sua base de poder na igreja. Uma funcionária com desejo egoísta de crescer no trabalho reinterpreta as honras não solicitadas como um chamado para manipular as coisas a fim de conseguir o emprego de seu chefe.

O louvor é o profeta que revela o coração. Quem sabe não é isso que Bono quis dizer quando disse: "*It's no secret [that] ambition bites the nail of success* [não é segredo que a ambição morde a unha do sucesso]".[5] Já que ofereci uma citação obrigatória do Bono, confesso que gostei mais da torcida de Salomão: o homem é provado pelos louvores.

## O TESTE DA ADVERSIDADE

Embora queiramos viver permanentemente no lado "abundante" do campo, às vezes somos empurrados para o lado contrário, onde os sonhos vão

---

5 U2, "The Fly," *Achtung Baby*, Hansa Ton Studios and Windmill Lane Studios, 1991.

morrer. Você é preterido para a posição no trabalho, é reprovado na matéria da faculdade, sua empresa vai à falência, um amigo decepciona, o líder que você respeitava falhou, foi forçada a sua aposentadoria, o teste de gravidez deu negativo de novo. Seus sonhos estão no respirador, lutando por ar. Em tempos como estes, as ambições escarnecem sem piedade. Você não tem aquilo que deseja.

Você já desejou "editar e deletar" algumas partes de sua vida? Eu queria que fosse como um show de realidade da TV — guardamos os clipes interessantes e apagamos o resto. Mas a vida real não é um show tipo "Big Brother". (Na verdade, existe muito pouco de realidade nos programas nos *reality shows*. A vida real não é composta de clipes isolados e editados do dia. A realidade não é um desfile infindo de progresso. Trata de partidas e paradas e interrupções nada convenientes, que sempre perturbam.

Certo dia eu estava sentado em nossa sala, lendo, com minha esposa. A certa altura ela escutou água correndo no porão e perguntou quem estaria no chuveiro do porão. Eu disse que não sabia e continuei lendo. Momentos mais tarde, um pensamento solto atravessou minha consciência, me arrastando da minha terra de livros de volta ao mundo real de proprietário de uma casa: *Espera aí! Nós não temos um chuveiro no porão!*

Correndo escada abaixo, percebi imediatamente que nem tudo estava certo. Consegui discernir isto porque a água estava jorrando da minha parede como se alguém tivesse aberto totalmente o hidrante anti-incêncio. Na verdade, era surpreendente. Estava tentado a ficar parado ali, olhando, mas então me lembrei de que era minha casa. Por alguma razão, eu havia perdido a aula de "o que fazer quando os canos arrebentam e você tem de fechar a água bem depressa" no colegial. Deve ter sido num daqueles dias quando eu cabulava a aula para... — ih, ãã, atividades extracurriculares. O melhor que pude fazer no momento era correr pela casa procurando um interruptor de luz enquanto gritava: *Um cano arrebentou! Um cano arrebentou!*

Ainda bem que meu pai não estava ali. Eventualmente, o meu vizinho ouviu a comoção, entrou e fechou a água. Andrew é uma daquelas pessoas habilidosas que como fazer tudo e consegue fechar a água simplesmente abanando as mãos, como Yoda. Ele balançou a mão, a água desligou e eu fiquei ali, parado, no mar de seis centímetros do meu porão, indagando quando a maré ia abaixar.

> A vida real raramente bate à porta.
> Simplesmente a arromba, louca por alguém que nivele as coisas.

A vida real raramente bate à porta. Simplesmente arromba a porta, louca por alguém que nivele as coisas.

Quando Paulo encontrou contentamento mesmo enquanto a vida arrombava suas portas, aprendeu a se humilhar com um rebaixamento que eu não consigo compreender. Seu contentamento não estava baseado em onde se encontrava ou no que fazia. Quer estivesse pregando diante do Rei Agripa quer escrevendo cartas na prisão, ele estava igualmente satisfeito em Deus. O contentamento de Paulo não era situacional — baseado em onde estava ou no que fazia. Ele desfrutava Deus do mesmo modo, na fartura ou na falta.

O que fazemos quando nossos sonhos e nossa vida não cruzam? Quando a vida parece nos forçar para baixo em vez de nos erguer para cima?

Charles Simeon, o pastor que perseverou em pregar quando as pessoas boicotaram seus cultos e trancaram os bancos da igreja, enfrentou outra crise diferente em outro ponto de sua vida, quando sua saúde desmoronou. Passou oito meses se recuperando enquanto um homem mais jovem, de nome Thomas Thomason, veio pregar na Igreja *Trinity*.

Reverendo Thomason tornou-se grande pregador, mais que habilidoso substituto. Isso levou Charles Simeon a citar João Batista: "Convém que ele cresça e eu diminua" (João 3.30). Simeon falou então a um amigo: "Agora vejo por que fui posto de lado. Bendigo a Deus por isso".[6] Em um mundo que só entende a subida e a mobilidade para cima, essa é uma declaração surpreendente.

"Que eu diminua" pode ter sido o suficiente para João Batista ou Charles Simeon, mas para nós é como uma maldição, um sinal de que nossos sonhos estão sendo colocados para pastar. Mais tarde, Simeon se recuperou e voltou a seu

---

6  Charles Simeon, conforme citado por R. Kent Hughes em *Efésios* (Wheaton, IL: Crossway, 1990), 123.

púlpito. Mas nem sempre acontece assim. Para essas épocas, temos de aprender a "ser humilhado".

Você já aprendeu a olhar os tempos quando foi preterido e dizer: "Bendigo a Deus por isso"? Packer escreve: "A ideia do mundo de que todos devem, desde a infância até a vida adulta, sempre e em todo tempo, ter sucesso de maneira mensurável, e que é uma grande desgraça quando isso não acontece, paira sobre a comunidade cristã como um manto de fumaça mordaz".[7] Que Deus nos ajude a sentir o cheiro dessa fumaça para que não falhemos na prova.

## CONTENTAMENTO REQUER PODER DIVINO

Para completar a lição, Paulo quer que entendamos a fonte de sua capacidade por contentamento: "tudo posso naquele que me fortalece" (Fp 4.13).

Aquele que fortalece é Jesus Cristo. Paulo está nos fazendo voltar à fonte de sua força e causa de seu contentamento. Sinclair Ferguson nos diz que as palavras "por meio dele" poderiam ser mais bem traduzidas como "nele".[8] A força para fazer tudo e estar satisfeito em todo tempo vem do Salvador. O contentamento é aprendido em Cristo. Isso quer dizer que nos tornamos especialistas em examinar e desfrutar o que significa verdadeiramente estar nele — a abundância que nos vem por causa daquilo que Cristo fez por nós. É esta *nossa* fonte de força, ajudando-nos a gozar de contentamento enquanto o mundo luta por mais. Isso também traz de volta as palavras de Thomas Watson: "Se não temos aquilo que desejamos, temos mais do que merecemos".

No coração do descontentamento está a convicção de que: "Não tenho aquilo que eu mereço". O evangelho responde com esta notícia animadora: "Você está absolutamente certo. E pode agradecer a Deus por isso!" O evangelho vira a nossa queixa de cabeça para baixo e nos lembra de que não obstante nosso estado — alto ou baixo, fartura ou fome, abundância ou carência – vivemos infinitamente acima do que realmente merecemos.

---

7  J. I. Packer, *A Passion for Faithfulness* (Wheaton, IL: Crossway, 2000), 206.
8  Sinclair Ferguson, *Let's Study Philippians* (Carlisle, PA: Banner of Truth, 1998), 108.

Permita que eu teça uma parábola para ilustrar.

Certa vez um homem vivia uma vida modesta. Sua casa era pequena, seu salário escasso, sua comida pouca. Muitas vezes ele se queixava:

— Senhor, tenho te servido fielmente, dado com regularidade, e buscado te honrar em tudo que faço. Por que não prospero? Mereço mais!

Uma noite ele teve um sonho. Andava ao longo de um rio. Ao se aproximar de uma ponte, viu um homem sem teto assentado numa caixa de papelão. O cabelo desse homem era emaranhado, suas roupas estavam rasgadas, ele estava sentado, tomando ruidosamente uma sopa fria de uma lata enferrujada. Vendo alguém por perto, o sem teto disse:

— Senhor, como deve ser ter riqueza, como acontece com este homem que está se aproximando de mim?

O primeiro homem ouviu aquela oração e parou de repente. Ele ficou impressionado como George Bailey e saiu gritando a todos quantos quisessem ouvir: *A vida é maravilhosa! Afinal, pensou ele, estou muito melhor que essa pessoa aí.*

Ora, o caso é este: muitas pessoas acham que esse é o coração do contentamento — *apenas reconheça o quanto a vida é boa para você! A vida poderia ser tão pior.* Noutras palavras, a chave do contentamento é só nos comparar com os que estão em condições menos favoráveis. Exiba as fotos de pobreza e dê a dica da gratidão, o contentamento vem vindo para a cidade.

> O contentamento piedoso tem de ser mais do que gratidão por estar bem melhor do que outra pessoa.

*Jamais encontramos verdadeiro e duradouro contentamento ao nos comparar a outros.* O contentamento piedoso tem de ser mais do que gratidão por estar bem melhor do que outra pessoa. Se nossa alegria depender do modelo "poderia ser pior", nosso contentamento será apenas situacional. As palavras de exortação de Paulo saltarão para longe de nossos obstinados corações. Afinal de contas, os sentimentos acabam desvanecendo e perde-se o contraste.

O verdadeiro contentamento vem ao comparar o que temos com *aquilo que nossos pecados merecem*. Isso quer dizer que o encontramos no evangelho.

> Quanto mais absorvido estou pelo evangelho, mais grato sou em meio às minhas circunstâncias, quaisquer que sejam... Quando vejo qualquer circunstância que Deus me aquinhoou, sou primeiramente grato por não estar recebendo a ira que mereça nesse momento. Em segundo lugar, sou grato pelas bênçãos que me são concedidas em lugar da sua ira merecida. Essa gratidão em duas camadas dispõe meu coração a dar graças em tudo, e também leva a certa intensidade em minhas ações de graças.[9]

O evangelho nos leva além da ponte da comparação com outros. No evangelho somos lembrados de que, espiritualmente, éramos desgraçados, perdidos, miseráveis e quebrados — destituídos diante de Deus. Pior ainda, estávamos sem condições de alterar nossas circunstâncias. Ainda pior, nem queríamos mudar nossas circunstâncias. Éramos hostis a qualquer ajuda. Nossa vida não tinha esperança, e nosso fim era o tormento nas chamas eternas. Nos contentávamos em ser deixados a sós.

Mas em sua misericórdia sem limites, Deus veio a nós na pessoa de Cristo. Ele nos estendeu a mão, arrancando-nos de um compromisso irracional com nossa própria destruição. Morrendo em nosso lugar, ele nos deu razão e esperança para viver novamente. Tornamo-nos espiritualmente ricos além de nossa mais indômita imaginação e fomos adotados na família de Deus. Nós, que merecíamos a punição perpétua, recebemos uma herança eterna.

Éramos dignos de nada mais que o inferno. Recebemos o céu. Você tem tudo que deseja? Nem eu. Mas temos muito mais do que merecemos.

## A PROFUNDIDADE DO CONTENTAMENTO

Incluída na herança eterna que nos foi concedida em Cristo está o acesso pessoal ao Pai celestial, que é sempre bom, sempre amável, sempre

---

9 Milton Vincent, *The Gospel Primer* (Bemidji, MN: Focus Publishing, 2008), 47-48.

sábio. As circunstâncias em nossas vidas foram feitas pela mão de Deus para nosso bem e por sua glória. O homem de condição modesta e o homem debaixo da ponte podem descansar contentemente, sabedores que sua condição na vida é a vontade de Deus, o plano de Deus, e em última instância, obra de Deus. "Tenho o que tenho pelo amor de Deus, e o que tenho foi santificado para mim por Deus, tenho-o gratuitamente da parte de Deus, comprado pelo sangue de Jesus Cristo, e o tenho como antecessor daquelas eternas misericórdias que me estão reservadas, e nisso minha alma se rejubila."[10]

Lembre-se de Walt, que estava descontente após perder a promoção que ansiava receber? Deus orquestrou a carreira dele sem aquela promoção, enquanto também planejou a carreira de Monique ao incluí-la. Também foi obra de Deus que Charles Simeon fosse substituído e superado no púlpito por seu amigo.

As abundantes ambições que têm sido realizadas na sua vida são todas, obras de Deus — como também as ambições que foram rebaixadas. Tudo vem de Deus. Temos tudo que temos, e aquilo que temos, porque temos Deus.

Portanto, se você não tem aquilo que deseja, anime-se, console-se e atente para isto: você tem muito mais do que merece.

## CONTENTAMENTO REQUER PRÁTICA DIÁRIA

Lembra quando Paulo disse: "Aprendi a estar contente"? Em nossa essência, não somos ligados pelo contentamento. Assim, se quisermos encontrar o lugar de descanso que Paulo encontrou, precisamos trabalhar nessa direção, ser ambiciosos por isso. Isso requer verdadeiro esforço da nossa parte. Temos de praticar o contentamento numa base diária.

Para ajudá-lo, sugiro duas abordagens que foram de grande ajuda em minha jornada de aprendizado de contentamento.

---

10 Jeremiah Burroughs, do capítulo 2, "The Mystery of Contentment," em *The Jewel of Christian Contentment* (London, 1651).

## MEDITE NAS COISAS DO ALTO

Nas suas instruções aos crentes, Paulo regularmente nos lembra de pensar nas coisas lá do alto (Cl 3.1–2), e renovar nossa mente (Rm 12.2). Isso é porque a batalha por satisfação no presente e ambição para o futuro é travada no terreno do pensamento.

O evangelho é a mais alta verdade que podemos ponderar. Portanto, pense nele — frequentemente! Isso nos lembra como o amor de Deus foi mais vividamente expresso quando ele enviou seu Filho, "que deu a sua vida por nós" (1João 3.16). Ponderar sobre o amor de Deus redireciona nossa mente daquilo que pensamos que nos falta para o dom não merecido que temos recebido.

Minha "mente brilhante" pode ser tornar exageradamente ativa. Posso engendrar uma profecia de destruição de quase qualquer boato. Talvez a sua cabeça também funcione assim. Talvez para você uma dor de cabeça não seja apenas dor de cabeça, mas o sintoma de um gigantesco tumor cerebral. Uma sacudida debaixo do capô automaticamente seja a morte súbita da transmissão. Um grunhido do seu adolescente seja evidência de que ele entrou para uma gangue de pivetes.

Sabe do que estou falando. Pensamos sobre nossa miséria muito mais do que nossas misericórdias. A não ser que encurralemos tais pensamentos, eles distrairão as nossas ambições e nos roubarão a alegria. Pense em algo melhor. Pense com frequência sobre o amor de Deus. O fato de que você e eu não estamos atualmente no inferno é uma expressão do amor de Deus. Não tem tudo que você deseja? Você *tem* o amor de Deus.

Se a sua própria mente brilhante o está conduzindo a lugares feios, eis algumas dicas para ajudar a trazê-la de volta ao curral da verdade do evangelho.

> Não tem o que deseja? Você tem, sim, o amor de Deus.

Assuma a prática da memorização das Escrituras. Não apenas versículos isolados, mas a verdade de Deus dentro de seu contexto. Capítulos como Filipenses 4 ou Efésios 1 ou Mateus 6 ou Salmo 16. A memorização de seções da

Escritura é um trabalho mental que nos força a ponderar a argumentação bíblica, não verdades desconexas.

Outra coisa que faço é disciplinar-me a aproveitar as oportunidades de agradecer a Deus em particular e publicamente pelas bênçãos diárias, facilmente esquecidas em minha vida. Como o fato de que acordo toda manhã e não tenho um cachorro fedido na minha cama. O fato de que possuo um carro que posso dirigir para onde quiser todo dia. O fato de que os faróis de trânsito às vezes ficam verdes quando estou com pressa de chegar. Todas essas são ocasiões para autêntica gratidão. Você se surpreenderá quando vir que esse hábito de ser agradecido abre os olhos para a bondade de Deus ao seu redor.

## SUBA ALTO AO SE ESTENDER PARA BAIXO

Um segundo plano prático é subir alto ao estender a mão para baixo. Amo ver como Jesus entra no mundo real para marcar pontos eternos. Ao falar aos discípulos sobre o problema de serem viciados em honrarias, ele mencionou o arranjo dos assentos nas festas de casamento. Suas palavras eram sábias e sagazes. Não sente nos melhores lugares, disse ele, para que não sejam mandados para baixo por alguém mais importante e se encontre como parte da diversão da noite. Ao invés disso, sente no lugar mais humilde porque o anfitrião talvez prefira elevá-lo. Em seguida ele acrescenta: "Pois todo o que se exalta será humilhado; e o que se humilha será exaltado" (Lucas 14.11).

Lembre-se de que Jesus não é contra a ambição. Ele encoraja a busca da grandeza. Deus tem ideias claras quanto ao caminho de uma carreira de grandeza – diferente do caminho do mundo, ele é *descendente*.

O mundo tem medo de descer. Foge de qualquer situação onde descer seja uma possibilidade. Mas na verdade devemos escolher tal caminho para nós. Não é uma ideia nova. Teve sua origem em Jesus. Portanto, se o buscarmos, encontraremos nosso lugar. "Enchei vossos corações de Cristo," disse Charles Hodge.

"Quanto mais o conhecemos, mais apreciamos sua excelência e suas reivindicações, e menos desejaremos ser grandes em nós mesmos".[11]

> O contentamento vem ao satisfazermos a feroz ambição de subir mais alto, estendendo-nos mais baixo.

O contentamento vem ao satisfazermos a feroz ambição de subir mais alto, estendendo-nos mais baixo. Somos enchidos à medida que escolhemos nos esvaziar.

Duas das melhores formas de estender mais para baixo nossas mãos é regularmente confessar os pecados e fraquezas e regularmente convidar a entrada de outros em nossa vida. O que teria acontecido ao moço da parábola de Jesus se ele tivesse entendido que não pertencia mesmo à cabeceira da mesa para início de conversa. Ter uma sóbria avaliação de nossos pontos fortes e nossas fraquezas da parte de nossos amigos honestos nos manterá fundamentados na realidade. E confessar nossos pecados e tentações, particularmente na questão de orgulho e ambição, nos manterá mais focados em nossa necessidade de graça do que em nossa próxima promoção.

## FIXE OS OLHOS ALÉM DO CONTENTAMENTO

Nem você nem eu temos tudo que desejamos. Porém, juntos aprendemos algo. Temos mais do que merecemos. Muito mais. Se pudermos ser incendiados a fazer grandes coisas por Deus e descansar pacificamente nos resultados, quaisquer que sejam, estaremos mais próximos dele.

Posso garantir que não obteremos tudo que desejamos. Mas receberemos muito além do que merecemos. Existe um velho ditado: "Os cemitérios estão cheios de pessoas indispensáveis". É um grande lembrete de uma verdade eterna. Estamos todos em decomposição. Isso quer dizer que estamos em declínio quer estejamos na primavera, no verão, no outono ou no inverno de nossa vida,

---

11 Charles Hodge, *Princeton Sermons*, ed. A. A. Hodge (Londres: Thomas Nelson 1879), 106.

seremos substituídos. Qualquer posição em que hoje você se encontre, que acende sua paixão, só permanecerá por uma estação.

A única posição insubstituível é a que o Salvador ocupa, de quem está assentado junto ao Pai intercedendo por nós.

A ideia de seu próprio declínio o deprime? Devia ser um pensamento libertador. Nossas ambições, e, portanto, nosso contentamento, tantas vezes está amarrado às montanhas e vales das circunstâncias da vida, mas aquilo que obtemos aqui jamais será eternamente nosso. Teremos de abrir mão – se não em outro tempo qualquer, certamente quando deixarmos este elo mortal.

A chave está em não amarrar nosso contentamento às coisas que mudam. Para que repouse seguro, o contentamento tem de ser ancorado em algo que nunca será substituído. Talvez Sinclair Ferguson resuma isso melhor: "O contentamento cristão [...] é fruto direto de não possuirmos mais alta ambição do que pertencer ao Senhor e estarmos totalmente a seu dispor, no lugar para onde ele nos designar, no tempo que ele escolher, com a provisão que lhe aprazer".[12]

O que mais poderíamos realmente desejar?

---

12  Sinclair Ferguson, *In Christ Alone* (Orlando, FL: Ligonier Ministries, 2007), 190.

# CAPÍTULO 8

# AMBICIOSO FRACASSO

## ONDE ESTÁ DEUS QUANDO NOSSOS SONHOS NOS CONDUZEM AO FRACASSO?

Descer do púlpito é sempre uma aventura. Pregar a Palavra de Deus pode elevar um homem até o céu; responder às perguntas depois, geralmente o leva de volta à terra.

Certo domingo, observei Jake de soslaio. Soube imediatamente que a mensagem havia mexido com sua sopa. Ele ficou parado aí, esperando – paciente, sincero, intenso. Cumprimentamo-nos e ele jogou sua pergunta sobre mim.

– O que fazer quando minhas ambições me preparam para fracassar?

Jake não é seu nome verdadeiro, mas sua história é bem real. Jake formou-se da faculdade com um senso Dickensiano de grandes expectações. Era brilhante, talentoso e estava armado de aspirações. Primeiro, queria ser um programador de *software* altamente treinado. Isso é razoável. Bom trabalho, Jake. Mas veja só as próximas duas metas.

Como engenheiro, ele queria transformar fundamentalmente a face do desenvolvimento dos *softwares* — fazer pelo *software* o que Bill Gates fez para a *Microsoft*, o que Steve Jobs fez para a *Apple*, ou o que George Lucas fez para os sabres de luz.

Com os lucros financeiros estelares desse empreendimento, Jake queria servir, enfim, como pastor-mestre em uma igreja local... de graça.

Assim, ele entrou na terra do desenvolvimento de *software* para tornar seus sonhos em realidade. Em apenas dois anos em seu empreendimento de sucesso moderado, seu navio aportou. Uma oferta pela posição perfeita, junto com grandes promessas de responsabilidade e liderança, o colocou no rumo veloz da realização dos sonhos. Em cima disso, sua igreja pediu que ele liderasse uma parte do ministério, o começo da peça final de seus três alvos.

Contudo, nem todos os sonhos na *Vila de Software* se realizaram. Circunstâncias mudaram, e seu trabalho tornou-se fonte de estresse, até mesmo pavor. O recrutador que havia feito todas aquelas promessas foi substituído por alguém que não estava tão convencido da capacidade de Jake. Esse novo personagem basicamente o mandou embora.

Jake ficou rebaixado, com todos os alvos rasgados e esfacelados na mão. Poucos anos antes, parecia que seu sucesso era apenas questão de tempo; era zeloso, confiante ao máximo. Agora estava sem emprego, sem alvo e sem esperança. Um fracasso por sua própria descrição.

## APRESENTANDO O FRACASSO

*Fracasso*. É uma aflição de oportunidades que visita igualmente a ricos e pobres. Fracasso desafia e nivela até mesmo os planos mais bem elaborados.

O fracasso é tão antigo quanto à própria história. Simplesmente vire as páginas de sua Bíblia. Adão e Eva acrescentaram a fruta errada a seu regime. Babel inaugura a construção de um arranha-céu que não passou na inspeção. Abrão vende sua esposa para salvar a pele. Sansão rejeita as moças boazinhas e se casa com Dalila. O povo de Deus exige e consegue um rei mundano, que depois tenta assassinar seu substituto. Davi — o substituto — cobiça Bateseba. Pedro diz: "Quem, Jesus?" Paulo e Barnabé se separam.

Como a morte, os impostos e cortes de cabelo realmente malfeitos, o fracasso nos encontra a todos. Sei que você está dizendo: "Que ótima notícia, Dave! Já que estamos discutindo meu fracasso inevitável, por que não dizer simplesmente que estou obeso e mefítico?"

Primeiro, não sei totalmente o que quer dizer *mefítico*, e assim nunca chamaria ninguém por esse adjetivo. Segundo, se Deus realmente é soberano, deve haver lugar no seu plano para nossos fracassos. De Gênesis ao Apocalipse, a Bíblia declara o controle supremo de Deus sobre tudo que acontece. Se ele não puder trabalhar por meio de nossos erros, é culpado de propaganda enganosa.

Quer gostemos quer não, o Deus soberano é senhor sobre nossos fracassos. De fato, ele trabalha por intermédio deles. Nossas falhas não são simplesmente a vara de Deus que nos golpeia para a submissão. É uma experiência onde descobrimos o amor de Deus, sua graça irresistível, e a verdadeira potência do evangelho. Mas para se chegar a tais descobertas, temos de ver o fracasso como o lugar onde algumas ambições vão morrer para que outras coisas possam nascer e viver.

## UM DIAGNÓSTICO DE FRACASSO

As nuvens de fracasso potencial muitas vezes nivelam a ambição antes mesmo dela decolar da plataforma de lançamento. A maioria das pessoas vê o fracasso como a gripe — evite a todo custo. Ficamos longe dos outros que fracassaram, como se temêssemos ser infectados com os germes do fracasso. Essa é uma visão um tanto estreita, sem dizer que é insuficientemente bíblica.

Não me entenda mal. Não estou tentando apresentar um novo paradigma que torna o fracasso em alvo digno de se buscar. (Joãozinho quer ser falido; "Vá, Joãozinho, vá"). Com certeza não estou sugerindo que deixemos de ver nossas escolhas tolas que nos levaram a falhar. Sempre teremos de distinguir entre o ato de fracassar — que muitas vezes se relaciona a nosso pecado, fraquezas ou limitações — e os propósitos de Deus em nos permitir falhar.

Mas, como os estudos provam que cem por cento dos seres humanos fracassam em algum ponto, talvez seja a hora de entender melhor o que o fracasso é.

O fracasso tipicamente advém de duas fontes. Primeiro, falhamos porque não somos Deus. Deus é autossuficiente, enquanto nós somos dependentes. Deus sabe todas as coisas; nós sabemos bem pouco. Deus é sabedoria; nós podemos ser bastante tolos. Deus é Todo-Poderoso; nós somos fracos. Sendo assim, às vezes fracassamos simplesmente porque somos humanos e incapazes de exercer perfeito juízo ou antever todas as contingências. Cometemos erros simples (às vezes estúpidos) — um mau investimento, ou depender demais de informações da *Internet*, ou pensar que conseguimos levar duas latas de tinta de uma só vez enquanto subimos a escada. Ninguém está pecando intencionalmente aqui, mas há um grande "oops" no final do processo. São as pequenas falhas da vida, como a pedrinha no sapato que pressiona a pele do pé, mas não impede a caminhada.

Existe também uma razão mais tenebrosa para o fracasso, e não podemos evitar falar sobre isso. Às vezes falhamos devido ao pecado—falamos com insensibilidade, respondemos com raiva, secretamente cobiçamos, nutrimos a inveja, entregamo-nos sem controle à luxúria. Fracassamos em cumprir a Palavra de Deus.

Aconteceu de novo outro dia. Falei rispidamente com minha filha mais nova. Não a amei com minhas palavras nem a guiei com meu exemplo. Não exibi o evangelho por meio de minhas ações. Por mais que queira enfeitar os fatos, a realidade permanece: eu pequei. Falhei. Agradeço a Deus pela graça que me convenceu de meu pecado e me impeliu ao arrependimento. Foi mais uma lembrança de que nem todo fracasso é pecado, mas todo pecado é um fracasso.

Talvez o pior tipo de fracasso é aquele que vem não anunciado, de boca torta, grande e cabeludo, fracasso que o derruba no chão, do tipo que nos deixa tonto e indagando quem realmente somos. Jake teve a experiência de um pouco disso, mas há outros exemplos mais notórios. Pense no atleta estrela com a ambição impelente de ser mais que bom — tem de ser o melhor. Assim, um suquinho aqui, um creminho ali, e suas estatísticas realçadas por seu desempenho o colocam no topo do jogo. Até que um teste aleatório transforme a lenda em um mito, e ninguém mais queira o seu autógrafo. Os seus sonhos desmoronam e se transformam em poeira.

Onde está Deus quando nossa mais alta ambição nos leva até a mais completa derrota?

As grandes ambições abrem a porta para os maiores desastres.

Com a ambição vem o fracasso. Pequenas ambições podem levar a pequenos fracassos, como a nova receita que resulta em um desastre culinário. Grandes ambições abrem a porta para desastres maiores. O famoso explorador do século XVIII, James Cook, disse certa vez: "Tive... ambição não apenas de ir mais longe que qualquer outro homem antes de mim tivesse ido, mas tão longe quanto fosse possível para um homem ir".[1] Em sua última viagem, Cook foi barbaramente morto por ilhéus polinésicos. Sua ambição o levou mais longe que ele pudesse ir, e custou sua vida.

Quem sabe, para você "como lidar com o fracasso?" não seja um pergunta teórica. O seu fracasso o visita quase todo dia, trazendo notícias miseráveis do passado. Você permanece constantemente indagando o que deve fazer. Conversar sobre isso ainda mais uma vez? Vestir pano de saco? Comparecer ao vivo no programa do Dr. Phil?

A mensagem bíblica não é apenas que devemos lidar bem com o fracasso. É que Deus trabalha de maneira miraculosa no fracasso, para a sua glória e a nossa piedade. A perspectiva divina sobre o fracasso humano é a seguinte: *o fracasso é a ambição recusada para um plano melhor.*

Isso lhe parece duro de engolir? Se for assim, você não está sozinho. Mas, vejamos como isso se demonstrou na história de um jovem notável.

## FRACASSO COMO AMBIÇÃO RECUSADA

Um dos mais significativos eventos da difusão do evangelho por todo o mundo nos últimos três séculos ocorreu em 1749, com a publicação do livro *A Vida de David Brainerd*. Este pequeno tomo teve um curioso começo.

O grande pregador Jonathan Edwards fez amizade com um jovem doentio e levou-o para sua casa para a sua recuperação. O moço, David Brainerd, adquiriu uma doença séria em árduo e solitário ministério aos índios americanos na fronteira da colônia. Ele jamais se recuperaria. Faleceu aos vinte e nove anos de idade, na casa de Edwards, deixando para trás todos seus pertences terrestres.

---
1 James Cook, *The Voyages of Captain James Cook* (Nova York: Walker & Company, 2004), 445.

Entre esses, havia seus diários pessoais, os quais Edwards começou a ler atentamente. Acreditando que os diários contivessem rica percepção espiritual da parte de um homem de piedade incomum, Edwards editou e publicou o material como *A Vida de David Brainerd*. Pouco sabia Edwards que esse pequeno livro, por mais de um século, se tornaria o mais lido, impresso e influente de todos os seus trabalhos. Inúmeros missionários, incluindo Henry Martyn, William Carey, Robert Murray McCheyne, e Jim Elliot, foram inspirados a ir ao campo missionário pela história de Brainerd.[2]

Contudo, não fosse o único fracasso devastador da vida de Brainerd, os seus esforços missionários nunca teriam saído do chão.

Brainerd nasceu em 1718 em um pequeno vilarejo de Connecticut. Criado por pais puritanos consagrados até ficar órfão aos catorze anos, arrastado pelo Grande Despertamento e poderosamente convertido aos vinte e um anos. Alimentado por sua ambição de seguir um ministério pastoral, matriculou-se da faculdade de Yale a fim de receber o treinamento necessário.

Até o terceiro ano de estudo, Brainerd havia se provado brilhante, articulado e no topo de sua classe. Porém, como acontece com todos nós, sua língua não era tão inteligente quanto seu cérebro. Seu sonho foi derrubado quando a língua foi solta demais por fervor imaturo. De acordo com a biografia que Edwards escreveu sobre ele, o caráter do jovem Brainerd era colorido por um "zelo não controlado e indiscreto".[3] Essa era a forma de Edwards dizer que Brainerd tinha uma boca grande e a usava muito.

Demonstrando indiscrição e tempo errado, Brainerd criticou um de seus mestres, Chauncey Whittelsey, anunciando que ele "não possuía mais graça do que uma cadeira", e indagando por que o homem "não caía morto" por sua falta de apoio aos alunos que foram despertados por Deus.[4] Mas Yale não estava

---

2 Os editores das obras de Jonathan Edwards na Universidade de Yale observam que sua *A Vida de David Brainerd* "foi maior ímpeto e inspiração ao movimento missionário doméstico e estrangeiro do final do Século XVIII e por todo o século XIX". Do *Jonathan Edwards Center* na *Yale University*; http://edwards.yale.edu/major-works/life-of-david-brainerd.
3 *The Works of Jonathan Edwards*, vol. 2 (Carlisle, PA: Banner of Truth, 1995), 321.
4 Ibid.

procurando saber das informações avaliativas dos fregueses. Embora já tivesse quase completado o trabalho para receber o grau e estivesse prestes a se formar como melhor de sua turma,[5] Brainerd foi imediatamente expulso.

Para complicar as coisas, era necessário grau universitário para ser pastor em Connecticut. Isso significou que o comentário de Brainerd acabou com sua carreira. Fechou a porta a um ministério em igreja, cortando o oxigênio de seu maior sonho.

Pouco depois desse incidente, ele confessou: "Parece que estou em declínio quanto a minha vida e calor nas coisas divinas; hoje não tenho tido livre acesso a Deus em oração como tinha antigamente".[6] Brainerd ainda não via isso, mas Deus estava recusando sua ambição por um plano melhor.

## O PLANO MELHOR DE ESTAR COLOCADO ABAIXO

À medida que o fracasso trabalha sua graça humilhante, o melhor plano entra em ação. Vemos isso acontecer? São os momentos de virar o estômago que todos nós odiamos. Nossa subida rápida empaca, caímos por terra com um estrondo, e tropeçamos cegamente tentando catar os pedaços de nossos planos quebrados.

Pense em situações experimentadas por pessoas que você conhece: o plano de negócios sem furos que fracassou; a casa dos sonhos que nunca levou em conta a inesperada dispensa do trabalho; o anel de noivado e pedido de casamento que encontrou um imprevisto: "Não, não posso me casar com você"; o custo da construção que saiu o dobro das estimativas; o casamento que dissolveu inesperadamente; a estratégia evangelística que não produziu frutos. Sabe, são coisas que acontecem na vida.

Não são esses os momentos irrefletidos nos quais somos tentados a nos exaltar em nosso intelecto ou talento. Tais momentos são um choque no sistema. Lançam um soco ao queixo dos nossos desejos. Tornam-se momentos

---

5  Ibid., 335.
6  Ibid., 321.

definidores na medida em que Deus chama nossa atenção para resgatar nossas ambições das suas aspirações terrenas.

O fracasso nos humaniza. Nos reconecta à realidade de que há enorme diferença entre ter ambição e satisfazê-la.

Para que nossas ambições possam ir bem, dependemos de Deus. Somente ele é onicompetente e capaz de realizar tudo que deseja. Só ele pode satisfazer as suas ambições a todo tempo. O resto de nós tem uma média de sucessos bastante patética. E isso é por seu plano misericordioso, pois nos desabusa da ilusão de que somos os donos de nossa própria vida.

> O fracasso nos conecta novamente à imensa diferença que há entre ter uma ambição e satisfaze-la.

É o jeito de Deus de remover nossa glória e restaurar sua própria glória. Deus rebaixa qualquer um que tente competir com sua supremacia. Nossos sonhos se esmigalham, e no desespero estendemos as mãos para Deus e para suas promessas que têm a solidez de uma rocha. Na fenda de sua Palavra, cresce nossa visão de Deus, e nós encolhemos até o lugar que temos por direito.

Ao responder humildemente ao propósito de Deus em nosso fracasso, o primeiro passo é reconhecê-lo. Tenho certeza de David Brainerd foi tentado a racionalizar sua situação e talvez até mesmo culpar os outros por ela; afinal de contas, ele era humano, não era? No entanto, os que estavam mais próximos dele comentaram que ele nunca enfocava o castigo que recebeu da Yale. Em vez disso, ele reconhecia o erro que ele havia cometido. Esse trabalho de contrição resultou em uma confissão sincera e de coração a todos quantos ele havia ofendido — a começar com o santo Deus a quem devia sua principal aliança: "Confesso humildemente que aqui tenho pecado contra Deus, e agido de forma contrária às regras de sua palavra, tendo ferido o Sr. Whittelsey. Não tinha o direito de fazer esse comentário quanto a seu caráter; e não tinha razão justa para falar como falei concernente a ele. Minha falta aqui foi mais agravada ao dizê-lo com respeito a alguém que é muito superior a mim, a quem eu tinha a obrigação de tratar com especial respeito e honra, em razão da relação em que eu me encontrava na faculdade... Muitas vezes tenho refletido com tristeza sobre este ato; espero, em razão do pecado disso, e estou disposto a ser rebaixado e humilhado diante de Deus e dos homens por isso. Humildemente peço perdão aos governantes da faculdade, e a toda a sociedade, mas em particular, ao Sr. Whittelsey."[7]

E Edwards escreveu:

Fui testemunha do espírito muito cristão demonstrado por Brainerd naquele tempo... Realmente apareceu nele um grande grau de calma e humildade; sem a mínima aparência de um levantamento de espírito por quaisquer maus tratos que ele supunha ter sofrido, ou mínimo de atraso em se rebaixar diante daqueles que, conforme ele pensava, tivessem errado com respeito a ele. O que fez foi sem nenhuma objeção ou aparência de relutância, mesmo aos amigos em particular, a quem ele poderia se abrir livremente.[8]

Sei o que você está pensando: *Agora vem a recompensa*. O herói humilhado aprendeu a lição e em estilo hollywoodiano de último momento: Yale reverte a punição e o reinstala. Certo?

Nem de longe. A administração permaneceu inabalável. Sob nenhuma circunstância seria permitido a Brainerd completar seu grau. O sonho de ser pastor teria de morrer.

Às vezes a providência permite um castigo maior do que o erro merecia. Deus é justo, porém é capaz de usar aparentes injustiças para seus propósitos em

---

7  Ibid., 338.
8  Ibid., 335.

nossas vidas. Talvez você conheça alguém que foi seriamente punido da primeira vez que tentou um atalho – o mesmo desvio que outros têm feito incólumes há muitos anos. Ou o pai que explodiu uma vez com o juiz do jogo e foi rotulado para sempre de Boca Grande do time de futebol mirim. Talvez durante anos Brainerd ficasse conhecido como "Quase graduado pela Yale". Às vezes a vida é assim mesmo. Nossos momentos mais baixos se tornam nosso maior rótulo. Mas David Brainerd se dispôs a "permanecer rebaixado, abatido por Deus e pelos homens, devido ao que aconteceu".[9] Foi o seu fracasso; ele estava disposto a aceitar totalmente as consequências.

Embora fosse negado seu sonho devido a seu fracasso, estava em jogo algo mais importante do que a realização de seu ministério. Qualquer orgulho que David Brainerd tinha em seus dons ou realizações recebeu golpe mortal através dessa experiência. Deus atacou algo que tinha de desaparecer para que Brainerd pudesse ser aquilo que foi chamado para ser.

Enquanto isso, Deus se tornou maior e mais precioso para ele. Abrir mão de sua ambição ateou fogo em outra coisa no seu coração. À medida que Brainerd se humilhava diante de Deus, veio a clareza para sua próxima tarefa. No plano de Deus, a humildade de Brainerd tão duramente adquirida permitiria que ele se tornasse porta voz das pessoas que nunca antes ouviram seu nome.

Como pastor a mais de duas décadas, tenho observado algo curioso. Existem algumas espécies de orgulho embutido que somente o fracasso consegue arrancar. A Escritura o diz da seguinte forma: "Aquele, pois, que pensa estar em pé veja que não caia" (1Co 10.12). Deus tem um programa especial de treinamento para quem acha que está de pé, os homens e mulheres que pensam: *meu sucesso está garantido, minha reputação é impugnável, e meu futuro está sob controle—tudo por mim mesmo!* É para estes que Deus diz: Cuidado! É o jeito da Bíblia dizer: Olhe bem. Se pensa que chegou aqui sem Deus, agarre um paraquedas e encontre a corda de puxar – uma queda brusca pode estar a caminho.

---

9 Ibid., 338.

> Existem certos tipos de orgulho enrustido que
> só o fracasso consegue desarraigar.

Às vezes Deus nos ama tanto que nos cutucará na beira do altar que erigimos para nós mesmos ou para nossas realizações. Falhamos em grande escala, mas isso traz uma voz que fura nosso orgulho para que estejamos finalmente prontos a ouvir. Deus é implacável em seu amor, e, às vezes, o baque por cair no fundo do poço poderá ser o som da libertação das amarras do orgulho. Pode ser que levantemos com a cabeça girando, mas é surpreendente como esse solavanco pode derrubar o egoísmo de nossa ambição.

Como respondemos a tal solavanco é chave para quem nos tornamos. Os Guinness escreve:

> Como reagimos quando descobrimos que nossos sonhos mais nobres e nossas lutas mais profundas estão olhando para a cara do fracasso? Nunca por um momento poderemos permitir-nos uma desculpa para relaxar na busca do chamado de Deus. Não podemos por um segundo pensar em tomar o amargo comprimido de aparente fracasso para o cobrir de açúcar das racionalizações quanto aos tempos difíceis em que vivemos. Deus conhecia os tempos em que nos chamou para viver, e somente ele conhece o resultado de nossos tempos, da mesma forma que ele conhece o efeito de nossas vidas e nosso trabalho. Os nossos *fracassos* poderão bem ser o sucesso de Deus. Nossos *reveses* podem provar ser seus pontos de transformação. Nossos *desastres* poderão tornar-se os seus triunfos.[10]

Com certeza funcionou assim para Brainerd. Um comentarista observou: "Depois de sua expulsão, ele nunca mais separou a fé da prática; como missioná-

---

10  Os Guinness, *Prophetic Untimeliness: A Challenge to the Idol of Relevance* (Grand Rapids: Baker, 2003), 94.

rio, tomou o passo preciso de colocar em prática a sua fé".[11] Brainerd entendeu a questão: os dons e a ambição não fazem o homem, mas responder em humildade diante do fracasso muitas vezes sim. Na insondável misericórdia de Deus, o fracasso trata não somente do que estamos fazendo, com também em quem estamos nos tornando.

O fracasso é duro. Existem maneiras mais fáceis de aprender a humildade. Mas quando as ignoramos, Deus permanece fiel a nós, mesmo que isso signifique nos rebaixar. Ele é Pai fiel que sempre nos ajuda a mover-nos da fé para a prática, apontando o caminho para o plano melhor.

## MOMENTOS DO TREM DA MEIA-NOITE

É possível que desenvolvamos algumas ideias estranhas e falhas ao passarmos pela vida. Definimos o progresso como constante subida na escada dos sonhos. Então, fundimos nossa alegria com quanto progresso conseguimos obter. A simples ideia de não subir ou, pior ainda, sair da escada por um tempo parece-nos pura loucura. Somos alpinistas. Parar de subir significaria que paramos de ser quem achamos que somos.

Mas Deus enxerga de modo diferente o progresso. A fim de trabalhar em nossas almas, ocasionalmente ele nos puxa de lado para um tempo de conversa um a um. Pode ser uma doença, crise, demissão inesperada, avaliação desfavorável, disciplina amável da parte de Deus, ou uma multidão de outras razões especialmente escolhidas para nós. O efeito será sempre o mesmo. Passamos de correr a todo vapor em corrida bem definida para ficar inesperadamente em pé nos bastidores.

Tais tempos não são aleatórios. Muitas vezes, eles são uma preparação para algo de redirecionamento divino. Acho que David Brainerd podia entender isso.

Antes de ser cortado o caminho para o pastorado, Brainerd não tinha a mínima intenção de ser missionário aos índios. Mas agora ele

---

[11] Norman Pettit, "Prelude to Mission: Brainerd's Expulsion from Yale," *The New England Quarterly*, vol. 59, no. 1 (Março 1986), 48.

tinha de repensar toda sua vida. Havia uma lei recém-passada, de que nenhum ministro estabelecido poderia ser ordenado no estado de Connecticut sem que tivesse se graduado em Harvard, Yale, ou uma universidade européia. Assim, Brainerd sentiu-se cortado de seu chamado de vida.[12]

Você já se sentiu desse modo? Fez alguma tolice que fechou permanentemente uma porta que você sentia chamado a entrar? Procurado algo grande para apenas encontrar um fracasso espetacular? Chamo esses de "momentos do trem da meia-noite", referindo à famosa canção de Gladys Knight:

*He kept dreamin' that someday he'd be a star,*
*But he sho' found out the hard way that dreams*
*don't always come true.*
*He pawned his hopes and sold his car*
*Bought a one-way ticket back to the life he once knew;*
*Said he's leavin' on that midnight train to Georgia,*
*Said he's goin' back to find the simpler place and time.*

[Ele ficava sonhando que um dia seria estrela,
mas com certeza descobriu do jeito duro
que nem sempre os sonhos se realizam.
Então ele empenhou todas as esperanças e até mesmo vendeu seu carro,
Comprou bilhete só de ida, de volta à vida que conhecia.
Disse que vai embora no trem da meia-noite para a Geórgia,
Disse que vai voltar para encontrar lugar e tempo mais simples.][13]

Eu sei quem compõe os "momentos do trem da meia-noite" da vida. Nosso Pai planejou tais tempos em que nos jogamos de todo coração em alguma

---

12 John Piper, O Sorriso Escondido de Deus (São Paulo, SP: Shedd Publicações).
13 *"Midnight Train to Georgia,"* lyrics by Jim Weatherly, c. 1972.

coisa, a perdemos e precisamos de uma estratégia de saída. É a longa e solitária estrada de volta do fracasso. Abraão viajou por ela. José também. Davi? Pode apostar que sim. O grande apóstolo Pedro? Absolutamente sim. Deus acha normal tomar nosso plano de vida, rasgá-lo ao meio e reescrevê-lo – para nosso bem.

Quando nossos planos estão em escombros, sabemos que Deus tem um plano melhor. Não há necessidade de empenhar nossas esperanças; temos apenas de investi-las em outra direção e agradecer a sabedoria que Deus nos dá.

O grande evangelista do Século XVIII, George Whitefield, experimentou o aguilhão de ter sido preterido, mas também a canção de confiança em Deus. Quando Whitefield sofreu uma ferida na cabeça, um homem mais jovem foi chamado para servir em seu lugar. Ao ouvir dizer como esse homem serviu poderosamente na sua ausência, Whitefield regozijou, dizendo: "Bendito seja Deus que alguns possam falar, ainda que eu esteja impedido".[14]

## ALVOS NÃO SATISFEITOS

Você é ambicioso fundador de alvos? Eu também gosto de alvos. Amo o sentimento de marcar como completado um item de minha lista de coisas a fazer. Terminar diversas tarefas em um período curto me dá o equivalente de adrenalina de um corredor campeão. Faz que minhas endorfinas dancem.

Os alvos podem ser grandes estimuladores para a estima e mesmo guias sólidos, mas também dizem algo a nosso respeito: refletem nossos desejos. Às vezes os alvos revelam um coração que entende a Palavra de Deus e está ambiciosamente procurando maneiras de glorificá-lo. Outras vezes, os alvos são monumentos a uma exagerada autoavaliação.

Lembro-me de ter começado em um cargo de nível iniciante em uma grande companhia. Meu alvo — e digo isso com toda humildade — era tornar-me executivo sênior dentro de um ano. Olhando para trás, teria precisado de um

---

14 Arnold A. Dallimore, *George Whitefield: The Life and Times of the Great Evangelist of the 18th Century Revival*, vol. 2 (Carlisle, PA: Banner of Truth, 1980), 418.

transplante de cérebro, ou a repentina demissão de cerca de cinco mil pessoas, para que eu pudesse alcançar aquele alvo. Não tinha raízes na realidade.

Pense na jovem mãe que sonha que todos seus filhos saibam ler até a idade de três anos (não importa que seu garotinho de dois anos ainda não esteja andando), ou o preguiçoso no fim da casa dos vinte anos que diz: "Quero ser milionário até completar trinta anos." Ou Jake, cuja trio de alvos revelou um senso inflado de ambição egoísta.

### Às vezes confundimos nossos alvos com a vontade de Deus.

Mas pense o seguinte: se não somos perfeitos, então nossos alvos também não são perfeitos. Às vezes confundimos nossos alvos com a vontade de Deus. Achamos que é a mesma coisa. Portanto, uma parte inevitável da vida está na frustração de pelo menos alguns de nossos alvos. Simplesmente não vamos obter tudo que queremos nem fazer tudo que desejamos. Deus tem um plano diferente de simplesmente dar-nos a satisfação de uma lista de coisas a fazer que foram feitas. Ele nos frustra a fim de nos transformar – virar nossa vida em diferente direção. Mais importante ainda, inclinar nosso coração segundo a postura habitual de submissão e obediência. Ele nos tira da rota de velocidade e nos coloca em um solitário trem da meia-noite para algum lugar que não planejávamos ir.

David Brainerd correu direto para seu momento do trem da meia-noite, e inclinou sua vontade na direção de Deus em meio a tudo. Uma das coisas que me surpreende quanto a Brainerd é como foi rápido em ver o trem e comprar seu bilhete. Eu teria levantado um cartaz em protesto na frente do prédio de administração da Yale e soltado o ar dos pneus da carroça do Professor Whittelsey até conseguir justiça. Mas Brainerd inclinou o joelho diante da providência de Deus.

Em seu aniversário do mesmo ano em que foi expulso, Brainerd refletiu sobre sua experiência. Foi esta a sua conclusão: "Neste dia completo vinte e quatro anos de idade. Quanta misericórdia tenho recebido neste ano que passou! Quão frequentemente Deus *tem causado sua bondade passar diante de mim!*"[15]

---
15  *Works of Edwards*, vol. 2, 323.

David Brainerd viu o seu fracasso como misericórdia de Deus. Uma vez tendo visto isso, começou a ver um novo futuro. Sua alma estava ancorada, não em seus sonhos, mas em sua esperança em Deus.

## APRENDER A LIÇÃO DO FRACASSO

Deus trabalha em nós a fim de trabalhar por nosso intermédio. A obra interna nos move a um lugar de paz, aonde chegamos a termos com a capacidade de Deus operar para o bem, mesmo quando nós somos maus. Resolver nossos pesares à luz da bondade de Deus traz grande glória ao nome dele.

John Piper vê essa mensagem como característica marcante do fracasso de Brainerd:

> Há aqui uma tremenda lição. Deus está trabalhando para a glória de seu nome e o bem de sua igreja, mesmo quando as boas intenções de seus servos falham – mesmo quando essa falha for devido ao pecado ou a descuido. Uma palavra desatenta, dita impensadamente, e a vida de Brainerd parecia desmoronar diante de seus olhos. Mas Deus sabe melhor, e Brainerd veio a aceitar sua vontade.[16]

Brainerd foi capaz de se mover além dos sentimentos de vergonha, ira ou autopiedade, para ver sua experiência à luz da soberania de Deus. Não foi apenas uma boa teologia aplicada. Foi o primeiro marco na estrada para descanso e paz, e o propósito eventual para o qual Deus o estava preparando. A paz que ele buscava não seria descoberta lutando contra "o homem", jogando o jogo de botar a culpa em outro, ou chafurdando na autopiedade. Só podia ser encontrada no que Efésios 6.15 chama de "evangelho da paz".

Como isso ocorreu? É uma pergunta importante, especialmente se você vive assombrado por algum fracasso em seu passado.

---

16 Piper, O Sorriso Escondido de Deus.

O evangelho nos lembra de que Deus controla todas as situações. Se Deus colocou Pilatos no poder e trabalhou através de sua fraqueza para salvar o mundo (João 19.8, 11), então a mesa de revisão da universidade de Yale certamente também estava dentro de sua jurisdição. Isso quer dizer que o fracasso de Brainerd e a implacabilidade da Mesa Administrativa que o rejeitou não foram aleatórias. Deus controla as pessoas no poder e as decisões que elas tomam, quer sintam quer não a mão invisível de Deus sobre suas costas. E ele o faz trabalhando por meio dos desejos de seus corações, conforme Provérbios 21.1 afirma: "Como ribeiros de águas assim é o coração do rei na mão do Senhor; este, segundo o seu querer, o inclina".

Brainerd concluiu que seu fracasso e a reação exagerada da Mesa eram a vontade de Deus. Por meio de tudo isso, Deus estava trabalhando para um fim extraordinário. Confiar na sabedoria de Deus tornou-se lugar de conforto e descanso a despeito da incerteza de seu futuro.

> Eu me senti excessivamente calmo, e bastante resignado a Deus, com respeito a meu futuro emprego quando e onde ele queria: minha fé me levantou acima do mundo, e removeu todas aquelas montanhas, as quais eu não conseguia ver acima nos últimos tempos... agora encontrei docemente revivido em minha mente a descoberta maravilhosa de sabedoria infinita em todas as dispensações de Deus para comigo, que eu tinha apenas um pouco antes de deparar com a minha grande provação na faculdade: tudo passou a parecer cheio da sabedoria de Deus.[17]

## O evangelho nos mostra que Jesus escolhe os que são fracassos para demonstrar sua glória.

O evangelho mostra-nos que Jesus escolhe os que são fracassos para demonstrar sua glória. Pedro negou a Cristo três vezes e fugiu dele no momento de

---

17 Edwards's Works, vol. 2, 322.

sua maior necessidade. Era um fracasso como discípulo e como amigo. O evangelho não faz sentido para aqueles que não se enxergam no fracasso de Pedro. Aqueles que não são fracassos não têm necessidade de boas novas. Jesus diz: "Os sãos não precisam de médico, e sim os doentes; não vim chamar justos, e sim pecadores" (Marcos 2.17). Somos pecadores, portanto, falhamos. Jesus, o grande médico, é o único que jamais falhará. Por sua morte e ressurreição, não estamos mais acorrentados aos nossos fracassos.

A cruz é a sabedoria máxima de Deus para os nossos fracassos. É lembrete de Deus de que nossos fracassos jamais serão grandes o suficiente para interromper o plano dele para nossa vida. Para Pedro, e para todos nós, existe esperança além do fracasso. Há outra chance.

Ouvi, certa vez, uma história sobre Thomas Edison e sua equipe que inventou a lâmpada incandescente. Quando haviam terminado de fazê-la, ele a entregou a um jovem rapaz para levar ao outro lado do prédio. Você já adivinhou. O moleque deixou-a cair. Edison não desanimou. Imediatamente mandou fazer outra, chamou o rapaz de volta, entregou-lhe a segunda lâmpada e o instruiu a tentar novamente. Na verdade, deu-lhe uma segunda chance. Acho que o rapaz conseguiu, porque estou escrevendo debaixo de uma lâmpada agora mesmo.

O evangelho anuncia que não somos definidos pelas lâmpadas que deixamos cair. Sempre há outra oportunidade. Porque o evangelho trabalha, nós podemos descansar.

Essa espécie de confiança cristã inspira atitudes cristãs. Como realmente conseguimos a coragem de tratar as pessoas com bondade se elas agiram contra nós? Por que não lhes dar um tapa da cabeça e nos livrar deles?

Brainerd abraçou o plano melhor. A vontade de Deus tornou-se sua vontade. Sua alma descansou. Em vez de ser definido por seu fracasso, ele foi em frente. Em vez de lançar uma campanha para reivindicações, ele tornou-se agente da paz. Experimentar Deus naquele fracasso transformaria a sua maneira de abordar as pessoas e os problemas pelo restante de sua curta vida. Escute só:

Deus me fez disposto a fazer qualquer coisa que eu puder, coerente com a verdade, para o bem da paz e para que eu não seja uma pedra de tropeço a outros. Por esta razão, em alguns casos, posso com alegria abrir mão e entregar aquilo que verdadeiramente creio, após a mais madura e imparcial busca, é de meu direito. Deus tem me dado disposição para, se fosse o caso de um homem ter feito cem injúrias contra mim, e eu (ainda que muito provocado a isso) ter lhe feito uma, me dispor, de coração e voluntariamente, confessar minha falha para com ele e, de joelhos, pedir-lhe perdão, embora ao mesmo tempo ele tivesse se justificado em todas as injúrias que me fez e tivesse aproveitado de minha confissão apenas para enegrecer ainda mais o meu caráter e representar-me como sendo a única pessoa culpada.[18]

O evangelho restaura Deus ao centro de nossa análise do fracasso. O poder, amor e cuidado de Deus tornam-se a lente pela qual interpretamos nossa experiência. Somente a partir de um lugar de paz e descanso poderemos dizer a respeito de outros que nos humilharam: "Vós, na verdade, intentastes o mal contra mim; porém Deus o tornou em bem, para fazer, como vedes agora, que se conserve muita gente em vida" (Gn 50.20).

## ENCONTRAR NOSSA DEFINIÇÃO

O fracasso será nosso fim se removermos Deus da equação. Para David Brainerd, Deus era parte integrante da equação. Para ele, um outro dia estava raiando. Pouco depois de ser expulso, um grupo de pastores simpáticos à situação de Brainerd, o licenciaram a pregar. Isso abriu caminho para que ele fosse designado missionário aos índios.

O reavivamento não foi imediatamente atiçado pela chegada de Brainerd no campo missionário. A sua experiência no novo chamado foi bastante como a minha e a sua experiência – tentativas e erros, desânimo, prosseguir adiante a

---

18  Ibid., 338.

despeito de poucos frutos. Após quase um ano nesse trabalho, Brainerd escreveu o seguinte:

> Quanto a meu sucesso aqui ainda não posso dizer muito: os índios parecem em geral bondosos e bem-dispostos para comigo, e em sua maior parte muito atenciosos às minhas instruções e parecem dispostos a ser ensinados. Dois ou três, espero, estão sob convencimento, mas ainda parece haver pouco da obra especial do Divino Espírito entre eles. Isso me dá uma hora de entristecer muito o coração. Quem sabe, espero, Deus tenha abundantes bênçãos guardadas para eles e para mim; porém em outras ocasiões, estou tão sobrepujado de aflição que não posso ver como ele trata comigo de maneira consistente com seu amor pactual e sua fidelidade, e digo: "Certamente as suas ternas misericórdias se foram para sempre". Contudo, vejo agora que eu necessitava dessa disciplina: "Bom é ter passado por todas essas provações" e de agora em diante tenho tido pouco ou nenhum sucesso aparente.[19]

Como um homem que passou de ser expulso de uma universidade para pouco sucesso no serviço conclui: "Bom é ter passado por todas essas provações" e "tenho tido pouco ou nenhum sucesso aparente"? Como as ambições podem vicejar sob a nuvem de realizações não discerníveis? Não é uma pergunta retórica. É uma que todo cristão eventualmente enfrenta.

À sombra do fracasso encontramos a humilhante graça. Aprendemos que somos limitados. Descobrimos que Deus está mais interessado em quem estamos nos tornando do que no que estamos realizando. Encontramos nossa definição, não em nossos fracassos ou sucessos, mas em Cristo.

Para David Brainerd, o fracasso foi uma lição, não um rótulo. Não o condenou, mas o treinou. A prática de confiar em Deus e humilhar-se foi paradigma para suportar desapontamentos futuros nos momentos em que as ambições permaneceram não realizadas. Os Guinness diz desta forma:

---

19 Ibid., 435.

Se definirmos tudo que somos diante de nosso grande *Chamador* e vivermos nossas vidas diante de um auditório — o auditório de um Único — então não poderemos definir ou decidir nossas próprias realizações ou nosso próprio sucesso. Não cabe a nós dizermos o que conseguimos realizar. Não cabe a nós pronunciar-nos como sendo bem-sucedidos. Não é nosso direito soletrar qual tem sido o nosso legado. Na verdade, nem é para sabermos. Somente aquele que chama poderá dizer. Somente o último dia dirá. Somente o "Bem-feito" final demonstrará o que realmente fizemos.[20]

Lembre-se, fracassamos porque não somos Deus. Quer seja resultado de ambição egoísta quer o desígnio de Deus para nosso bem, o fracasso não nos é estranho. Fracasso é a ambição recusada (de uma ou de outra forma) por um plano melhor. Brainerd perseverou, e eventualmente, Deus sorriu sobre seu serviço: o reavivamento se alastrou entre os índios Delaware. Com certeza, Deus foi fiel.

Mas o sorriso e a fidelidade de Deus estão aí, mesmo que, na vida presente, nunca vejamos frutos de nossa ambição sendo redirecionados pelo fracasso para o melhor plano de Deus. Um amigo chamou minha atenção às seguintes palavras de Samuel Rutherford, que sentia ser seu ministério terreno um completo fracasso: "A graça cresce melhor no inverno".

Para David Brainerd, a graça e misericórdia de Deus significaram que seu fracasso abriu a porta para novas ambições. Sua expulsão foi redirecionamento de Deus. E dentro de poucos anos, um dos maiores teólogos na história do mundo, o próprio Mr. Edwards, publicaria o diário de Brainerd. Esse diário, incluindo o relato de Brainerd de como Deus lidou com ele no seu fracasso, tornou-se uma das mais influentes ferramentas na história das missões mundiais.

Naquele dia no céu quando Brainerd ouviu: "Muito bem, servo bom e fiel", eu o imagino regozijando-se no poder do Salvador. Deus redimiu o maior erro de Brainerd. Sua ambição foi resgatada ao ser recusada por um plano melhor.

---

20 Os Guinness, *Prophetic Untimeliness*, 93.

# CAPÍTULO 9

# AMBIÇÃO PELA IGREJA

## A AMBIÇÃO ENCONTRA EXPRESSÃO EM UM LUGAR SURPREENDENTE

O que compeliria um homem a ir aos seguintes extremos para "forçar" sua admissão em uma igreja?

> Lembro bem como entrei na igreja após minha conversão. Eu me forcei a ser admitido, ao contar ao pacato e vagaroso pastor, depois que eu havia contatado umas cinco vezes e não consegui falar com ele, que eu já fizera meu dever, e se ele não me atendesse, eu mesmo conclamaria a igreja para uma reunião e lhes diria que eu cria em Cristo, perguntando-lhes se eles me aceitariam.[1]

Está bem, eu entendo "pacato e vagaroso". Já tive mais desses dias do que quero admitir. Ainda hoje pedi à minha secretária que investigasse por que meu novo telefone celular não tocava há dias. Ele me perguntou se o botão de "mudo" estava ligado. Estava. Essas coisas têm botão de mudo?

Sei o que é ser pacato e vagaroso.

Mas como entender que alguém quase recusou a Charles Spurgeon ser membro de sua igreja? (Sim, as palavras acima citadas são de Spurgeon). Acho que essa é uma lembrança que você simplesmente apaga permanentemente – e garante que a sua secretária não descubra.

---

1 Charles Spurgeon, *From Spurgeon at His Best*, comp. Joe Carter (Grand Rapids: Baker, 1988), 33.

Mas o foco aqui não está no pastor pacato e vagaroso; quero destacar o jovem sincero que queria fazer parte da igreja. O homem que se tornaria mundialmente conhecido como "príncipe dos pregadores" foi repetidamente recusado nas suas tentativas de tornar-se membro de uma igreja. Mas Spurgeon não se deteve — e ele não era nenhum tolo.

Talvez você diga: Claro que Spurgeon estava interessado na igreja. Afinal de contas, ele não queria ser pastor? Mas essa experiência, bem como a sua ambição pela igreja, surgiu muito antes de ele procurar tornar-se pastor. Quando o assunto era igreja, aparentemente Charles Spurgeon não era nem pacato nem vagaroso. Ele entendia algo que muitos cristãos hoje perdem de vista: o propósito de Deus para nossa ambição está ligado à igreja local.

Pode parecer que tenhamos dado algumas viradas inesperadas neste livro, no nosso exame da ambição. Esta poderá ser a virada mais estranha de todas: eu creio que a ambição de cada cristão tem de incluir uma participação significativa na igreja local.

## POR QUE A AMBIÇÃO PELA IGREJA É TÃO IMPORTANTE?

Neste livro temos falado sobre a necessidade de alinhar nossa ambição com os propósitos de Deus. Cristo nos resgatou do estilo de vida de armazenagem de glória. Agora estamos livres para prezar aquilo que ele valoriza e seguir após o que ele entesoura. Assim, se Cristo nos diz quais são os seus alvos, é melhor que escutemos.

Quando o fizermos, descobriremos algo surpreendente: Cristo não veio apenas para salvar os pecadores; ele veio construir uma comunidade de pecadores salvos. Esta comunidade se chama igreja. A ambição pela igreja não é apenas particular para Charles Spurgeon. Sua visão simplesmente ecoa o grande plano de salvação do Salvador.

## A AMBIÇÃO DE CRISTO É PELA IGREJA

Em Mateus 16, Jesus concede aos discípulos um vislumbre do futuro: "sobre esta pedra edificarei a minha igreja, e as portas do inferno não prevalecerão contra ela" (v.18). Quando lemos estas palavras, estamos escutando uma conversa fundamental. Pedro acabara de fazer sua confissão máxima da parte dos discípulos: "Tu és o Cristo, o Filho do Deus vivo" (v.16). Em resposta, Jesus informa a Pedro que essa compreensão da identidade de Cristo não era um pensamento original de Pedro — o próprio Pai celestial havia revelado a ele. O conteúdo da confissão de Pedro tinha implicações colossais para o futuro de todos os crentes. Quando Cristo diz: Eu edificarei minha igreja, não está apenas informando os seus seguidores sobre os planos futuros. Está dando a solução à catástrofe relacional que ocorreu longe, lá na queda do homem.

O pecado separa. Foi este o primeiro e mais devastador efeito da queda no Éden — a alienação de Deus seguida por conflito entre o homem e a mulher. O pecado corrompe a criação e destrói os relacionamentos. Mas o Antigo Testamento ressoa com a promessa de que divisão e alienação nem sempre definiriam o povo de Deus. "Porque esta é a aliança que firmarei com a casa de Israel, depois daqueles dias, diz o SENHOR: Na mente, lhes imprimirei as minhas leis, também no coração lhas inscreverei; eu serei o seu Deus, e eles serão o meu povo" (Jr 31.33).

Noutras palavras, estava prestes a chegar uma nova aliança, um pacto que nos restauraria a Deus e nos ligaria uns aos outros em amor e verdade. Aqueles que foram separados para experimentar essa graça sobrenatural seriam chamados de "meu povo"— a igreja. É essa promessa que Cristo está cumprindo ao dizer "Edificarei a minha igreja".

Assim, a igreja representa o povo reconciliado com Cristo. Ao vivermos em comunidade, exaltamos os propósitos de Cristo. Embora outrora o pecado tivesse nos isolado, a cruz agora nos unifica. Como cidadãos de um novo reino e membros da família de Deus (Ef. 2.19), não somos mais indivíduos preocupados meramente conosco. Somos uma "raça eleita, sacerdócio real, nação santa, povo de propriedade exclusiva de Deus, a fim de proclamardes as virtudes daquele que vos chamou das trevas para a sua maravilhosa luz" (1Pe 2.9). Somos a igreja universal, a soma total de todos os remidos de todos os lugares e todos os tempos.

> O cristão individual simplesmente não pode compreender sua ambição em termos puramente individuais.

A promessa de Cristo nos introduz a uma ideia radical e contra cultural: a satisfação da ambição individual está ligada à nossa identidade coletiva como povo de Deus. O cristão individual simplesmente não pode compreender sua ambição em termos puramente individuais.

Essa comunidade que Cristo está edificando é algo que ele ama — e não apenas de maneira abstrata. Ele a ama como um marido tem carinho pela sua esposa. Ele a preza como sua mais preciosa possessão. E a busca, mesmo a ponto de sacrificar sua vida pela igreja — por nós.

Se Cristo demonstrou tal amor e ambição pela igreja, não deveríamos nós também fazer o mesmo? Não deveríamos prezar e procurar por aquilo que o próprio Jesus preza e procura? Não deveriam as nossas ambições ser modeladas pelas suas?

"Claro", dizemos, mas isso acontece na vida diária? A realidade da igreja universal é uma verdade maravilhosa e profunda. É gloriosa e grandiosa. E é fácil deixar que fique lá com todas aquelas outras grandes, inspiradoras e abstratas ideias tais como justiça, beleza, criança bem comportada, e a caixa de entrada vazia. Mas, Cristo está falando a respeito de pessoas reais, parte da verdadeira comunidade. É por isso que temos de nos mover além da abstração e aprender a amar uma *igreja local específica*.

Em termos simples, qualquer que diz ser parte da igreja universal tem de expressar tal identificação em uma comunidade de igreja local. Edmund Clowney descreve a igreja local da seguinte forma: "A igreja é a forma que Cristo designou para a comunidade dos que confessam seu nome; somente a igreja, corpo de Cristo, é tornada visível neste mundo".[2]

Suponhamos que eu lhe diga que amo a Escócia. De fato, amo tanto a Escócia que mudei meu nome para Dave McHarvey, comecei a falar com rico sotaque escocês, visto um *kilt*, e aprendi a tocar gaita de foles nas festas. Talvez meus amigos suspeitem que fui embora da terra em busca de planetas desconhecidos, mas não me importo – amo a Escócia.

---

2 Edmund Clowney, *The Church* (Downers Grove, IL: InterVarsity, 1995), 191.

Naturalmente, você iria perguntar:

– Então, quantas vezes você já esteve na Escócia?

– Na verdade, nunca estive lá, mas ouvi dizer muita coisa e sempre leio muito a respeito dela. Sou realmente vidrado na Escócia.

– Você tem amigos escoceses?

– Não exatamente, mas ouvi dizer que são bem legais.

– Você já fez alguma coisa pelo povo escocês?

– Não. Nunca tive tempo para isso. Tenho uma vida muito cheia. Além do mais, meu amor pela Escócia é uma coisa pessoal, particular. Existe em meu coração. Não peço nada de nenhum escocês e eles não exigem nada de mim. As coisas ficariam complicadas demais se eu tivesse de lidar com as pessoas. Simplesmente amo a ideia da Escócia!

Não há como você concordar que eu tenha amor autêntico pela Escócia. No entanto, não é raro que os cristãos falem de maneira semelhante sobre seu amor pela igreja, sua crença nela, até mesmo a prioridade da igreja — o tempo todo sem ter o mínimo envolvimento significativo com ela.

A realidade é que o único jeito de expressarmos amor pela igreja universal é estarmos envolvidos nela de maneira tangível. Isso mesmo. Pode significar aquela igreja que está pensando neste momento, a que se reúne em um velho prédio de tijolos, ou num ginásio de esportes de uma escola, onde às vezes as pessoas podem ser um tanto irritantes e a música alta demais. Uma igreja local.

Aquelas pessoas — os cristãos de sua cidade que algumas vezes o agradam e outras vezes o irritam — são parte do que Cristo se refere ao dizer: "Edificarei a minha igreja"! Se nossa ambição for alinhada à ambição de Cristo, teremos de ser ambiciosos pela nossa igreja local.

## MUITAS VEZES, NOSSA AMBIÇÃO PELA IGREJA É "PACATA E VAGAROSA"

Quando eu estava crescendo, a minha vizinhança era uma comunidade. Se eu fizesse algo de errado, seis vizinhos gritavam comigo antes que eu voltasse para casa, e quando chegava em casa meus pais também faziam o mesmo. Mas eu sabia que todos estavam cuidando de mim. Eu era um deles, e eles queriam certificar-se de que eu permanecesse desse jeito. Certa vez, uma mãe da vizinhança conversou com a polícia até convencê-los de não me levar embora por causa de alguma, ããã... "malandragem". O arrazoado dela era inexpugnável: eu era um dos "garotos da vizinhança". (E ela nem gostava de mim).

Hoje em dia as coisas são diferentes. Nosso senso de comunidade tem sido perdido, e, em sua maior parte, sobrepujado pelo poder do ego. Somos uma cultura compromissada com a autorrealização, autoexpressão, autoestima, autopreservação — auto, auto, auto. "Para a grande maioria de americanos", diz David Wells, "o ego tem se tornado fonte de todos os valores. A 'autoprocura' é o assunto de que trata a vida".[3]

> Essa busca de autoespiritualidade tem substituído
> a ideia do cristianismo em comunidade.

A igreja não escapa o furacão de individualismo que varreu nosso mundo. Os ventos de "eu, meu, e mim" esmurraram o evangelicalismo de tal forma, que deixaram uma paisagem de fé privada, pessoal, fabricada, segundo especificações individualizadas. Essa busca de autoespiritualidade — uma visão altamente pessoal de busca religiosa — tem substituído a ideia do cristianismo em comunidade.

Isso nos prepara para uma miragem de comunidade virtual. Essa comunidade virtual em suas formas que mudam rapidamente se alimenta de duas maneiras: é uma saída lógica para a espiritualidade individual e também principal formadora de como vemos os relacionamentos com o próximo. No mundo on-line é possível ter pelo menos algum senso do que chamamos de "igreja". Podemos ouvir os melhores sermões do planeta, cantar com música de adoração mais atual, compartilhar nossas experiências espirituais, organizar nossas atividades religiosas – tudo sem sair sequer da cama. Na verdade, as únicas coisas que ainda não foram replicadas on-line são os sacramentos fundamentais do

---

3 David Wells, *The Courage to Be Protestant*, 136.

Batismo e Ceia do Senhor, embora eu tenha certeza que alguém em algum lugar esteja pensando em como resolver isso.

No verão passado, alugamos um lugar na praia por algumas semanas, e estive escrevendo ali. Naquele lugar de veraneio, fiquei conhecendo um surfista cristão que me convidou para assistir um estudo bíblico de surfistas na praia. Era legal —a primeira vez que ouvi a palavra "gnarly" (gíria para notável, extraordinário) usada em uma mensagem. Cerca de quarenta pessoas jovens lá estavam para estudar a Palavra de Deus. Isso foi realmente *gnarly* – mas seria uma igreja local?

Hoje muitos grupos se unem em torno de algum interesse comum, salpicam um pouco de Escritura, e acham que é a sua igreja. Meu estudo bíblico de surfistas era uma sacola misturada. Algumas pessoas estavam envolvidas em igrejas locais e viam aquele estudo como uma grande forma de conectar com outros crentes surfistas e comunicar com outros. Mas eu sei que para alguns que estavam lá, esta era a sua única "igreja".

Hoje, acho que isso acontece bastante para alguns crentes. Em vez de gerar um cristianismo vivido além das paredes da igreja, alguns cristãos, sem querer, substituem a igreja e encorajam o desligamento. Contudo, isso não é o cristianismo bíblico. Com certeza não é *gnarly*.

Uma fé individualizada nos torna "relaxados e vagarosos" quanto à igreja local. Somos como membros do coro que não veem razão para ficar em pé juntos e cantar a mesma música. Ao invés disso, nós andamos sem destino, de vez em quando formando duetos ou trios, mas o poder e a paixão do conjunto todo nunca é ouvido. E a causa de Cristo sofre com isso. Joshua Harris o chama de "namorico com a igreja".[4] Donald Whitney chama aqueles que fazem isso de "*caronistas* espirituais". Pegando carona, "querem todos os benefícios sem nenhuma responsabilidade; tomam tudo e nada dão; nenhuma responsabilidade final, só uma viagem de graça".[5] Estão, na realidade, apenas vagando.

---

[4] Joshua Harris, *Stop Dating the Church: Fall in Love with the Family of God* (Sisters, OR: Multnomah Books, 2004).
[5] Donald Whitney, *Spiritual Disciplines within the Church* (Grand Rapids: Zondervan, 1996), 53.

Como pastor, tenho visto minha quota de caronistas espirituais. Meu coração sempre se enternece por eles. Embrulhados de sonhos, mas faltando a ambição de Cristo pela igreja, estão sempre viajando, nunca construindo. Não é que suas vidas não produzam frutos. É possível que alguma árvore produza frutos sob as condições mais adversas. Meu vizinho certa vez plantou uma figueira no único minúsculo pedacinho de terra que tinha em nossa entrada compartilhada para carros. Ela cuspia figos sobre meu carro como um velho caminhoneiro com boa pontaria. Árvores e cristãos compartilham essa semelhança — podem produzir frutos em quase qualquer espaço. Mas a vida cristã mais frutífera é vivida no amor pela igreja local.

O Novo Testamento declara o local essencial da igreja na vida cristã:

- Os primeiros crentes "perseveravam na doutrina dos apóstolos e na comunhão, no partir do pão e nas orações... Todos os que creram estavam juntos e tinham *tudo em comum*" (Atos 2.42, 44).
- O ensino e a pregação eram experiências públicas. Timóteo, como pastor, foi ordenado a aplicar-se à leitura, à exortação, ao ensino" (1Tm 4.13)
- Os crentes eram exortados a "Não deixar de congregar-se... encorajando um ao outro" (Hb 10.25).
- Eram repetidamente conclamados a "servir uns aos outros" (Gl 5.13; 1Pe 4.10).

Tudo isso era possível porque a paixão por Cristo tornou-se sua ambição. As pessoas se juntam em volta de suas paixões. Se nossa paixão for pela igreja, ela será o lugar onde nos ajuntaremos.

## FAÇA PARTE DA IGREJA QUE JESUS AMA

Não é segredo que as igrejas estejam repletas de pecadores. Sim, é verdade. O seu pastor é pecador. Sua professora de escola dominical ou líder de pequeno grupo é pecadora. A pessoa que escreve este livro, bem como quem o lê, ambos são pecadores. Embora redimida pela graça salvadora, a igreja jamais será perfeita, porque é uma comunidade de pecadores. À medida que aplicamos nossa ambição de ser parte da igreja local, podemos ter certeza de que veremos os seus defeitos.

Mas não é esse o ponto, é? A ambição pela igreja nos compele a juntar nosso ser imperfeito com outros seres imperfeitos para formar uma comunidade imperfeita — tudo para a glória de Deus.

Se você já faz parte de uma igreja local, quero recomendá-lo por isso. Mas se você for como um daqueles meus amigos surfistas que têm uma epifania enquanto estão surfando uma onda épica – "cara, tenho de achar uma igreja *manera*" – permita que eu lhe ofereça breve conselho pastoral quanto ao que procurar em uma igreja que você consideraria para se afiliar.

*Quais os valores e a visão dessa igreja?* O que a igreja ensina? É a boa e sã doutrina bíblica? O evangelho está no coração de tudo que a igreja crê? E como essa doutrina é aplicada nos valores e na visão dessa igreja? Essa igreja pratica aquilo que prega?

Quando nos filiamos a uma igreja, não estamos entrando numa organização estática. Estamos nos juntando a pessoas que caminham em determinada direção. É bom saber qual é essa direção.

*Como a igreja é pastoreada e governada?* A estrutura que governa a igreja é algo que possa ser apoiada pelas Escrituras? Os líderes (presbíteros ou pastores) são qualificados para ocupar as posições que têm, com base nas qualificações bíblicas encontradas em 1Timóteo 3.1-7 e Tito 1.5-9? O ensino, a pregação e o cuidado pastoral da igreja são realizados com aplicação fiel e graciosa, arraigada na esperança do evangelho e coerente com a Palavra de Deus?

Nossas vidas são profundamente influenciadas pelos líderes de nossas igrejas. Nossa confiança está em Deus, mas também devemos ter confiança na liderança que ele delegou.

*Existe verdadeira comunhão entre as pessoas?* Você vê evidência de que os membros da igreja estão comprometidos além de frequência às reuniões e atos de serviço? Embora esses sejam importantes, ser membro da igreja deve levar ao desenvolvimento dos relacionamentos e aprofundamento da comunhão. Cada pessoa deverá encontrar na igreja uma família espiritual e um lar (Hb 10.24-25).

*O evangelho move a igreja em direção aos que estão fora dela?* A grande evidência de uma boa igreja é o fato de que ela enxerga além dela mesma. Não somos voltados para dentro para construir casulos igrejeiros. Nada disso. A Grande Comissão é verdadeira e potente, e ela nos move na direção dos perdidos.

São essas as quatro maneiras pelas quais pedimos aos visitantes que avaliem a nossa igreja. Observe, muitas das coisas que poderíamos pensar que são importantes — tamanho, estilo de culto, composição socioeconômica, filiação denominacional — não estão no alto da lista. Estou apenas tentando manter a simplicidade para todos vocês, surfistas lá fora.

## EDIFICAR A IGREJA QUE JESUS AMA

Apenas acrescentar nosso nome ao rol de membros não basta. Uma santa ambição pela igreja encontra prazer em sua *edificação*. Tornar-se membro é apenas a entrada para a estrada de rodagem, não a parada para o descanso.

Quando o Senhor disse: "Edificarei minha igreja", não era apenas uma prosa cheia de floreios. Jesus anunciava uma ambição extraordinária — permanecer dedicado a sua igreja e à nossa permanência nela. A sua ambição tem de inspirar nossa ação. Ser acrescentado a uma igreja deve significar que estamos servindo, sacrificando, compartilhando, conectando... *vivendo* de forma a aumentar a força e saúde da igreja.

Nas sociedades afluentes de hoje, a igreja enfrenta desafios diferentes daqueles enfrentados pelas igrejas do Novo Testamento. Para nós, a perseguição não vem em forma de ameaça de morte, mas no trauma de alguém não gostar da gente porque somos cristãos. É quando colegas de trabalho não nos convidam para ficar com eles depois do expediente.

O perigo real que a maioria de nós enfrenta hoje não é a perseguição, mas a distração. Conforme disse John Piper: "Há um grande abismo entre o cristianismo que luta com a questão se deve adorar ao custo de ser preso ou morto, e o cristianismo que luta com a questão se a meninada pode ou não jogar futebol no domingo pela manhã".[6] Às vezes esse grande abismo engole nossa ambição de edificar a igreja.

Vamos encarar o fato. Até mesmo membros de igreja há muito tempo, dedicados, podem se tornar relaxados e vagarosos em sua ambição de edificar a igreja. Quando a igreja não for uma ambição, mas apenas um lugar, as verdadeiras ambições de nossas vidas inevitavelmente a empurrarão para fora.

> Não há nada melhor para se firmar as ambições do que construir uma boa igreja.

Existem muitas coisas boas que os cristãos podem construir — boas famílias, empresas, reputações, casas, memórias, bons estilos de vida. Porém, não há nada melhor para se firmar as ambições do que construir uma boa igreja. "A ambição centrada na glória de Deus e no bem estar da igreja é uma força poderosa para o bem", diz J. Oswald Sanders.[7]

E então, o seu envolvimento na sua igreja contribui para o bem estar da mesma? Você ajuda a fortalecer sua igreja, ou é apenas mais um corpo que aparece aos domingos? O culto de domingo é quando você se junta ao povo de Deus para celebrar o que ele está fazendo e ouvir o que ele está dizendo? Ou é o dia que você tem de acordar mais cedo, dirigir o carro mais longe, ficar sentado tempo demais e ouvir demais, e tentar chegar em casa antes do jogo começar ou a carne ficar cozida demais? A igreja é "coluna e baluarte da verdade" (1Tm 3.15) em nosso mundo, e o centro da atividade redentora de Deus. É a única instituição humana cujo brilho continuará por toda a eternidade.

Se vamos construir, vamos construir a igreja.

---

6  John Piper, O Sorriso Escondido de Deus (São Paulo, SP: Shedd Publicações).
7  J. Oswald Sanders, *Spiritual Leadership* (Chicago: Moody, 2007), 15.

## COMPROMETA-SE COM A IGREJA QUE JESUS AMA

Já conheceu alguém cujo rosto estava rasgado por um sorriso quando dizia quanto tempo é membro de sua igreja? Nas minhas viagens, tenho conhecido alguns. Na verdade, temos alguns em nossa igreja. De fato, eu sou um deles. Só fui membro de duas igrejas em toda minha vida cristã, e a atual tem sido meu lar já há vinte e cinco anos. Estou com um grande sorriso mesmo enquanto escrevo isto.

Contudo, aparentemente a minha experiência não é a norma. Foi recentemente reportado que "Os protestantes são capazes de ser leais à sua marca de creme dental ou papel higiênico tanto quanto à sua denominação".[8] Tenho de confessar que fico contente de que nenhum membro de minha igreja tenha expressado a sua lealdade nesses termos: "Dave, quero que você saiba que esta igreja significa mais para mim do que meu creme dental". *Pôxa*, obrigado. Será que existem alguns que gostam *menos* da igreja do que de seu creme dental, mas a apreciam *mais* do que seu papel higiênico? Sério, é uma tragédia se nossa lealdade por determinada marca for maior que a lealdade ao povo de Deus.

Para que uma igreja prossiga adiante, seus membros têm de ser ambiciosos por se comprometerem com ela por um bom tempo. Porém, tal compromisso não é popular em nossa cultura consumista. Não é apenas que somos mais móveis e dispostos a mais mudanças. Tem havido uma mudança fundamental na forma de nos relacionar às instituições. Vemos isso no casamento, no local de trabalho, nas amizades, e no modo como gastamos nosso dinheiro. Tristemente, também o vemos de forma patente na igreja. A escolha e a necessidade substituíram o sacrifício e a fidelidade. A migração de crentes de uma igreja para a próxima tem se tornado comum e esperada. David Wells descreve a situação: "Compromisso — um verdadeiro compromisso, laços reais, um senso verdadeiro de pertencer, não apenas a *ideia* de comprometimento — tem se tornado pedra preciosa, rara, muito procurada, e, quando encontrada, entesourada".[9]

---

8 Ellison Research, January 12, 2009; http://www.elliaonresearch.com/releases/EllisonResearch-PR09-1DenomLoyalty.pdf.
9 Wells, *The Courage to Be Protestant*, 33.

Quero tomar cuidado aqui. Reconheço que, se você usar os critérios de avaliação que sugeri acima para encontrar uma igreja à qual se afiliar, talvez você descubra que a sua igreja está significativamente faltosa. Se for este o caso, por favor, pense em conversar de maneira graciosa com os líderes dela a fim de verificar se eles consideram tais questões como importantes. Estou fortemente consciente de onde minha própria igreja precisa crescer e mudar. Como pastor, sou beneficiado por ter membros fiéis que comunicam onde poderemos atuar de melhor forma, especialmente nas áreas em que nossa proclamação e aplicação do evangelho estão envolvidas.

Se você faz parte de uma igreja onde o evangelho não é central e a doutrina e prática bíblica não são seguidas, talvez deva considerar encontrar uma igreja mais biblicamente fundamentada. Mas, por favor, não promova dissensões nem rebeldia para com os líderes da igreja ou com os que querem permanecer nela. A divisão e o desrespeito na liderança da igreja são fortemente condenados pelas Escrituras (1Co 1.10; 3.3; 11.18–23; Tito 3.10; 1Ts 5.12) e não podem encontrar espaço em nossas palavras ou ações.

Mas, presumo que a sua igreja, embora não perfeita, seja sólida e mereça seu compromisso bíblico. Vê, todo crente eventualmente começa a perguntar: Devo permanecer ou sair? São os momentos definidores da membresia da igreja.

> Quando uma cultura move o "eu" para o centro,
> as ambições se entrincheiram no indivíduo, não na igreja.

As igrejas mudam e crescem com o tempo, e é exatamente o que devem fazer. Algumas igrejas até mesmo passam por alvoroço significativo. Não existe no Novo Testamento nenhuma igreja que não tenha conhecido algum problema, provando os seus membros. A minha igreja é muito diferente em tamanho e sentimentos do que era quando cheguei. É o mesmo evangelho — são programas, necessidades, e prioridades diferentes. Os desafios e as mudanças dessa espécie não constituem em chamado automático de Deus de sair dela.

Infelizmente, é em nosso compromisso com a igreja que a ambição egoísta consegue fazer danos reais. João Calvino escreveu certa vez: "A ambição tem sido, e ainda é mãe de todos os erros, de todas as perturbações e seitas".[10] Essa é uma declaração bastante provocativa sobre a qual devemos ponderar. Calvino, em sua época, via a ambição egoísta como originária de erros, conflitos na igreja e separações entre pessoas. Isso se torna armadilha ainda maior em nossa cultura hodierna de egoísmo. Quando uma cultura leva o eu ao centro, as ambições ficam entrincheiradas no indivíduo e não na igreja. "A minha necessidade" se torna sol nascente que seca e chamusca "nossa igreja" até ela ser quebradiça e sem vida.

Quando as ambições pessoais são frustradas em uma igreja, os cristãos tendem a sair ou vaguear. Temos de lutar contra ambas essas tendências.

Não estou dizendo que você deva permanecer em uma igreja moribunda por cega devoção a uma instituição. Estou me referindo a uma postura de coração que enxerga além do fim de alguma tradição que você prezava, ou a saída de um líder predileto, ou o fracasso de uma igreja quanto a caminhar em direção que você acha que deveria. Estou falando de uma dedicação apaixonada por permanecer em uma igreja centrada no evangelho, afiada de tal forma a amar a velha história. A igreja humilde o bastante para ser *semper reformanda* — sempre estar sendo reformada pelo Espírito. Eu me refiro a uma visão pela longevidade da igreja local, que vê os membros como mais que "suprimento de minhas necessidades" ou "agrado de minha doutrina"; uma que tenha paixão ardente de trazer os perdidos e a próxima geração ao evangelho, para então levá-los à igreja.

## PERMANEÇA NA IGREJA QUE JESUS AMA

Existe uma doença que infecta os crentes de muitas igrejas. Quando passa sem ser detectada, muitas vezes resulta em crentes decepcionados que saem em

---

[10] João Calvino, comentário sobre Números 12.1, conforme citado por Wayne Grudem, *Systematic Theology: An Introduction to Biblical Doctrine* (Grand Rapids: Zondervan, 1995), 879.

busca de pastos mais verdes. Ela se chama *Minha igreja é para o meu ministério*. A igreja *é* para o ministério, mas esta infecção leva com ela o vírus mortal do "eu". Uma vez ingerida, o que fazemos se torna mais importante do que aquilo que cremos ou onde estamos.

O salmista descobriu algo eternamente precioso: "Pois um dia nos teus átrios vale mais que mil; prefiro estar à porta da casa do meu Deus, a permanecer nas tendas da perversidade" (Sl 84.10). Um dia na casa certa é melhor que três anos em qualquer outro lugar. E ser humilde porteiro na casa de Deus é melhor que posição ou confortos em qualquer outro lugar. Ouvi certa vez uma pessoa encerrar bem esse ponto: "Aquilo do qual você faz parte é mais importante do que a parte que você desempenha".

Mudar o acento de "minha parte" para "aquilo do qual participo" mexe com a ambição pela igreja. Livre da tirania de gerenciar a *eumania*, podemos saborear o fruto que acompanha a dedicação do porteiro: primeiro a chegar, último a sair.

Quando suas ambições pessoais são frustradas em uma igreja, os cristãos se dirigem a outra para um trato melhor. Mas a vida nunca será mais fácil quando não houver ambição em que se firmar e ficar em volta.

Pensei nisso quando li a carta de Randy. Randy foi membro de nossa igreja por vários anos. Era também estudante em um seminário da cidade. Randy tinha sonhos por impacto, e estava ansioso por ver seus dons aplicados a esses sonhos. Ele se filiou à nossa igreja, mas com o passar do tempo, sentia que seus dons eram pouco valorizados e suas ambições jamais seriam satisfeitas ali. Assim, fez o que achava certo à luz de sua visão pessoal. Saiu.

Dez anos mais tarde, havia um envelope parado na minha escrivaninha com a seguinte carta. Randy me encorajou a usá-la livremente como lição para outras pessoas.

> Prezado Dave,
> Esta carta é meu pedido de desculpas de coração a você e aos outros líderes da igreja... Talvez possa ajudar outra pessoa...
> Frequentei a igreja durante todo meu primeiro ano de seminário.

Frequentei os eventos especiais, as classes de compromisso, as oportunidades de liderança, o treinamento de evangelismo, os pequenos grupos, etc. Em minha mente, eu estava convencido. Na realidade...? No ano seguinte, quando era hora de fazer estágio pastoral para o seminário, os líderes da igreja sentiam que eu deveria esperar pelo tempo de Deus para me erguer. Em retrospectiva, era um conselho piedoso. Contudo, minha resposta foi não esperar. Senti-me ferido e entristecido por sua decisão. Agora vejo que era meu próprio orgulho e nada mais que me fez deixar a comunhão.

Um ano mais tarde a minha esposa se envolveu com outra pessoa e eu estava no último ano do seminário, pai solteiro com uma filha de sete anos. Acabamos nos divorciando. Que tempo duro em minha vida para estar sem uma verdadeira comunidade ou comunhão!

Agora eu pastoreio uma pequena igreja rural. Deus está tendo de encher minha vida de lições que eu deveria ter aprendido há anos. Não é frequente nem agradável, mas sou grato porque ele nunca me abandonou, e estou aprendendo a abraçar a dor e aceitar suas fiéis aflições. Estou casado agora com uma mulher piedosa e temos mais dois filhos. Em meu primeiro ano e meio aqui como pastor, crescemos para cerca de noventa pessoas. Levou cerca de dois anos para as pessoas realmente apreenderem o conceito de compromisso com Cristo, conforme expresso pelo compromisso com a comunhão da igreja. Mas agora, as pessoas entendem e temos nos firmado em cerca de quarenta pessoas. Sobrevivemos somente pelos milagres da provisão de Deus

Recentemente, tive de pedir que um dos líderes de pequenos grupos abrisse mão da sua posição. Ele estava "usando sua autoridade de senhorio sobre o rebanho". Foi e é ainda um tempo de tristeza, pois esse irmão é meu amigo e "doemos" por falta de líderes/servos aqui. Meu amigo e sua esposa escolheram deixar a comunhão em vez de trabalhar para resolução. Agora estou ministrando ao seu pequeno grupo e a outros feridos pelos efeitos de um ego desenfreado na liderança. E agora vejo de primeira mão a sabedoria dos líderes da igreja de pedir que eu "esperasse em Deus para me levantar". Estou certo de que eles salvaram o rebanho de muito sofrimento que seria causado ao custo de meu ego. Assim, meus amigos, obrigado por ter exercido a sabedoria. Peço-lhes desculpas. Estou arrependido por meu orgulho que impedia que eu visse os seus motivos.

Estou arrependido de minha arrogância. Estou arrependido das acusações que fiz. Estou arrependido da falta de confiança em Deus que corrigia a minha vida por meio de vocês. Acima de tudo, estou arrependido das amizades em Cristo, com você e outros, que perdi por não esperar. Com sincera humildade, peço-lhe perdão.

Que deleite foi escrever de volta para Randy, estender meu perdão, comunicar meu mais profundo respeito por sua honestidade e humildade. Mas jamais me esqueci de sua tristeza porque a ambição egoísta roubou anos preciosos e frutos de sua vida. Em sua misericórdia Deus resgatou Randy e sua ambição, mas desejava que eu oferecesse seu exemplo como admoestação a outros. Quem sabe, para você.

## LUTANDO CONTRA A TENDÊNCIA DE FLUTUAR À DERIVA

Para muitos de nós, sair da igreja é radical demais. Temos relacionamentos a manter, filhos no grupo de mocidade, em suma, algo de bom. Talvez fôssemos, em outro tempo, o centro da ação na igreja. O que dizíamos tinha influência. Quem sabe fôssemos líderes. A igreja precisava de nossos dons e talentos. Mas agora? Tem muita gente nova e parece que eles recebem toda a atenção. A nova cantora que realmente sabe ler música. O melhor organizador. O cara com formação bíblica. A igreja não faz as coisas em que somos bons, ou pelas quais temos visão. Agora somos apenas "uma das pessoas". No entanto, não queremos arrancar as estacas e partir para outra — afinal, por que se arriscar para começar tudo de novo? Assim, vagamos com a maré.

É um fluxo que inevitavelmente nos levará à margem da igreja — longe de onde deveríamos estar.

O autor de Hebreus chega bem duro na questão de vaguear: "Consideremo-nos também uns aos outros, para nos estimularmos ao amor e às boas obras. Não deixemos de congregar-nos, como é costume de alguns; antes, façamos admoestações e tanto mais quanto vedes que o Dia se aproxima" (Hebreus 10.24–25). Este escritor está preocupado que com o tempo, alguns estejam se esfriando para com a igreja e suas reuniões. Negligenciem o ajuntamento. Vaguear para a orla esteja se tornando um hábito. E assim, tudo nessa exortação trabalha contra ir com a correnteza. Esta passagem nos ordena a cultivar outros hábitos a fim de lutar contra a tendência de vaguear. Em vista das realidades eternas, temos de nos achegar cada vez mais, e não menos, à igreja.

Os que flutuam à deriva nem sempre sabem que estão vagueando.

Os que flutuam à deriva nem sempre sabem que estão vagueando. Como a pessoa na praia que flutua em um bote, sem perceber que a maré a está levando longe para o mar alto, não percebemos o que está acontecendo. Precisamos uns dos outros para isso. Precisamos despertar uns aos outros para o amor e as boas obras, encorajar uns aos outros e afiar nosso compromisso com uma visão pelo valor eterno da igreja da qual participamos.

"A igreja é essencial para o cristão" diz Elton Trueblood, "não por ela trazer-lhe avanço pessoal ou mesmo inspiração, mas porque, com todos os seus fracassos, é um instrumento indispensável para a redenção do mundo".[11] Sempre que algo ou alguém a quem amamos falha para conosco, experimentamos esse fracasso como uma profunda dor. Se amarmos profundamente a igreja, seremos feridos quando ela falhar. E ela falhará. Se você estiver numa igreja por algum tempo maior, terá a experiência de seu fracasso e sua fraqueza. Ela nem sempre viverá conforme promete. Líderes em quem confiamos cometerão erros. Ministérios aos quais de-

---

11 Elton Trueblood, conforme citado por William A. Beckham, *The Second Reformation* (Houston: Touch Publications, 1995), 47.

dicamos nossas vidas para manter no mar poderão ser cortados por questões de orçamento ou outras prioridades. Alguém que amamos sairá da igreja.

O que resgata a verdadeira ambição pela igreja não é a qualidade da organização ou maturidade das pessoas. A igreja pertence a Jesus Cristo e é a *sua* grande ambição. E porque temos compromisso com Cristo, ela deverá ser nossa grande ambição também.

## ATRAVESSANDO JUNTOS A LINHA DE CHEGADA

Charles Spurgeon, que conduziu milhares de pessoas a amar a Cristo e a sua igreja, disse certa vez: "O fracasso em um momento crucial pode macular todo o resultado de uma vida".[12] Se a igreja estiver no estágio onde a vida cristã é desempenhada como um papel de ator, os "momentos cruciais" são os pontos de definição onde a ambição piedosa é alimentada e a ambição egoísta é frustrada.

Como cristãos, não temos como evitar tais momentos. Muitas vezes eles vêm como provas — passar ou falhar. A ambição egoísta *contestará* sua ambição em prol da igreja. Nesses momentos cruciais, o resultado de uma vida está sendo formado.

Sei, porque já estive lá. Já ouvi o rugido de minha própria ambição egoísta exigindo que fosse alimentada. Mas Deus é maior que o meu pecado, e ele tem o compromisso de apontar-me na direção certa. É seu poder que nos dá a energia para servir a ambição de Cristo — sua igreja.

A igreja não é para ser uma utopia terrena, nem deve ser confundida com o céu. Somos, porém, chamados a reconhecer honestamente e crescer em meio aos problemas da vida da igreja — as imperfeições, as ofensas, os desentendimentos e também as gloriosas oportunidades de missão.

Nossa ambição deverá ser mais alta do que atravessar sozinhos a linha de chegada. Esta corrida começou quando Deus nos juntou com seu povo. Vamos completá-la do mesmo modo que começamos: juntos, em sua igreja, para a glória de Deus.

---

12 Conforme citado por Iain Murray, O Spurgeon que foi Esquecido (São Paulo, SP: PES).

# CAPÍTULO 10

# RISCO AMBICIOSO

## A AMBIÇÃO NECESSITA DO RISCO PARA PRODUZIR A RECOMPENSA

Amo heróis. Não os de revista em quadrinhos, super-humanos, com poderes especiais, mas os da variedade comum do jardim de todos os dias. Esqueça as capas ou animações do sábado de manhã. Estou falando de gente comum, com muita garra, que procura por ambições piedosas — às vezes com grandes riscos — e permanecem na obscuridade. Essas pessoas nunca aparecem nas biografias, e assim, um de meus alvos é apresentar a você alguns desses heróis que conheço, fazer dos seus exemplos a nossa inspiração.

Sabe o que é um pai ou mãe susbtituta temporária? Imagine um coração reforçado por titânio, milagrosamente inclinado às necessidades de crianças desesperadas. Agora, embrulhe isso em pele e acrescente um pacote de perseverança que permita que ele ou ela sobreviva longas noites sem dormir. Assim é um pai ou mãe substituto temporário.[1] Os que eu conheço são heróis de plantão, aceitando espontaneamente obrigações de pais que reduziriam *Batman* a um balbuciante morcego tolo escondido em sua *batcaverna*. Se "ambição por

---

1 [Nota da tradutora: Muitas vezes, "foster parent" é traduzido em filmes ou livros como "pai/mãe adotivo", mas a adoção implica na criança vir a ser parte permanente de uma família, enquanto a "foster child" é cuidada temporariamente, enquanto a família de origem recebe tratamento ou adequação com o intuito de ser novamente reunida. O "foster parent" cuida da criança sabendo que ela não estará para sempre com ele, mas preparando-a para viver melhor enquanto estiver fora de casa. No estado de Massachussetts, por exemplo, onde trabalhei nessa área, optamos por usar o termo "pais substitutos temporários", para distinguir dos pais adotivos. Muitas vezes (como aconteceu com os Fannons, citados a seguir), esses pais substitutos temporários acabam adotando os filhos, mas nem sempre.

cuidar" fosse uma competição olímpica, essas pessoas receberiam todas as medalhas.

Bob e Joanne Fannon são pais substitutos temporários. No meu livro, eles são heróis instantâneos. Eles portam uma ambição singular. Bob e Joanne sentem o chamado de cuidar de crianças cujas condições médicas fazem com que sejam difíceis de serem colocadas em outros lares. Em suas palavras, tomam as crianças "medicamente frágeis" ou "mais carentes entre os carentes". Já estamos no território da Galeria da Fama aqui. Mas a história que vou lhes contar leva ainda mais longe.

## AMBICIOSOS POR CUIDAR

Quando de férias em 1997, Joanne recebeu uma chamada da agência de adoção perguntando se eles estariam interessados em uma "criança transplantada". Joanne não sabia o que isso queria dizer, mas informou seu marido, Bob. Enquanto começaram a orar, sentiram uma distinta indução de Deus de aceitar a criança, transplante e tudo mais.

O nome do menino era Christopher. Bob e Joanne contataram a agência e concordaram em aceitá-lo sem o ver antes. Mas os médicos insistiam que eles visitassem o menino imediatamente, porque Christopher tinha alguns problemas médicos incomuns. Bob e Joanne viajaram até o hospital perguntando por que os comentários médicos lhes pareciam tão agourentos.

A primeira vista era chocante. Christopher vivia em uma bola de vidro. Seu mundo inteiro era composto de um berço e três sistemas de apoio de vida. O equipamento ligado ao seu pequeno corpo estava pulsando, sibilando e bipando – tristes lembretes de que a vida de Cristopher era mantida por máquinas. Agora ele contava dezoito meses de idade e havia vivido apenas duas semanas em toda sua vida fora do hospital. Eles podiam ver as cicatrizes que cobriam seu corpo — catálogo visível de seu sofrimento desde que nasceu. Joanne instintivamente desviou o olhar, a mente correndo com as implicações dos riscos de aceitar

Christopher como seu filho. As complicações médicas iam muito além de tudo que ela e Bob tivessem encontrado antes.

Os médicos chegaram a colocar os intestinos de Christopher fora de seu corpinho para ajudá-los a funcionar melhor. Havia também problemas com o fígado, bem como outras complicações. Cada vez que uma questão era resolvida, surgia outra. E agora ele precisava de transplantes — se não os conseguisse, não viveria além dos cinco anos de idade.

Christopher precisava de cuidados o tempo todo por pessoas que soubessem como cuidar desta condição. Bob e Joanne sabiam que não possuíam as qualificações necessárias — não eram profissionais da saúde e não tinham treinamento. Não tinham ideia do que estariam fazendo. Mas tinham algo mais — o evangelho de Jesus Cristo e uma ardente ambição de ajudar crianças que pareciam não ter esperança.

– Estávamos apavorados e oprimidos pelo peso – recorda Joanne. –– Nossas cabeças estavam correndo a todo vapor: *Como sair dessa?* Mas ao olharmos para Christopher, Deus nos deu a graça de ver não apenas as hastes da medicação intravenosa, mas a vida de uma criança, nossa criança. Sabíamos que Deus havia suprido fé para os riscos que haveria pela frente. Para nós, era situação de ganhar e ganhar.

Bob e Joanne trocaram olhares comunicativos e confiantes. Christopher acabara de encontrar um lar.

O casal Fannon tinha a ambição piedosa de cuidar daqueles que precisam desesperadamente deles. Deus havia colocado visão e fé no fundo dos seus corações. Com o passar do tempo, foram capazes de inspirar fé em seus outros filhos para este chamado. Sabiam que Deus os havia chamado como família, para cuidar de crianças dessa forma — tomá-las, amá-las e compartilhar com elas as gloriosas notícias de Jesus. Tal senso de chamado formou um poderoso impulso que tem, com o passar dos anos, enchido sua casa de filhos temporários.

Seguir o chamado de Deus envolve grande quantidade de riscos — todo o tempo. É algo que os Fannons tiveram de aceitar ao seguir sua ambição piedosa. Pouco depois de adotar Christopher, receberam a notícia de que havia um lindo bebê de necessidades especiais de nome Samantha. Devido a complicações médicas, os doutores previram que ela só viveria até inicio da casa dos trinta anos. Porém, logo depois que ela veio aos Fannons, foi descoberto que o seu corpo estava carregado de câncer. Enquanto ela lutava para viver, os Fannons derramavam seu amor sobre ela. Ela foi oficialmente adotada em sua família algumas horas antes de morrer, aos três anos de idade.

Essa espécie de coisa é de um terreno santo. Amor radical. Amor arriscado.

Correr riscos ao cuidar de crianças ou em adoções nunca chega às manchetes. O risco é algo que comercializamos removendo-o da vida rotineira e designando-o a coisas de altos perfis como empresas ou esportes radicais. Corremos riscos políticos, riscos financeiros, riscos de missão, riscos de negócios e, até mesmo, riscos de segurança. Mas arriscar o coração ou o lar não parece obter tempo hábil para transmissão ao vivo. É uma pena, porque a maior parte da vida é vivida ali, e é onde as ambições muitas vezes se tornam realidade. A ambição não é algo que fica esperando pela grande promoção.

Os Fannons começaram exatamente onde estavam, e aceitaram uma importante realidade. Onde existe ambição, tem de haver um risco. O risco é o preço da ambição.

## COMPARTILHANDO OS RISCOS DE PAULO

Quando Deus fala, você tem duas opções.

Pode fugir, em uma tentativa de proteger a si do risco de obediência. Foi o que Jonas tentou fazer. Mas Deus nos ama demais para aprovar nossa estratégia de fuga. Com o tempo, Jonas entendeu isso, mas não antes de gastar três noites no *Hotel Baleia Corcunda*.

A segunda opção é ir em frente pela fé, não descartando o risco, mas aceitando-o como parte do caminho. Foi o que Bob e Joanne fizeram ao abrir seu lar para Christopher. Eles foram movidos pela reivindicação que o evangelho lhes fazia, e abraçaram os riscos que o acompanhavam.

Nisso não estão sós. O evangelho fez afirmativas audazes sobre Paulo, muitos séculos antes. Vemos isso de modo especial no capítulo 20 de Atos. Quando Paulo estava a caminho de Jerusalém, seu navio aportou em Mileto, umas trinta milhas distante da igreja que ele ajudara a estabelecer em Éfeso. Paulo tinha muita história com os presbíteros da igreja de Éfeso, e sabendo que seus colegas estavam por perto, os chamou. Queria lhes passar algumas coisas que pudessem ajudar na sua ambição de pregar o evangelho e edificar a igreja. Eis o que ele lhes disse:

> *Vós bem sabeis como foi que me conduzi entre vós em todo o tempo, desde o primeiro dia em que entrei na Ásia, servindo ao Senhor com toda a humildade, lágrimas e provações que, pelas ciladas dos judeus, me sobrevieram, jamais deixando de vos anunciar coisa alguma proveitosa e de vo-la ensinar publicamente e também de casa em casa, testificando tanto a judeus como a gregos o arrependimento para com Deus e a fé em nosso Senhor Jesus Cristo. E, agora, constrangido em meu espírito, vou para Jerusalém, não sabendo o que ali me acontecerá, senão que o Espírito Santo, de cidade em cidade, me assegura que me esperam cadeias e tribulações. Porém em nada considero a vida preciosa para mim mesmo, contanto que complete a minha carreira e o ministério que recebi do Senhor Jesus para testemunhar o evangelho da graça de Deus. Agora, eu sei que todos vós, em cujo meio passei pregando o reino, não vereis mais o meu rosto (vv. 18–25).*

Eu não sou Paulo; a minha vida já é complicada sendo apenas Dave. E temos de nos aproximar do ministério e exemplo de Paulo lembrando que há grandes diferenças entre ele e nós. Por exemplo, Paulo foi até "o terceiro céu" (2Co 12.2). Isso é algo que eu nunca realizei, mesmo quando mexia com drogas. Paulo tinha uma percepção sem precedentes quanto ao evangelho, e um chamado singular aos gentios. Paulo estava em uma liga só dele, e nenhum de nós consegue jogar bola à sua altura.

Mas podemos apreciar algumas importantes semelhanças entre Paulo e nós mesmos. Por exemplo, portamos o mesmo evangelho que Paulo. Amo o jeito do avô de Charles Spurgeon colocar a questão ao comentar os dons de seu neto: "Pode ser que ele pregue o evangelho melhor do que eu, mas ele não prega um evangelho melhor".[2] Paulo era melhor pregador do evangelho que qualquer um de nós, mas não pregava um evangelho melhor do que aquele que nós pregamos. Isso é algo que vale a pena ponderar.

> Levamos o mesmo evangelho que Paulo levava, e isso requer que tenhamos ambição semelhante.

Partilhamos outra semelhança com Paulo. Não apenas temos o mesmo evangelho que Paulo portava, como também, o espalhar desse evangelho requer que tenhamos ambição semelhante às dele e tomemos riscos similares aos dele. Isso não quer dizer que vamos acabar todos na prisão como Paulo. Mas tomamos riscos e nos sacrificamos para que o evangelho avance. Nesse sentido, o evangelho faz a mesma reivindicação sobre nós que fez sobre Paulo.

## A REIVINDICAÇÃO AUDAZ

O evangelho que não pode ser parado requer uma feroz ambição para colocá-lo em ação. Paulo disse: "esforçando-me [fazendo disso minha ambição], deste modo, por pregar o evangelho, não onde Cristo já fora anunciado, para não edificar sobre fundamento alheio" (Rm 15.20). Para que Paulo levasse o evangelho a novos lugares e novas pessoas, tinha de "fazer disso a sua ambição".

Ter uma ambição pelo evangelho nos impulsiona a fazer coisas que jamais esperávamos. Incita-nos a olhar além dos limites de nosso conforto ou conveniência. O evangelho atiça a ambição, fazendo reivindicações audazes sobre ela.

*Audácia* não traz à mente segurança ou conforto. Ninguém diz ter um sono audaz ou um momento de leitura de poesia audaz. Não. Ser audaz é ser corajoso,

---

2 Charles Spurgeon, extraído do sermão "All of Grace," entregue no Tabernáculo Metropolitano de Londres, Newington. Sermão no. 3479 in Spurgeon's Sermons: The Metropolitan Tabernacle Pulpit, vol. 61 (1915). (*Tudo de Graça* está disponível para leitura e impressão em português, gratuitamente, no site www.coramdeo.com.br).

destemido, intrépido, isento de medo, aventureiro. São coisas *arrojadas* — o tipo de coisa que torna possível as adoções arriscadas. É também a espécie de coisa que define a vida de Paulo.

Nem todos somos chamados a arriscar nossas vidas como Paulo, ou adotar crianças de alto risco como os Fannons. Na verdade, não estou tentando comparar o risco de Paulo com o dos Fannons. O risco audacioso pode ser exprimido de diversas maneiras, *tanto* pelo extraordinário Paulo *quanto* pelos ordinários Bob e Joanne — que mantém a atenção longe dos que se arriscam e sobre a razão pela qual tais riscos são tomados.

Deus designou a missão de modo que o evangelho avança somente por meio de riscos, custos e sacrifícios — sejam esses em Roma, na América rural ou ao Ricky no próximo cubículo no trabalho. Ambição e risco são os ingredientes humanos que Deus usa para fazer circular o evangelho.

Aqui descobrimos uma estranha ironia. Deus quer resgatar a ambição para que ela, por sua vez, nos resgate. A ambição nos resgata, exercendo sobre nós reivindicações que transformem nossas vidas.

## PRIMEIRA REIVINDICAÇÃO: DÊ UM PASSO ALÉM DAQUILO QUE É CONHECIDO

A ambição nos resgata da segurança colocada em lugar errado. Bob e Joanne deram um passo para o futuro cheio de incertezas. Será que Christopher viveria? Eles seriam capazes de cuidar dele? Que preço a sua condição cobraria sobre a família? Eles poderiam examinar essas questões com oração incessante e fidelidade, mas nunca saberiam verdadeiramente o que o futuro teria para eles. Podiam planejar e preparar, e o fizeram, mas não podiam proteger a si mesmos dos fatores desconhecidos em volta do futuro e da condição de Christopher. Estavam dando um passo muito além daquilo que conheciam.

Com certeza Paulo podia entender isso. Dar passos além do conhecido era uma experiência que teve início com a sua conversão.

A própria conversão foi não convencional. Derrubado do cavalo, ficando milagrosamente cego, ouvindo uma acusação pessoal do próprio Deus — não era o tipo de coisa sobre a qual queremos levantar e dar testemunho na próxima vez que houver um batismo. Mas a diversão não acabou ali. Jesus fecha o pequeno confronto na estrada dizendo: "levanta-te e entra na cidade, onde te dirão o que te convém fazer" (At 9.26). Naquela diretiva simples, um vasto programa de reorientação havia começado. Paulo seria atiçado pela ambição de levar o evangelho a terras distantes. Mas também aprenderia uma lição importante: as ambições só poderão ser piedosas se elas forem dependentes.

Assim, Deus começa uma nova rotina divina: daria direção a Paulo, mas não revelaria o resultado. Se Paulo tivesse um adesivo de carro, leríamos: "Indo, sem saber".

Essa rotina aparece em Atos 13. Profetas e mestres estão juntos na igreja de Antioquia. "servindo eles ao Senhor e jejuando, disse o Espírito Santo: Separai-me, agora, Barnabé e Saulo para a obra a que os tenho chamado" (v. 2). Observe que Deus nunca especifica o trabalho. Simplesmente pede que os dois homens sejam separados e enviados. Quanto às perguntas sobre a direção e o destino — ele voltaria a lhes falar sobre isso depois.

Em Atos 16 a rotina de incerteza continua. Paulo está a caminho de outro lugar quando tem um sonho: "um varão macedônio estava em pé e lhe rogava, dizendo: Passa à Macedônia e ajuda-nos" (v.9). Se fosse comigo, eu estaria dizendo: "Isso ajuda, mas poderíamos obter maiores informações, Senhor? Um endereço, quem sabe um nome, recomendação de um hotel decente? Afinal, a Macedônia é uma terra grande". Mas Deus não preenche as lacunas de início. Dá a Paulo respostas suficientes para atiçar sua ambição, mas nunca o bastante para emudecer sua fé.

Isso nos leva de volta a Paulo em Mileto, conversando com os presbíteros da igreja dos efésios. Ele lhes diz: "E, agora, constrangido em meu espírito, vou para Jerusalém, não sabendo o que ali me acontecerá, senão que o Espírito Santo, de cidade em cidade, me assegura que me esperam cadeias e tribulações" (Atos 20.22–23). É a mesma rotina: Deus constrange Paulo a ir, mas não mostra o que vai acontecer. Paulo tem uma ambição e vai em frente, mas não prevê o resultado. Sua única certeza é que será arriscado. Ele vai, sem saber.

Eu costumava fazer caminhada com meus filhos para sondar as questões mais profundas da vida. Foi o que me colocou cinco milhas numa trilha conhecida como Pináculo, com meu filho mais velho, em um dia brilhante de outono. Ao nos assentar, sentindo prazer na vista, alguns estudantes nos convidaram a explorar uma caverna ali por perto. E assim, a vida me encontrou rastejando numa caverna atrás de um grupo de rapazes que eu não conhecia antes, num lugar que nunca antes eu estivera, para uma atividade que nunca antes participara. Foi algo impressionante.

Logo chegamos a uma câmera aberta onde a luz do sol brilhava por um buraco no teto da caverna. Esse buraco era de tamanho suficiente apenas para passar uma pessoa espremida. Enquanto fiquei ali, maravilhado pelo cenário todo, os estudantes começaram a subir a parede da caverna e sair pelo buraco do teto. Agora eu entendia que era por isso que eles estavam ali. Isso não era tão impressionante porque eu também entendia a direção em que essa coisa toda ia tomar.

Meu filho explodia de entusiasmo. Quando o último estudante desapareceu pelo teto, ele virou-se e implorou:

–Ah, vamos, Pai. Deixe-me subir pela parede da caverna? Por favor?

Tentei explicar que a sua mãe havia nos mandado juntos naquela manhã, e criaria problemas bastante reais se eu voltasse para casa sozinho. Mas parece que isso não ajudou. Então, pensei com meus botões: *Dave, você está aqui para construir uma lembrança. Kimm está a noventa milhas de distância. Ela não precisa saber dos detalhes. As porcentagens estão a seu favor que o garoto não vai se matar.*

– Está bem, filho. Vai em frente e suba a parede! – exclamei.

Com o mínimo esforço, ele correu pela parede da caverna e saiu pelo topo. Problema resolvido. Nenhuma gota de sangue derramado. Lembrança feita. Vamos em frente. E aonde está o túnel para sair daqui?

Mas meus novos colegas universitários tinham outra coisa em mente.

– Suba por aqui! – chamaram pelo buraco. – Vai ser divertido.

*Divertido*? A coisa toda parecia loucura para mim. Estudantes de faculdade não têm ideia de quanto a sua definição de diversão muda uma vez que se tem esposa, quatro filhos, uma casa hipotecada, e costas temperamentais. Escalar paredes de cavernas não é mais qualificado como uma diversão — foi excluída da lista por uma coisinha chamada sanidade mental.

E assim, dei adeus para eles.

Mais tarde, voltando em silêncio pela trilha com o meu filho, de repente senti-me velho, muito velho. Na verdade, uma relíquia antiga. Alguém deveria me embrulhar num cobertor e me dar papinha de ameixas... A decepção de meu filho era palpável, sombreando cada passo que dava. Mas nada de preocupação. Disse a mim mesmo que as decepções passam, enquanto a dor de cair de paredes de cavernas pode ter consequências que permanecem por longo tempo. O ego interno, porém, não pôde ser silenciado. Gritei:

Filho, vou voltar!

De repente eu me sentia um *viking* ou coisa parecida. Sabia que era a decisão certa quando meu filho exclamou:

– Sim! — como que dizendo "Meu pai *não* é um frouxo".

Quinze minutos mais tarde eu estava estudando a parede para projetar a minha subida. Ora, provavelmente eu deveria dizer que esta não era uma subida particularmente perigosa, mas nada disso tinha importância para mim. Era a primeira vez que eu escalava, e para um escalador de primeira viagem, toda parede de caverna é o Monte *Everest*. Pelo menos essa é minha teoria. De qualquer modo, as coisas pareciam ir bem — ou seja, ainda não havia me matado — quando cheguei numa saliência. Para terminar a escalada, eu teria de me empurrar saindo dela para que minha mão e meu pé pudessem pegar uma plataforma na parede adjacente. Se fosse bem executado, eu estaria então montado sobre a câmera da caverna, mãos pressionadas conta as duas paredes opostas da mesma. Nada elogioso, sim, porém, necessário.

Você adivinhou. *Dave-o-Sherpa* não alcançou a plataforma. Meu pé começou a escorregar descendo o lado da parede da caverna. A boa nova era que eu não me sentia mais um velho. Meus músculos travaram, o pé bateu numa saliência elevada, parando a deslizada.

A mente faz coisas engraçadas nesses momentos em que há riscos em cada movimento. "Ei! O clima dessa caverna não é nada mau. Quem sabe eu fique por aqui. Talvez pudesse morar aqui mesmo! É isso aí. Kimm podia trazer a meninada e um pouco de comida, estaríamos quentinhos e secos. Podiam, até mesmo me enfeitar para o natal".

*Não*, pensei. *Não é possível*. Eu não poderia ficar onde estava, nem podia voltar. O único jeito era ir para frente e para cima — mas ao fazê-lo eu me colocava em grande risco.

---

*Deus nos coloca onde somos compelidos a subir, não obstante os riscos.*

---

Deus move em nossa vida de modo semelhante. Ele nos coloca onde somos compelidos a subir, não obstante os riscos. Não sabemos o que há do outro lado do buraco; não sabemos se nosso pé vai escorregar. Avançar pode custar muito. Mexer, de qualquer jeito, parece arriscado. No entanto, não podemos parar. Somos impelidos a ir adiante.

A vida cristã é uma espécie de suspense misterioso, onde agimos com base na ambição piedosa sem saber os resultados. Como Paulo, vamos a "Jerusalém, constrangidos pelo Espírito, sem saber o que vai acontecer".

Ah, a propósito, não vou mais manter o suspense – consegui sair daquela caverna sem morrer.

## O RESGATE DOS RISCOS

Os riscos e as incertezas são lembretes diários de como Deus é maior do que nós. Nós nos arriscamos. Deus não. Deus não "está indo" (porque já está lá) nem está "sem saber" (já que ele sabe todas as coisas). Deus é Todo-Poderoso, controla todas as coisas. Surpreendente, não é mesmo? Agora mesmo, Deus está girando todo o universo como se fosse uma bola de basquete no seu dedão e ao mesmo tempo controlando a quantia de vezes que você pisca enquanto lê este parágrafo.

O risco ocorre porque nós não somos oniscientes. Somos humanos, finitos. Nosso conhecimento é limitado. Não temos o poder de mudar o futuro. Imaginamos ter certa medida de controle sobre coisas tais como o tempo, as finanças, e a saúde. Mas isso é ilusão. A vida é muito mais frágil.

Onde eu moro, a mera ameaça de neve é uma grande notícia. Somos absorvidos sem parar em uma cobertura de noticiários e, a cada cinco minutos, eles interrompem os comunicados no aeroporto para dar uma atualização. Claro que o informante entra no jogo, incapaz de dizer o óbvio: "Nada diferente que há cinco minutos quando você me perguntou pela última vez. E por que a gente faz as leituras no aeroporto? Ninguém mora aqui". Ele permanece na rotina, embora a neve ainda não tenha começado a cair. As pessoas estão ficando loucas. Um pastor que conheço, cuja igreja aluga o local das reuniões, disse que o proprietário fechou o prédio na quarta-feira por uma previsão de neve para o domingo. Uma previsão! Para onde tudo isso vai levar? Será que vão acabar fechando a cidade de dezembro a abril?

Estou brincando. Na verdade, não estou. Acho que muitas vezes almejamos uma vida livre de qualquer risco. Mas se eliminarmos os riscos, obliteramos a ambição. Quando Deus "nos constrange" pelo Espírito a fazer alguma coisa, ele não preenche todas as lacunas. Temos de confiar nele, assim como Paulo confiou. O risco existe porque não podemos controlar os acontecimentos e não sabemos o que vai acontecer. Em outras palavras, quando não sabemos o futuro, descobrimos em quem nós realmente confiamos.

Não fomos chamados para controlar o futuro, mas confiar em Deus pelo futuro.

Você sente o chamado em determinada direção, mas está incerto do que vai acontecer? O plano de Deus nisto é levar você a depender dele. Já notou como seu desespero por Deus aumenta com as incertezas de sua vida? O novo emprego, o novo filho, aquele novo ministério — de repente estamos desesperados por

Deus. Estamos famintos, somos carentes, arrebatados pela fome de ouvir. Deus se deleita em nos colocar nessa posição porque nos põe na posição de depender dele e exercer fé para com ele. Faz parte do modo como ele nos resgata da segurança colocada em lugares errados.

O risco sempre nos leva a experimentar Deus de forma mais profunda. Isso acontece por seu desígnio. O risco nos resgata da segurança mal colocada, ancorando-nos ao que é eterno.

## SEGUNDA REIVINDICAÇÃO: PREPARE-SE PARA AS DIFICULDADES

Eis a segunda reivindicação: prepare-se para as dificuldades, porque a ambição também nos resgata dos confortos que distraem.

O relato das palavras de Paulo aos presbíteros efésios em Mileto, Atos 20.22-23 acrescenta um detalhe curioso: "E, agora, constrangido em meu espírito, vou para Jerusalém, não sabendo o que ali me acontecerá, *senão que o Espírito Santo, de cidade em cidade, me assegura que me esperam cadeias e tribulações.*"

Está ficando complicado. Deus não diz a Paulo tudo que vai acontecer no futuro, mas lhe revela este segredinho: prisões e aflições o aguardam. Se eu fosse Paulo, apelaria, tentando renegociar a proposta. "Senhor, podemos fazer isso de outra forma? Ou o Senhor me dá o retrato inteiro do que está para acontecer, ou não diga nada. Mas se o Senhor só vai me conceder uma olhadela, tem de ser sobre prisão e dor?"

Paulo sabia que cumprir sua ambição pelo evangelho traria perigo e dificuldades. Mas foi chamado a prosseguir assim mesmo. Tinha um senso do final; só não sabia como isso aconteceria. Lembra do *Star Trek*, quando membros da tripulação, sem nome, eram mandados juntos à tripulação regular? Você sabia do que isso tratava. Eram iscas para os alienígenas, e significava que o episódio estava começando a ficar interessante. A gente tinha um senso do final, só desconhecíamos os detalhes particulares. Era assim com Paulo.

> Por que Deus quer que saibamos que as dificuldades
> acompanharão a busca por nossas ambições?

Isso levanta a pergunta: Por quê? Por que Deus conta a Paulo sobre outras dificuldades que o aguardam? Por que Deus quer que saibamos que as dificuldades acompanharão a busca por nossas ambições?

Porque nossa tendência natural é buscar o caminho menos desafiador. Você é como eu? Muitas vezes procuro eliminar os riscos, diminuir os custos, e manter bem longe as dificuldades. Era esse meu problema na caverna com meu filho. E é meu problema qualquer tempo que a missão do evangelho é ameaça ao meu conforto.

Porém, a vida cristã nos chama a tomar a cruz, não se sentar na poltrona inclinável. Deus nos promete que quem segue a Cristo encontrará provações e tribulações (João 16.33; Tiago 1.2-3). Tudo isso vem com a jornada. Em Atos 20.23, Paulo não diz: "Só sei que hotéis e *Jacuzzis* me aguardam". Quisera eu. Em vez disso, diz: "Só sei que me aguardam prisões e aflições".

Se você quer glorificar a Deus mediante a ambição piedosa, prepare-se para as dificuldades. Deus tem nelas um desígnio singular. Às vezes, elas preservam a vida. As dificuldades tiram e violam os nossos confortos, mantendo nossas raízes naquilo que realmente importa. A ambição piedosa nos resgata da distração de tentar seguir a Cristo e procurar conforto ao mesmo tempo. Uma das formas em que a grande prosperidade no Ocidente falha em servir aos cristãos é que ela torna mais atingível o conforto. Temos comida que conforta. Selecionamos camas confortáveis, até mesmo hotéis Conforto. Digite "conforto" em uma rede de busca e você obterá a Casa do Conforto, uma loja inteira que propõe ser "fonte de produtos que facilitam a sua vida". Só nos Estados Unidos.

Mas nem todo americano é distraído pelo conforto. Constrangidos pelo Espírito, Bob e Joanne seguem sua ambição piedosa. Foram adiante, sabendo que as dificuldades viriam. Sua vida nunca é chata. "Vivemos em terra estranha por causa das complexidades médicas de Christopher", Joanne explica. "Ele é estável ao mesmo tempo em que é frágil. A ameaça de rejeição dos órgãos transplantados sempre paira nas sombras. Há dificuldades sempre, e poderíamos facilmente desanimar. Mas Deus continuamente derrama a sua graça e fé para a jornada".

Como uma família enfrenta essa espécie de dificuldade — até mesmo assumindo mais desafios com o acréscimo de cada filho adotivo — com tanta esperança? Somente com a ambição piedosa.

Há algum tempo, viajei com outros pastores para conduzir duas conferências para líderes na África. Uma conferência foi patrocinada por um líder africano que foi treinado em um seminário nos Estados Unidos. Enquanto ali, seus filhos menores se adaptaram inteiramente à cultura ocidental. Passaram quase cinco anos aproveitando as coisas que a maioria dos norte-americanos consideram normal — bom tratamento de saúde, pizza de pronta entrega, a NBA (Associação Nacional de Basquete). Quando sua formatura se aproximava, aconteceu algo inesperado. Começou a lutar com questionamentos quanto a se deveria voltar. Por que arriscar transplantar sua família de volta à pobreza e aos problemas de seu país quando, se ficasse nos Estados Unidos, eles poderiam ter boa renda, comida rápida, cuidados dentários e xícaras de café a cinco dólares?

A sua resposta ecoa a de Paulo em Atos 20.24: "em nada considero a vida preciosa para mim mesmo, contanto que complete a minha carreira e o ministério que recebi do Senhor Jesus para testemunhar o evangelho da graça de Deus". Meu amigo africano fez a escolha de seguir sua ambição de pregar o evangelho em sua terra natal.

Penso que nós no Ocidente poderíamos usar uma boa dose de fé proveniente do risco de designações evangélicas perigosas. Porém, ao olharmos o grande risco, às vezes podemos não enxergar os pequenos riscos, e a fé que vem de aceitá-los também. Às vezes o ministério que passamos por perto todo domingo ou os vizinhos que cumprimentamos à distância são os riscos onde a ambição pelo evangelho apresenta suas reivindicações.

Qual será a ambição movida pelo Espírito que Deus quer que cumpramos para a sua glória aqui mesmo onde nos encontramos?

Quando Paulo diz: "Vou a Jerusalém, sem saber o que vai acontecer", ele está falando dentro de seu papel e sua responsabilidade. As perguntas que temos de fazer são: Qual a nossa Jerusalém? Qual a ambição movida pelo Espírito que Deus quer que cumpramos para sua glória aqui mesmo onde nos encontramos?

Após sua mensagem na "Conferência Juntos para o Evangelho" de 2008, foi perguntado a John Piper como as pessoas podem viver sacrificialmente pelo evangelho quando, na atualidade, não enfrentam provações ou não sentem um chamado para mudar para um lugar onde o risco é a única maneira de vida. Piper disse o seguinte:

> Encontre aquilo que é duro, satisfaça-se com Jesus, encontre nele suficiente motivação, e goze a comunhão dos seus sofrimentos. Você já ouviu alguém dizer: enquanto andava pelo caminho de prímulas ao sol, descobri a mais profunda e duradoura comunhão com Jesus? Nunca... Sempre, sem exceção — e nunca ouvi ninguém negar isso — os seres humanos dizem: Eu o encontrei mais de perto, mais profundamente, tive maior prazer nele, vi mais dele, na minha dura estrada. Assim sendo, por que não abarcaríamos as duras estradas do evangelismo ou qualquer coisa que nos estresse?[3]

Esta lógica bíblica é muito evidente para todos nós. Nada mortifica o anseio por conforto mais depressa do que assumir uma estrada difícil. Alguns de nós já nos encontramos nela. Somos compelidos por Deus com uma ambição, procuramos nos aconselhar, e agora temos de ir adiante. Temos de dar um passo.

Algumas pessoas *precisam* estar ali agora mesmo. Temos conforto demais. Não nos arriscamos desde que Reagan deixou a Casa Branca. Não conseguimos ir atrás da ambição porque temos medo de nos arriscar, no entanto, estamos desanimados, estamos sem ambições. Estamos no caminho ensolarado das prímulas, entediados a não poder mais.

---
3 Ver http://www.sovereigngraceministries.org/Blog/post/Radical-Risk-without-Relocation.aspx.

Deixe-me perguntar a você: Qual o risco, impelido pelo Espírito, que Deus está chamando-o a tomar?

Talvez seja o de finalmente envolver-se totalmente naquela igreja que você visita há meses. Talvez seja passar de receber dois salários para uma só renda, para que você esteja presente como mãe mais envolvida de seus filhos. Talvez não seja esperar para a igreja começar um ministério de alcançar os outros, e simplesmente começar, você mesmo, a alcançá-los. Talvez seja abandonar a sua aposentadoria e começar a usar estrategicamente seu tempo e seus recursos para servir ao próximo. A ambição piedosa não exige conhecer o futuro, proteger os nossos confortos, ou procurar eliminar todo risco. Ela dá um passo adiante, pela fé. Ambição vai em frente, sabedora que Deus é glorificado em nós quando o evangelho prossegue por meio de nossos sacrifícios.

Deus nos ama demais para permitir que desperdicemos mais um momento na grande penumbra da ambivalência. A única vida livre de riscos será no próximo mundo. Para ter uma ambição piedosa, é necessário que aceitemos os riscos.

## TERCEIRA REIVINDICAÇÃO: VALORIZE O EVANGELHO ACIMA DE TUDO

A família Fannon é impressionante de se ver. Quando saem juntos, são propagandas no volante das alegrias e dos desafios de ambição piedosa. Em um só tempo, entre todos os seus filhos, o séquito incluía cadeiras de rodas, postes de soro, ventiladores, tanques de oxigênio e bombas de alimentação. Com todas as crianças e mais o equipamento, precisam multiplicar os carros e multiplicar os motoristas para viajar em família. Até o fardo de viajar muitas vezes confina a família a seu lar — é simplesmente mais fácil.

Por que eles fariam isso — aceitar uma criança que requer treinamento médico especial e cuidado a todo tempo? Christopher não apenas alterou sua rotina diária; ele acabou com ela. Por que os Fannons assumiriam voluntariamente esses riscos?

– É o evangelho – diz Joanne.– Ele abarca tudo! O evangelho trata de Deus amar os não amáveis por meio de Cristo — chamando-nos a fazer o mesmo. É ajudar aqueles que não podem ajudar a si mesmo. Cuidar, como mãe e pai, de crianças que mais ninguém consegue cuidar é nossa maneira de demonstrar-lhes o amor de Deus.

Os Fannons tomaram uma decisão, há muitos anos, que governa sua vida a cada dia. Amariam o evangelho acima de tudo mais. "Valorizamos o evangelho acima de tudo mais e confiaremos em Deus para o resto", é o lema de Joanne. Já vimos crianças sofrendo e tivemos crianças que morreram. Quando custa tanto crer no evangelho todo dia, é aí que ele adquire maior valor.

Paulo tomou riscos diferentes, mas corria atrás do mesmo prêmio. Ouça novamente o que ele diz: "em nada considero a vida preciosa para mim mesmo, contanto que complete a minha carreira e o ministério que recebi do Senhor Jesus para testemunhar o evangelho da graça de Deus".

Ambições pelo evangelho podem ser audazes porque marcam algumas suposições nada ortodoxas. Paulo está dizendo: "Ainda que eu tenha dons e responsabilidades, não sou tão estratégico ou importante a ponto de não ser arrancado de onde estou por amor do evangelho". Quando ele falava aos presbíteros de Éfeso, deixou claro que ele prezava o evangelho acima de sua própria reputação. Foi por isso que ele não se esquivou de declarar "todo o conselho de Deus" (Atos 20.27).

Paulo fala também sobre como preza o evangelho ainda mais do que as amizades. O que torna isso especialmente comovente é que obviamente isso não era fácil para ele. Paulo era profundamente relacional. Não estava apenas circulando pelo corpo de Cristo sem prestar contas e sem estar ligado a ele. Os presbíteros de Éfeso eram seus colegas, amigos chegados. Ele havia vivido com eles e os servia com lágrimas. Imagino os presbíteros dizendo: "O evangelho acaba de levar o melhor que temos", enquanto o navio de Paulo saia para o mar. Era bem audacioso. Mas Deus entende. Ele também enviou o melhor dos melhores, na pessoa de Jesus Cristo.

> Nosso conforto ou nível econômico não é tão importante
> que não possamos sacrificá-los pelo evangelho.

A ambição de Paulo não foi apontada aleatoriamente para diversos alvos, todos igualmente importantes. Nada disso. Paulo valorizou o evangelho acima de tudo mais. Mesmo a vida dele não era mais preciosa que isso. Para que sigamos o seu exemplo, pode ser que tenhamos de decidir: "Eu não sou importante demais para exercer ambição pelo evangelho" ou "Meu conforto ou nível econômico não são tão importantes que não possam ser sacrificados por amor do evangelho".

Doze anos depois que Christopher Fannon veio para casa, ele ainda está vivo. Ele traz alegria a Bob e Joanne e a todos que têm contato com sua família. Outras crianças entraram também no lar dos Fannon – um total de onze, exatamente. Eles são uma comovente parábola do grande amor de Deus por nós. Vivem ambições do evangelho todos os dias, ao derramarem fé e amor a crianças que têm necessidade desesperada de adoção e cuidados.

O seu mundo não era um "jogar os dados". Eles aceitaram os riscos construídos sobre o mais certo de todos os fundamentos. Riscos por amor do evangelho de Jesus Cristo que é digno de todo risco. Riscos que expressavam sua fé naquele que os chamou. Riscos que evidenciavam sua prática da "religião pura e sem mácula" (Tiago 1.27).

Deus fez os Fannons com corações para este tipo de cuidado e ministério. Despertou-lhes uma ambição de prover uma família para os que mais precisam dela. "Creio que Deus nos deu fé para procurar os mais doentes entre os doentes, trazê-los para nosso lar para viver o resto de seus dias com a nossa família, a fim de dar-lhes o dom da esperança por meio de Jesus Cristo, e derramar o amor que foi derramado sobre nossos corações e nosso lar", diz Joanne.

## UM CHAMADO FINAL

Será que o medo de arriscar-se ainda paira em sua mente? Muito bem. O risco não deve ser ignorado. Tem de ser considerado e reconhecido. Mas enquanto gastamos algum tempo estudando a realidade de todos os riscos que encaram nossa ambição de frente, não podemos perder de vista o que é mais importante.

O risco apenas pelo risco é temerário. Deus não nos chama a isso. Mas ele nos chama a um grande risco *por amor do evangelho*.

Assim, lute por uma fé onde o evangelho paira maior em sua visão. Lute por uma alegria que encontra sua maior realização na expansão do evangelho.

Devemos honrar a fé de gente como os Fannons. Devemos respeitar profundamente o sacrifício e confiança de Paulo. Mas não devemos admirar apenas dos bastidores. Deixemos que nossa ambição nos tire dos bancos e nos leve para dentro do jogo. Admire esses heróis correndo junto deles. Enfrente o risco de cara, e declare que você não será dominado por seus temores. Você serve a um grande Deus que o comprou com seu sangue. Ele, e não os seus medos, determinará os seus passos. Ele tem nas mãos o seu futuro e o chamou para correr com perseverança para isso.

Então, o que fazer agora? Que passo prático tomar para equipar-se para compartilhar o evangelho? Qual o passo que você deve tomar para realmente compartilhar o evangelho?

Outro dia eu estava num casamento, conversando com um dos convidados, esforçando-me por compartilhar o evangelho com ele. Fiquei feliz com a oportunidade, mas senti-me despreparado, e percebi que precisava de uma recapitulação de como falar efetivamente de Cristo. Você precisa?

Quem sabe você sonha com um ministério pastoral, e ler este livro despertou algo em você. Quem sabe almeja levar o evangelho a pessoas carentes por meio de iniciar novas igrejas. Já conversou com o seu pastor sobre isso? Você está servindo a igreja onde frequenta? Está lendo a boa teologia e se imergindo nas Escrituras? Pais, será que Deus os está chamando para amar seus filhos a ponto de arriscar-se por eles? Talvez a sua ambição atual seja de cultivar a espécie de amor que demonstra bondade e misericórdia, mesmo quando queremos punir; amor que retira a autojustiça e se reveste de mansidão. Você é ambicioso por seus filhos enxergarem o evangelho por seu intermédio?

De tempos em tempos, oportunidades de correr riscos extraordinários vêm à nossa vida. Você está preparado para enxergar tais oportunidades e respondê-las com ambição piedosa? Não espere pelo extraordinário — a vida cristã é inerentemente arriscada, todo dia, se cuidamos em tomá-la a sério. Ela arrisca nosso conforto, nossas agendas, nosso tempo livre, nossas economias e nossa reputação, de modos grandes e pequenos.

Qualquer que seja o risco, você está resolvido a seguir a Cristo? Você preza a gloriosa verdade de sua vida justa, sua morte em nosso lugar, sua ressurreição e sua volta? Está decidido a, como Cristo, seguir uma mobilidade *descendente*?

É Deus que atiça o fogo da ambição na alma de homens e mulheres. Ele sopra a chama para aumentá-la, e nos chama para esperarmos de um grande Deus que faça grandes coisas. A ambição requer o risco; é o preço do progresso e da proclamação. E, no risco, o evangelho de Jesus Cristo marcha adiante inesperadamente, incessantemente, impossível de impedir. Quer seja indo a Jerusalém, adotar crianças com necessidades especiais, ou atravessar a rua para conversar com a vizinha, todos nós podemos desempenhar uma parte.

É um paradoxo: a ambição precisa ser resgatada da armadilha do "eu", mas Deus vira a mesa e utiliza a santa ambição para *nos* resgatar. Ele nos livra da segurança frouxa e dos confortos perniciosos. Ele nos liberta para que vivamos por seu reino.

A propósito, acabei de ter notícias hoje dos Fannons. O risco bateu à sua porta de novo, em forma de um bebezinho, com corpo minúsculo de uma menininha arrasado pela quimioterapia. A resposta deles? Você já adivinhou, estão empolgados, já ocupados em buscar a adoção, marcar as cirurgias, e orar por milagres. Eles vivem, em grande parte sem perceber que sua paixão por adotar bebês com problemas crônicos de saúde é, em si, um milagre.

Só com Deus isso é possível. Somente em Deus.

## CAPÍTULO 11

# AMBIÇÃO PAGA ADIANTADAMENTE

## A MISSÃO MARCHA ADIANTE QUANDO A AMBIÇÃO OLHA PARA FRENTE

"Lidere o caminho!"

As palavras foram dirigidas ao meu filho mais velho enquanto ele saudava o sargento-mestre condecorado em combate. Foi o momento essencial da cerimônia de comissionamento, quando os cadetes do exército recebem oficialmente o cargo de segundo-tenente.

O sargento-mestre havia marchado adiante em precisão de desfile e estava parando exatamente a poucos centímetros de cada cadete. Ele estalava uma continência, e em seguida se dirigia a eles como oficiais pela primeira vez. Olhando nos olhos de cada cadete, ele dava sua ordem final a eles: "Lidere o caminho!"

A resposta cerimonial de cada cadete da infantaria era: "Siga-me!"

Tudo fazia parte do ritual solene do Exército, significando que essa próxima geração de líderes estaria recebendo o verdadeiro manto de responsabilidades.

O peso da tradição era palpável enquanto cada jovem cadete aguardava esse intercâmbio com o sargento-mestre. Cada um estava apenas a uma continência de distância de receber o posto. Cada um havia esperado quatro horas para ouvir: "Lidere o caminho".

Nunca estive antes em uma cerimônia de comissionamento, a não ser que você considere o dia que atingi o "grau" de novato durante meu verão de escoteiro. Isto era muito mais sério. Se você for como eu, desconhecedor dos graus militares, o sargento-mestre está entre os mais altos graus de soldados. Este homem em pé diante de meu filho era — bem, se você estiver numa briga, você vai querer que ele esteja do seu lado. Na verdade, talvez nem queira mais ninguém. O soldado de carreira havia servido nas forças especiais e viajado a quase todos os países do mundo. Era atirador de elite e instrutor certificado de tropas de paraquedistas e ataques aéreos. Isso permitia que ele usasse botas de combate com sua farda de gala. Se isso pouco significa para você, saiba que no mundo do exército é quase como um PhD. Para mim, significava que de maneira nenhuma, eu não tentaria provocá-lo. O sargento-mestre tinha sido o instrutor responsável por treinar os cadetes nos últimos três anos. Ele os encontrava cinco da manhã todos os dias, fazia seus exercícios, ensinava-os, avaliava-os e gritava obscenidades criativas com eles. Era um homem de ponto, o que quer dizer que o Exército lhe dera mandato pessoal para entregar os cadetes à cerimônia de comissionamento, pronto para comandar.

Mas eis a ironia: no segundo após eles terem sido comissionados, cada um desses segundos-tenentes estaria em hierarquia superior a esse mestre-sargento endurecido pelas batalhas. Isso queria dizer que, entre outras coisas, eles poderiam dar as ordens a ele. Não era recomendado, mas tecnicamente, era possível.

No momento da mui esperada continência, o líder se tornou o seguidor. Era o mais velho servindo ao mais novo, o experiente abrindo caminho para a próxima geração. Uma transferência havia ocorrido. O Exercito honra essa tradição porque entendem algo muito importante: a ambição precisa se esticar até a próxima geração. O verdadeiro sucesso significa não apenas construir algo, mas passá-lo para uma geração mais jovem. Estou me referindo a transferir a verdadeira responsabilidade, olho no olho, dando continência proverbial e dizendo: "Lidere o caminho!"

## OLHANDO SEMPRE PARA FRENTE

Imagine uma ambição que cresce mais forte à medida que você fica mais velho. Tão clara e indomável que ela chega à próxima geração.

Roger e Dottie Small casaram-se em 21 de setembro de 1958. Dez meses após o dia de seu casamento, deram boas-vindas a sua primeira filha em sua família. Logo seguiram mais três meninas. Os anos seguintes estavam cheios de coisas de criança —escola, esportes, viagens ao médico, muitas lembranças, férias em família, e muitas horas construindo em sua igreja local. Os Smalls edificaram uma vida familiar baseada na igreja.

Avance muitos anos. Todas as moças casaram-se com homens piedosos e foram adiante, foram começar suas próprias famílias. Para a maioria das pessoas, isso seria sinal para os pais terem oportunidade de andar mais devagar e descansar. Mas não Roger e Dottie. Recentemente, sentei com um de seus genros, Warren Boettcher. Da sua poltrona na primeira fileira, Warren disse: "Roger e Dottie veem a si mesmos como vivendo para a próxima geração".

Os Smalls vivem uma vida extraordinária. Vinte e cinco anos depois que sua filha caçula saiu de casa, eles ainda têm uma longa lista de atividades — anfitriões de esforços evangelísticos, ensaio da banda do louvor, pequenos grupos, sessões de aconselhamento, aulas. A lista continua. Mas não se trata de suas atividades. É a respeito de por que eles fazem o que fazem. Trata de sua ambição pela próxima geração.

"Roger e Dottie", Warren disse, "possuem uma humildade que os posiciona não como especialistas, mas como aprendizes. Às vezes, santos mais velhos têm uma atitude de *é assim que tem de ser,* mas não Roger e Dottie. Eles não dizem à geração futura como têm de viver. Descobrem o que essa próxima geração está fazendo e perguntam como podem ajudar. Suas vidas estão orientadas para servir."

Isso realmente provoca sentimentos fortes. Mas tem mais. Quando a maioria das pessoas de sua idade estava diminuindo suas casas e coisas, Roger e Dottie construíam uma casa de quatro dormitórios com tetos de três metros no porão. Por quê? Previam o dia quando precisariam que o porão se tornasse um apartamento caso algum membro da família viesse a precisar, talvez um casal jovem ou uma mãe solteira. Recentemente, Roger e Dottie mudaram para um dos quartos e converteram a sala de jantar em sua sala. Ocupam dois cômodos na casa para que sua filha, genro e seus filhos possam utilizar o resto da casa.

"Porque Roger e Dottie construíram sua casa por esta razão, eles não consideram viver em dois cômodos um sacrifício", disse Warren. "Simplesmente não há uma mentalidade de aposentadoria neles". A ambição dos Smalls para a próxima geração – e para a que seguirá depois dela — deve nos inspirar. Eles redefiniram os anos dourados como um chamado mais alto. Cada compra que fazem, cada investimento, cada decisão, é com os olhos em como servirão a próxima geração e como isso será usado para o futuro.

Se perguntar aos filhos, netos e bisnetos dos Smalls, eles lhe dirão que gratidão e humildade marcam a vida de Roger e Dottie. Diz Warren: "Roger e Dottie enxergam a vida por uma lente de múltiplas gerações".

É assim que você vê a vida?

Já cobrimos muito terreno neste livro. Talvez você sinta, como eu, que viajamos juntos a alguns lugares incomuns. Ouvimos o clamor da ambição por ajuda. Vimos que a ambição piedosa tem de ser resgatada da ideia popular de que ela é tóxica. Vimos como o tipo certo de sonhos nos leva a almejar as coisas pelas quais Deus nos chamou, e os procura com uma paixão que arde fundo e por longo tempo. Nossas ambições por Deus têm de seguir as ambições de Deus por nós.

Antes de terminar, quero que você sonhe comigo. O que seria ter uma ambição que alcance além de nós mesmos para as gerações que vem depois de nós? Uma ambição que identifique, treine e então abra mão de outras pessoas, dizendo-lhes: "Lidere o caminho!"

## A HISTÓRIA DE QUANDO PRESTEI CONTINÊNCIA

É a pergunta que me levou a um lugar improvável em 12 de outubro, 2008. Naquela manhã de domingo, eu estava no palco em frente à igreja que tive o privilégio de liderar por dezenove anos, realizando meu último ato como seu pastor titular. Estava entregando meu papel de pastor sênior a um colega de vinte e oito anos de nome Jared Mellinger.

Contudo, esta transferência tinha uma virada incomum, visível no voto final de ordenação:

– Você promete começar a orar pela pessoa que finalmente o substituirá no ministério, com a esperança de um dia identificar, treinar e transferir as suas responsabilidades a ele, para que esta igreja possa continuar a crescer e amadurecer em futuras gerações, para a glória e honra de Deus?

– Sim – veio a resposta.

A transferência estava completa. A Igreja *Covenant Fellowship*, uma congregação de vinte e cinco anos na área de Filadélfia, tinha um novo pastor titular (por sinal, muito bem dotado). Embora Jared mal conseguisse pilotar um velocípede quando a igreja foi plantada, ele acabara de aceitar oficialmente o seu papel de liderar a congregação. E o fez com a provisão incomum de que ele, também, começaria imediatamente a planejar a transferência de seu papel, um dia, a um homem bem qualificado, que fosse mais jovem.

Jared ainda não pregara seu primeiro sermão nesta nova posição, contudo, já estava pensando sobre quem o haveria de substituir. Estava prometendo ser ambicioso por uma geração que ainda não havia nascido. A equipe pastoral, bem como as pessoas da Igreja *Covenant Fellowship*, estavam dispostas a dizer: "Lidere o caminho!"

Diversos caminhos de ambição convergiram naquele domingo pela manhã, todos fazendo parte da história do que pode acontecer quando uma igreja inteira tem o sonho de transferir o evangelho para a próxima geração.

> A única coisa surpreendente sobre esta história é a graça e misericórdia de Deus em algumas pessoas bastante comuns.

Permita que eu diga a princípio que a única coisa surpreendente sobre esta história é a graça e misericórdia de Deus em algumas pessoas bastante comuns, incluindo eu mesmo. É uma fotografia do que acontece quando Deus resgata a ambição por sua glória. Ele toma nossa ambição pelo evangelho e vira-a em direção ao futuro. Ser centrado no evangelho torna-se transferir o evangelho.

Talvez você esteja dizendo:

–Ótimo, Dave, mas como isso se aplica *a mim* no meu trabalho, na minha escola, no meu mundo?

Por favor, não fique preso pelos detalhes particulares desta história. Olhando além da superfície, você observará algo que captura o coração deste livro. Quando a ambição piedosa floresce em nossa vida, coisas poderosas começam a acontecer. Os propósitos soberanos de Deus se desdobram por meio da agência da iniciativa humana, e somente Deus recebe a glória. Ninguém mais poderia juntar os quatro caminhos da ambição como ele fez nesta história. Só Deus. E estar de pé onde esses caminhos convergem, a meu ver, é estar em pé em lugar santo.

## PRIMEIRO CAMINHO: AMBIÇÃO LIBERADA

Após vinte e cinco anos, Bill Patton ainda ama a sua igreja. É uma boa coisa, já que foi ele que a começou. Bill estava na congregação naquele domingo de outubro de 2008, quando Jared tornou-se o pastor titular. Lá em 1984, ele liderara o time de famílias e pessoas solteiras que deram início a esta igreja. Bill veio aos subúrbios de Filadélfia com uma paixão por pregar o evangelho, edificar uma igreja, e ver homens jovens treinados como líderes.

Bill viu em mim os dons em potencial de pregar e pastorear. Assim, pouco depois de mudar para Filadélfia, aos vinte e seis anos, para fazer parte da plantação desta igreja, passei a fazer parte da equipe como novato inexperiente e comecei a experimentar a emoção de cuidar do povo de Deus. A igreja estava planejando enviar-me dentro de dois anos para começar outra igreja em Pittsburgh, minha cidade natal — terra do time dos *Steelers*!

Mas as coisas não aconteceram conforme qualquer um de nos havia planejado. Sem aviso prévio, aconteceram algumas coisas na família de Bill que deixaram claro que ele precisava deixar sua posição como pastor titular. A decisão natural foi entregar a igreja ao outro pastor fundador, que foi exatamente o que aconteceu. Dentro de poucos meses, esse homem concluiu humildemente que não tinha os dons de pastor sênior. Assim, o papel ficou com o último homem disponível, o cara menos experiente, que já tinha um pé na porta de saída. Isso mesmo. Eu.

Antes que eu continue, quero fazer uma pausa e dirigir sua atenção a alguns detalhes sobre meu amigo Bill. Ao decidir abrir mão de ser pastor titular, ele não estava envolvido em qualquer imoralidade ou desvio financeiro. A questão era o efeito que a significativa responsabilidade de Bill pela liderança da igreja estava tendo sobre sua responsabilidade primária que era a liderança em seu lar. Tinha se tornado claro, para Bill e outros a sua volta, que o papel pastoral que ele precisava exercer em seu lar requeria que ele saísse da liderança pastoral da igreja.

Bill é um homem de muitos dons, dotado na pregação e na liderança. Vem de uma família cristã e tinha um desejo por toda a vida de servir a Deus no ministério pastoral. Bill amava ser pastor titular. Amava pregar e tinha prazer na aventura de liderar uma igreja em crescimento. Sob sua liderança a igreja rapidamente ajuntara várias centenas de pessoas e continuava a crescer. Sua ambição era passar toda sua vida liderando a igreja.

Mas agora, reconhecia que precisava dar um passo para trás. Deus o chamava a abrir mão de suas aspirações e andar pelo caminho menos trilhado da ambição liberta.

Eis o cenário: um líder cristão muito talentoso, que funda e lidera um ministério frutífero, enfrenta uma decisão que marcará o curso de seu próprio futuro, bem como o futuro de sua igreja. Ele poderia dizer que as questões que enfrenta não são tão importantes. Poderia encontrar meios de evasão, portas exegéticas dos fundos para fugir das qualificações bíblicas do presbiterato. A igreja é jovem, e não há outros grandes líderes esperando nos bastidores. Não seria melhor simplesmente continuar no curso atual e resolver as coisas tão bem quanto possível? Homens menores arrazoaram dessa forma. Existe uma espécie de ambição egoísta que procura dar legitimidade a uma campanha por manter aquilo que você tem a qualquer preço. Ou ele poderia simplesmente redefinir seu entendimento da Escritura, ou até mesmo seu senso de chamado. Sabe, encontrar outra espécie de ministério onde a saúde de sua família não seria impedimento para os seus dons. Seria mais fácil fazer o que estava se tornando cada vez mais comum —apenas ficar de pé e falar que está sendo chamado misticamente para uma nova ventura por Deus, desejando o melhor para a igreja no futuro, enquanto você vira as costas e sai pela porta. Thomas Watson observou: "A ambição egoísta é mãe de todas as cismas".[1] O tipo errado de ambição pode empurrá-lo a uma mudança de convicções para caber em suas oportunidades.

Bill teve suas opções e suas tentações, mas Deus lhe deu clareza quanto a algo importante. Às vezes, honrar a Deus significa colocar nossas ambições sobre o altar. Como Abraão fez com Isaque, e Ana com seu desejo por um filho, podemos tomar aquilo que cremos que Deus nos deu e oferecê-lo de volta a ele.

Assim sendo, Bill demonstrou ser um homem cuja verdadeira paixão era um amor por Cristo e sua igreja. Ficou corajosamente diante das pessoas que estavam sob sua liderança e entregou a igreja a outros.

Mas não terminou ali. Ele se comprometeu publicamente a ser ativo e entusiasmado membro da igreja que ele havia fundado — apoiando essa igreja durante a transição e servindo-a no futuro. Também se consagrou a liderar sua família com a humildade do evangelho.

Onde é que um homem consegue essa espécie de coragem e força quando tem de abrir mão de suas ambições? Você já adivinhou: no evangelho. Ouça o que dizem as palavras desse homem que pagou o preço de viver aquilo que crê:

> O evangelho responde minhas perguntas de identidade. Me diz que sou servo (escravo) de Deus, seu filho, um adorador, e um membro atuante de sua igreja. Minha identidade como pastor sempre foi secundária. Não perdi a minha identidade principal. O evangelho responde às minhas questões quanto ao propósito. O evangelho abriu meus olhos para a glória de Deus em Cristo. Respondi ao chamado para o ministério a fim de glorificar a Deus. Ser pastor nunca foi, por direito, meu fim principal. Presentemente, não tenho a oportunidade de servir como pastor, mas tenho oportunidades diárias de cumprir

---

1 Thomas Watson, *The Godly Man's Picture* (Carlisle, PA: Banner of Truth, 1992), 81.

meu propósito principal de vida. Perguntar: "Como glorifico a Deus agora?", me liberta de maneira maravilhosa.

O evangelho também aponta o caminho para minha felicidade contínua. Minha maior alegria está em Deus e na salvação que Jesus outorgou por mim na cruz. Acima de tudo mais, sou grato por ser cristão — por ser salvo — e conhecer a alegria dos pecados perdoados e da consciência purificada. A alegria do ministério nunca poderia legitimamente ser o fundamento de minha felicidade. Ela é uma alegria secundária e derivativa.

É uma alegria secundária, derivativa. Sendo assim, Deus me tem ensinado a...

— pensar em mim em termos de minha identidade principal.

— ocupar-me de meu propósito principal.

— deleitar-me em minha alegria principal.

Com o passar dos anos, não morreu o desejo de Bill de voltar ao ministério pastoral. Talvez um dia essa ambição se realize. Mas as ambições de Bill, mesmo as mais nobres, não o dominam. Suas convicções regem as suas ambições. Ele acredita que servir a igreja é mais importante do que assegurar uma posição no ministério pastoral, que transmitir o evangelho a nossos filhos é mais importante do que ter o emprego dos sonhos, e que a glória de Deus é infinitamente mais importante do que a realização pessoal.

Até hoje, Bill é um membro apaixonadamente dedicado na Igreja *Covenant Fellowship*. Nossa igreja é mais forte porque ele está nela. E o trabalho duro de Bill no pastoreio de sua família está produzindo bons frutos e, por sua vez, um testemunho contínuo. O filho de Bill, Chris, plantou uma igreja que está crescendo no estado próximo de Delaware. Puxa, isso é fruto bastante sério!

Bill nos ensinou que nosso maior impacto pode ser a maneira como vivemos fora das luzes de ribalta — como exaltamos a graça, aplicamos o evangelho, e seguimos a verdadeira ambição bíblica. Bill não estava vivendo pelo momento. Entregar a outro aquilo que ele fundou era mais importante do que proteger sua posição ou salvaguardar o seu nome. Ele viu que precisava abrir mão da sua ambição a fim de preservar o futuro. O evangelho era mais importante do que os sonhos de Bill.

A ambição de Bill foi resgatada.

## SEGUNDO CAMINHO: AMBIÇÃO SANTIFICADA

Enquanto eu me preparava para entregar para Jared a liderança da Igreja *Covenant Fellowship*, mais que uma pessoa me perguntou por que estaria fazendo isso.

Eu entendia a pergunta. Ainda não estou na idade de me aposentar — ainda não. Com certeza, estava assumindo um novo papel nos Ministérios *Sovereign Grace*, o grupo do qual minha igreja faz parte, mas não estava tentando ser promovido para a corporação. Amo o ministério pastoral, amo minha igreja, que era grande e estava crescendo. Com uns dois pastores executivos, uma equipe pastoral de mais de uma dúzia de homens, e um vibrante programa evangelístico, sempre havia pessoas novas e novas iniciativas a tornar o ministério em aventura contínua e incessante fonte de alegria.

Ser pastor titular de uma grande igreja suburbana pode não parecer grande coisa para você. Mas eu tenho o hábito de correr atrás de minha própria glória, e essa era uma posição que, antigamente, eu teria lutado para manter. É por isso que quero que você ouça um pouco de minha história. É a história de como Deus me colocou no caminho da ambição santificada.

Há dezenove anos, eu era um pastor novato com formação em criminologia, cuja única área de habilidade era a música popular dos anos setenta. Francamente, provavelmente as pessoas deviam ter se dirigido à saída quando passei a ser o pastor titular. Eu era ambicioso por liderar, mas não tinha a mínima ideia do que isso realmente significava. Só sabia que deveria correr muito na direção a que Deus me chamara. Mas correr muito era só o que eu sabia. Ainda não tinha aprendido o que significava correr para a glória de Deus.

Desde minha conversão, tinha forte impulso por fazer algo importante para Deus, desenvolver os meus dons, simplesmente me lançar naquilo que Deus queria fazer em mim. Mesmo quando eu era descrente, estava ligado em iniciativas — uma qualidade que meus amigos amavam, mas que entre seus pais me deu o prêmio de *Mais Propenso a Criar Problemas Para Nossos Filhos*. Lembro distintamente que certas tendências se desenvolveram enquanto eu crescia em Cristo. Queria viver intensamente, traçar um curso, defender ideias, persuadir as pessoas. Basicamente, queria liderar. Tinha uma ambição consumidora de ver minha vida contar por alguma coisa. Ah! Eu mencionei que eu gostava muito de trabalhar?

Quem sabe você se identifique com isso ("Ei! Ele é como eu"). Ou talvez essa personalidade seja menos atraente para você ("Ei! Ele é um tanto... esquisito"). O ponto é que meu quarto de século pastoreando não trata de realização da ambição, e sim da ambição transformada. Em termos mais biblicamente precisos, trata da ambição santificada.

Para mim, a ambição é uma espada de dois gumes. Por muitos anos eu só via o lado brilhante da lâmina. Foi necessário disciplina cuidadosamente projetada por Deus para que eu começasse a abrir os olhos para o lado enferrujado, inferior, da ambição egoísta. Em sua misericórdia, Deus me permitiu liderar uma igreja maravilhosa — e durante o processo usou todas as circunstâncias dessa posição para transformar o meu motivo para servir, enquanto eu lutava com a ambição egoísta. No começo de minha dolorida carreira de pregação, se eu contasse uma história sobre mim, geralmente eu me apresentava muito bem. Ótimo. Bom demais. Acho que eu pensava: "Ei! Desde que eu tenha o microfone, porque não enfeitar um pouco a minha reputação?"

Isso acontecia também em conversas particulares. As conversas se tornaram em festival-de-Dave. O sutil salpicar de dados foi usado para aumentar minhas apólices no mercado mental dos outros. Nem sempre isso era consciente, mas é o que acontecia.

Quando Kimm e meus amigos começaram a apontar essa minha tendência, fiquei horrorizado com a ganância transformada em glória. Era bem feia. Mas para resgatar a ambição, Deus primeiro nos resgata daquilo que é feio. É o jeito que ele trabalhou comigo.

Agora eu até *gosto* de contar às pessoas sobre minha fragilidade e meus fracassos. Certamente é humilhante, mas é também muito mais correto. Calculo que todo mundo sabe que sou pecador, e então, por que deixá-los especular sobre como é que eu peco? Não faz mal lhes contar. Ainda que eles não consigam se identificar com meu pecado, poderão se identificar comigo como sendo pecador.

Outro exemplo: Antigamente, se nossa família de igrejas estivesse promovendo uma conferência, geralmente pediam que eu falasse. Pela graça de Deus, apareceram outros homens dotados, e aumentou o reservatório de pregadores em potencial. Isso significou que eu não era tão "necessário".

– Então, Dave, você agradeceu a Deus que seu povo estava sendo servido por homens talentosos que talvez servissem com maior efetividade do que você?

Nada disso. Comecei a me sentir deslocado. Fiquei descontente, e em meu coração eu me queixei. Escorreguei para as "vis e desordeiras práticas" de Tiago 3.16. Enquanto por fora eu demonstrava apoio, por dentro minha alma começou a descer em espiral ao caos da ambição egoísta.

Talvez você entenda do que estou falando. Ficamos desanimados porque não estamos fazendo o que achamos que fomos chamados ou dotados a fazer ou aquilo que achávamos que nos realizaria. Talvez alguém vá à frente de onde estamos no rasto de nossa visão. Ou, quem sabe, apenas nos desviamos para outro rasto que parece oferecer menos realização de nossos sonhos. E assim, questionamos Deus — sua bondade, sua sabedoria, seu poder, seu amor. Desviamo-nos de Deus para nosso eu. Lembre-se do *incurvatus in se* — a propensão do coração de se inclinar para si mesmo. Quando o eu é o ponto de referência para nossa ambição, nada de bom resulta disso. Deus nos ama demais para permitir que nos acomodemos com nosso eu.

Essa foi minha história. Comecei a perceber que Deus ordenou a experiência não simplesmente para revelar que eu tenho ambição, mas para mostrar-me que minha ambição estava corrompida pelo "amor por distinção" sobre o qual Timothy Dwight advertiu os formandos de Princeton. Em minha ambição egoista quero ser grande. Não precisava ser o maior peixe do oceano, mas precisava ser um peixe grande no meu pequeno lago. Que realmente dá na mesma quando se pensa sobre isso. Também precisava que todo mundo, incluindo outros grandes peixes, olhassem para mim e dissessem: "Olhe só que *grande peixe* — e além disso também é bonitão e inteligente". Levou algum tempo para perceber que meu eu-peixão, grande e inchado, estava começando a feder.

Isso mesmo, na minha tentativa de ser grande, posso acabar bastante pequeno. Você consegue sentir coisa semelhante? Quem sabe é por isso que você chegou até aqui neste livro. Quem sabe é o que acontece agora, no exato momento. O chefe redefiniu o seu papel, o treinador mudou a sua posição, seu marido redirecionou a lista de coisas a fazer hoje. Tais momentos são grande índice para a medição dos desejos. É a rotina da vida, onde os papéis e agendas são mudados sem nossa aprovação, que revela a ambição pelo nosso eu.

Mas eis o que Deus estava me ensinando durante o processo, e é realmente surpreendente. Esses impulsos por atingir e preservar minha posição não são mais o que me define. Isso não significa que eu nunca seja tentado a fazer de mim um grande caso. Com certeza existe essa tentação. Mas, pela graça de Deus, aprendi a discernir minhas ambições antes de permitir que elas determinem o meu caminho.

No dia em que fiquei diante da igreja e anunciei nossa crença que Jared devia substituir-me, houve alegria indescritível em meu coração. Deus havia feito uma obra santificadora em mim. Substituiu minhas ambições egoístas por ambições piedosas. Claro que este livro não é um testemunho da obra completa de Deus em minha vida. Acredite, ainda há muito que fazer no que concerne à satisfação de minhas ambições. Mas Deus tomou um homem de altas ambições e o moldou para ser um homem que aprende a buscar cada vez mais as ambições piedosas.

Uma das formas que Deus transformou a minha ambição foi mudando o foco. Em sua bondade, ele mudou meus sonhos, afastando-os de mim em direção a uma geração que seguiria depois. A ambição piedosa significa que penso no que vai acontecer depois que eu não estiver mais aqui. Significa que levamos uma paixão por transferir o entendimento do evangelho a nossos filhos, a seus filhos e aos filhos que eles terão. A ambição em mim começou a crescer pelo que o Salmo 78.4 descreve: "não o encobriremos a seus filhos; contaremos à vindoura geração os louvores do SENHOR, e o seu poder, e as maravilhas que fez".

Para aplicar essa obra em meu coração na vida real, eu me comprometi a ensinar à igreja que nosso trabalho não era de uma só geração. Para serem verdadeiros e biblicamente ambiciosos, os nossos sonhos precisam alcançar a próxima geração. Isso incluía lembrá-los de que, como pastor, um dia eu seria substituído, e quando chegasse esse dia, ela seria uma ocasião alegre. Queria lembrar-lhes – e a mim mesmo – de que outra geração estava surgindo. Uma definição bíblica de sucesso significa que transferimos a ela o trabalho, posicionando-a a correr mais forte e mais longe, enquanto nós a encorajamos para prosseguir. Minha hora havia chegado, e agora tinha um grupo responsável de cerca de mil pessoas ou mais com interesse investido no modo como eu sairia.

Não é necessário dizer que comecei a orar e procurar ativamente por meu substituto. Uma das coisas que fez grande diferença para um homem intensamente acelerado como eu foi o exemplo de alguns de meus amigos. Seu altruísmo é um desafio diário ao meu próprio egoísmo. Tenho um amigo de nome Mark cuja resposta a qualquer oportunidade de serviço é: "Fico feliz em servir enquanto eu for necessário". Amo essa resposta porque está entrelaçada de humildade evangélica. Diz: "Não vou lhe prender a manter-me nesse papel quando chegar a hora de mudar adiante". Tenho visto isso em outros, como C. J. Mahaney, um dos primeiros em nossa família de igrejas que entregou as rédeas da liderança à geração mais jovem. Homens como ele ajudam a formar minha perspectiva quanto ao que a ambição realmente centrada no evangelho significa.

Em pé no palco com Jared, naquele domingo da transferência, não havia em minha mente dúvida de que somente Deus podia ter resgatado minha ambição, santificando-a.

## TERCEIRO CAMINHO: AMBIÇÃO REFINADA

Com o tempo, essa ambição por algo além de nós e de nossa própria geração tem permeado a cultura pastoral de nossa igreja. Enquanto nossa equipe olhava para o futuro, queríamos que nossos filhos entendessem, celebrassem, e proclamassem o evangelho ainda mais que nós. Porém, vimos que isso exigiria que conformássemos nossas ambições pessoais ao que era melhor para a igreja. Isso significava que a igreja não poderia ser uma carreira no sentido tradicional. O ministério era um chamado para servir. Queria dizer que todo o conceito de "meu ministério" teve de ser reexaminado à luz da Escritura.

Quando a igreja respira o ar da cultura consumista, raramente consegue oxigênio suficiente para sobreviver. Motivos piedosos por serviço verdadeiro ofegam e lutam por respirar, enquanto uma motivação mais baixa — "ministério como realização pessoal" — viceja. "Meu ministério" torna-se um vírus que suga a saúde e a vida da igreja local.

> Uma igreja não deveria apenas acomodar nosso ministério; deveria ajudar a defini-lo de acordo com as necessidades atuais da igreja.

Ora, não entenda errado; queremos ver as pessoas identificando seus dons e usando-os na igreja. O problema surge quando a igreja se torna um palco e nossos dons são os astros em exibição. Isso vai muito além de encorajar a ambição – dá poder à ambição egoísta.

A igreja não deveria apenas acomodar nosso ministério; deverá ajudar a defini-lo de acordo com as necessidades atuais da igreja. Isso é verdade para todos — não apenas para os pastores de tempo integral. Quer dizer que, se você tem um desejo pela educação de adultos, mas a igreja precisa de alguém para ensinar crianças, agarre o leite e os biscoitos e apronte as suas lições. O serviço vem antes dos dons. Ele os revela e os refina.

Assim, como equipe de pastores, fizemos algumas afirmações específicas. Não me lembro de onde veio a ideia. Pode ter sido que tenhamos vimos a necessidade de resumir a coleção de valores que a equipe pastoral acumulou através dos anos enquanto trilhávamos o caminho da ambição refinada. Pode ser que nossa equipe pastoral estivesse mudando com o passar do tempo, e quiséssemos todos nos certificar — tanto os veteranos experientes quanto os de sangue novo da igreja — que estávamos alinhados em nossa visão de nossos papéis. Com certeza, veio do reconhecimento de que necessitamos algo mais que boas intenções para vivenciar as convicções que expressávamos. Assim, durante um retiro de outono, nos reunimos especificamente para o encorajamento e cuidado mútuo, formalmente afirmando um ao outro um número de valores. Eis o que cada membro da equipe pastoral se comprometeu a fazer como indivíduo:

> Afirmo o valor da *devoção* lembrando que minha identidade está em Cristo, não em meu ministério, posição, chamado ou a aprovação de homens. Minha maior alegria e realização é viver como seu servo para a glória de seu nome.
>
> Afirmo o valor da *humildade*, encorajando os homens ao meu redor a me ajudar a avaliar minhas forças e fraquezas, tanto de caráter quanto de dotação, trabalhando com eles para me posicionar para o melhor benefício da igreja e da missão do evangelho.
>
> Afirmo o valor da *honestidade*, comprometendo-me, em meu entendimento, a compartilhar minhas opiniões de modo humilde e construtivo — e da mesma maneira compartilhar quaisquer lutas que tenha com a equipe, seus membros ou suas decisões.
>
> Afirmo o valor da *integridade*, assumindo responsabilidade de abrir minha vida e minha família à avaliação e cuidado.
>
> Afirmo o valor da *responsabilidade*, comprometendo-me a entregar minha vida diante da equipe à luz das qualificações bíblicas para o ministério. Reconheço e afirmo que a responsabilidade de avaliar minhas qualificações pertence à igreja e seus líderes.
>
> Afirmo o valor da *fidelidade*, procurando orar, e, quando possível,

treinando e promovendo aquele que no fim será meu substituto no ministério, para que a igreja possa continuar a crescer e amadurecer nas futuras gerações.

Afirmo o valor da *unidade*, reconhecendo que procurarei fazer todo o possível para representar os valores da equipe ministerial na igreja local enquanto eu estiver servindo no ministério vocacional, e continuarei a fazê-lo se e quando esse serviço terminar.

Igualmente, juntos como equipe, nos comprometemos especificamente a

buscar a Deus juntos para o melhor posicionamento de cada homem, a trazer encorajamento onde vemos a graça de Deus em sua vida e ministério, a trazer observações e correção amável onde houver fraquezas ou erros, e buscar alvos que exaltem a Deus para seu crescimento futuro como pastor, esposo e pai.

Sentimos também a necessidade de, individualmente, fazer alguns reconhecimentos sérios ligados a esses valores. Por exemplo, quanto à *humildade*:

Reconheço que uma das tentações do ministério que aumenta com o tempo é o desejo de realização pessoal — um senso de que quanto mais esteja em determinado ministério, mais meu senso pessoal de dons e visão deverá formar os contornos de meu ministério. De fato, quanto mais permaneço no ministério, mais necessito da ajuda de outros para me resguardar da acomodação ao que pode parecer um emprego confortável em vez de serviço sacrificial por Cristo e sua igreja...

E quanto à *honestidade*: "Reconheço a tentação de querer ou me abster de oferecer minha perspectiva, para evitar que se avalie meus motivos, ou de expressar minhas opiniões como se fossem ideias desconectadas dos desejos de meu coração..."

E quanto à *fidelidade*:

Reconheço a tentação de temer a transição última para fora do ministério e procurar proteger minha posição na equipe. Lutarei contra tal temor e contra o esforço e a ambição que o acompanham, abraçando a avaliação de meus dons e chamado como uma necessidade constante...

Nunca me esquecerei desse retiro. Olhando em volta da sala e considerando a qualidade dos homens a quem eu estava ligado — alguns por mais de vinte anos — me torna humilde ainda hoje. Qualquer número desses homens poderia liderar suas próprias igrejas. Não dá para acreditar que Deus tenha me dado o privilégio de liderá-los por perto de vinte anos. E olha que eles são bastante variados. Um pastor era produtor da NBC (grande rede nacional de televisão) antes de entrar no ministério pastoral. Outro era executivo de uma grande corporação. Outro trabalhava na política. Outro ama a fotografia e escrever, e consegue limpar e preparar um veado campeiro que acabou de matar com seu arco e flecha. Muitas vezes tenho pensado que a nossa unidade deveria ser oferecida como prova da existência de Deus.

Nos damos muito bem. Mas essas afirmativas não fazem parte quando todo mundo está lendo na mesma página. Deverão governar nossos atos e palavras no tempo quando a próxima coisa que vamos fazer constrói ou destrói o trabalho que Deus está realizando na igreja. Afirmativas como estas não são testemunhos de nosso poder, mas testemunhos de nossas fraquezas — e ao poder que corrompe da ambição egoísta se ela porventura conseguir um ponto de apoio em nossa equipe pastoral.

Pode ser que essa espécie de afirmativa servirá a você em sua igreja, sua empresa ou seu lar. O que desejamos transmitir para o futuro tem de ser afirmado e preservado no presente. É este o segredo da ambição refinada.

## QUARTO CAMINHO: AMBIÇÃO INCORPORADA

O desejo de alguns de transferir o evangelho nunca conseguirá realizar completamente o objetivo. A ambição piedosa tem de ser incorporada por pessoas dispostas a dizer coletivamente: "Lidere o caminho!"

Nunca me esqueço do dia quando dissemos à igreja que achávamos que Deus estava chamando Jared para me substituir como novo pastor titular. Nossa família da igreja não era neutra nem silenciosa. Romperam em aplausos. A ovação, de pé, da congregação, durou alguns minutos.

Amo minha igreja, mas nunca mais do que naquele momento. Daquele momento em diante, a Igreja *Covenant Fellowship* se comprometeu a participar do processo. Eles oraram por Jared, ajudaram a avaliá-lo como líder, afirmaram seu chamado para liderar a igreja, para então, de todo coração, se comprometerem a seguir esse jovem como seu próximo pastor titular. Mas isso é apenas um exemplo em uma igreja que por mais de duas décadas tem nutrido uma ambição de transmitir o evangelho de Cristo para a próxima geração.

Temos outro exemplo em Marty, uma pessoa que nunca realmente "sentiu o chamado" ao ministério infantil, mas perseverou no serviço ali porque era necessário. Ele reconheceu que não tínhamos um bom currículo para treinar a próxima geração na verdade do evangelho. Então, ele o escreveu — e no processo, descobriu um dom de escrever que não sabia que possuía. Hoje, igrejas por todo o país estão usando o currículo de Marty. Mais importante, a próxima geração está aprendendo a história da redenção na Palavra de Deus.

Há dezenas de pessoas, como os Fannons, a quem você conheceu no último capítulo, que adotaram crianças do mundo todo. Agora esses pais estão ensinando e treinando seus filhos e confiando-lhes o evangelho. Fico empolgado só de pensar o que isso poderá significar para a difusão do evangelho em sua geração.

Existem homens que recusaram promoções a fim de fazer sua igreja e família uma prioridade. Existem pessoas solteiras que heroicamente servem todo ano em nosso acampamento de mocidade. Existe o pai que ensinou seus filhos a tocar diferentes instrumentos musicais para que eles pudessem ajudá-lo a liderar o período de louvor das crianças em nossa igreja. E temos casais que tem criado bem seus filhos e agora estão ajudando-os a pastorear seus netos.

Uma verdadeira prova da aplicação do evangelho é vista na sucessão — na saúde daquilo que deixamos para trás.

Acho que essa gente entende alguma coisa. Uma verdadeira prova da aplicação do evangelho é vista na sucessão— na saúde daquilo que deixamos para trás. É a forma bíblica de medir o sucesso.[2]

Se simplesmente construirmos uma igreja que se esfacela quando há transferência, como isso glorificará a Deus ou realmente servirá à próxima geração? Não o fará. A transferência não é apenas questão de proteger programas ou salvaguardar um legado. Trata de preservar o evangelho e transmiti-lo aos outros. Trata de continuar o trabalho de confiar aos outros: "E o que de minha parte ouviste através de muitas testemunhas, isso mesmo transmite a homens fiéis e também idôneos para instruir a outros" (2Tm. 2.2).

A Igreja *Covenant Fellowship* está repleta de pessoas comuns, porém maravilhosas, que estão passando o bastão do evangelho para a próxima geração. Estão vivendo a ordem das Escrituras de "contar à vindoura geração os louvores do SENHOR, e o seu poder, e as maravilhas que fez" (Sl 78.4). Como uma comunidade, estão fazendo tudo que podem para resgatar a ambição por seus filhos e netos.

Dá para notar que eu amo minha igreja? E nem sou mais o pastor sênior!

---

2 De acordo com Jim Collins, este é também um indicador para que qualquer organização comercial possa se tornar melhor. Ele diz o seguinte acerca daqueles que lideram grandes companhias: "eles querem ver a empresa ainda mais próspera na próxima geração, estão confortáveis com a ideia de que a maioria das pessoas nem saberão que as raízes daquele sucesso são traçadas de volta até seus esforços. Em contraste, os outros líderes que estão mais preocupados com sua grandiosa reputação pessoal, geralmente falham em organizar o empreendimento para o sucesso da próxima geração. Afinal de contas, existe melhor evidência do seu sucesso pessoal do que a queda depois de você sai da empresa?" Jim Collins, *Good to Great: Why Some Companies Make the Leap . . . and Others Don't* (New York: HarperCollins, 2001), 26.

## QUINTO CAMINHO: AMBIÇÃO ABRAÇADA

Aquele domingo de outubro não teria acontecido sem uma resposta à oração — um homem que foi chamado e identificado para tomar meu lugar, Jared Mellinger. Ele é uns vinte anos mais novo do que eu. A primeira vez que o encontrei, ele era um adolescente não convertido de treze anos de idade, rebelde, que caíra no sono na primeira fileira enquanto eu pregava na igreja que o pai dele pastoreava. Eu estava tão intrigado pela disposição desafiadora e desinteresse que ele demonstrou no que eu tinha a dizer. Gostei imediatamente dele.

Jared era um jovem sem a mínima ambição discernível exceto tornar-se ganhador de medalha de um jogo *X-Games Rollerblade*. Mas Deus interveio na vida de Jared, cativando seu coração e criando uma ambição pelo reino de Deus. Eventualmente, essa ambição enfocou o chamado de tempo integral do ministério pastoral. Após o treinamento apropriado, Jared chegou em nossa igreja como estagiário, com muita inteligência, mas pouquíssima experiência. Seu único alvo era um dia ser pastor — em qualquer lugar que alguém o aceitasse. Pouco sabia o que Deus tinha em mente. Com o tempo, a equipe pastoral começou a ver uma mescla de dons neste jovem que parecia responder nossa oração quanto a quem me substituiria. O que não percebíamos foi como Deus estava formando uma ambição por esta exata oportunidade no próprio Jared. Eis como ele descreveu para a igreja quando nós anunciamos a transição:

> Definitivamente não vim para a Igreja *Covenant Fellowship* achando que isso fosse acontecer! Os homens da equipe pastoral sabem que eu não procurei isso nem me coloquei à frente para conseguir a tarefa ou sugerir que "obviamente sou o homem para a tarefa!" Meu currículo era nada impressionante. Têm de entender que minha ideia de uma grande ambição sempre foi apenas de servir como pastor nos Ministérios *Sovereign Grace*.
>
> Tudo isso é bastante humilhante, deixando-me surpreendido e sóbrio. Estão pedindo que eu lidere uma igreja que não construí, servir junto a

um time de homens a quem eu não treinei, e falar de uma plataforma que eu não criei. Estou sendo chamado a colher aquilo que outros semearam, e celebrar a graça que foi cultivada através de décadas de labor em que minhas mãos não participaram.

No entanto, quero que saibam que creio que fui chamado para esta tarefa. Creio que o próprio Deus colocou o chamado sobre minha vida, um chamado que tem sido confirmado por estes homens, de ser o próximo pastor titular da Igreja *Covenant Fellowship*. Estou cheio de fé, em nada relutante quanto a assumir esta responsabilidade, mas muito ansioso por fazê-lo.

Eu nunca poderia assumir esta responsabilidade não fossem os homens que me cercam nesta equipe. Não estivesse eu cercado de homens que me superam em sabedoria e experiência, não seria sábio assumir tal responsabilidade, e eu não teria fé para tal transição.

Contudo, a principal razão que tenho fé para essa transição é a fidelidade de Deus. Em fim, esta transição trata de algo muito maior que qualquer um de nós — isto é sobre a inexorável e inevitável fidelidade de Deus para com seu povo. Estou empolgado quanto a nosso futuro juntos. A minha ambição é simplesmente ser fiel. Minha ambição é liderar pelo exemplo. Minha ambição é gastar minha vida pregando Cristo a vocês e ele crucificado. Minha ambição é correr bem a carreira e terminar bem.

Estou cônscio de que um dia eu serei substituído. De fato, já estou começando a orar com esse fim. Um dia eu sairei desta posição e a entregarei a um homem mais jovem, e creio que novamente, Deus se mostrará fiel naquele dia.

A história de Jared é uma história de ambição abraçada. Se você leu este livro indagando se ele vai dar uma carga que corrija algum circuito de ambição que funcionava mal em sua vida, deixe que Jared o inspire. Não enfoque o que você tem de fazer: olhe para o que Deus já fez por você. Ele é fiel, e lhe mostrará a sua fidelidade.

## LIDERE O CAMINHO

No domingo que anunciamos esta transição, pedi que meu amigo Andy Farmer compartilhasse alguns pensamentos de encerramento. Andy é a pessoa ideal para isso. É membro desta igreja desde o começo — um pouco antes de mim. Tem servido fielmente durante um quarto de século, tanto como leigo quanto como — nos últimos dezoito anos — presbítero e pastor. Andy já viu tudo aqui. Sendo assim, não havia melhor homem do que Andy, em minha mente, para oferecer uma perspectiva sobre o que estava acontecendo nesta transição. Permita que eu simplesmente cite o que ele disse como maneira de oferecer um gosto pela satisfação espiritual que vem quando a ambição encontra seu cumprimento em Deus.

> Esta transição trata de uma igreja que está crescendo. A minha geração iniciou esta igreja, colocou seus fundamentos, estabeleceu sua cultura, e desenvolveu sua visão. E nós temos o potencial de transformar tudo isso em um monumento ao passado. O teste de uma boa igreja está em sua capacidade de reter seus valores bíblicos centrais enquanto passa de uma geração para a próxima.
>
> O teste da boa liderança de igreja é quando confiamos aquilo que amamos a homens mais jovens — e deixamos que eles liderem. Isso não significa que minha geração, e a daqueles que são mais velhos que eu, fiquem para trás dos jovens. Quer dizer que temos uma igreja adulta — cada membro, não obstante nossa idade, faz o que é melhor para certificar-se de que esta igreja fique firme nas provas de tempo e das transições. Estamos agora mesmo no momento de decisão. Todos nós sentimos isso. Será que olhamos para trás e agarramos aquilo que tinha tanto significado para nós nos dias impetuosos de nossa mocidade? Ou preparamos para o futuro e entregamos as coisas para líderes que enxergam com uma visão mais clara do que nós possuímos? Esta transição começará a levar a igreja que construímos e entregá-la aos filhos por amor dos quais a construímos. Em minha mente, isso é um terreno santo.

Ao deixar o palco naquela manhã, tomando meu lugar como membro da Igreja *Covenant Fellowship*, eu tinha um enorme sorriso no rosto. Como não sorrir? Deus me concedeu um raro privilégio: identificar, treinar, e instalar meu substituto, para que agora eu pudesse servir para torná-lo bem-sucedido. A proclamação e aplicação do evangelho continuaria com toda força sob a liderança de Jared. Ao olhar em volta e embeber-me de tudo que eu via, agradeci a Deus porque pude fazer parte de um processo que começou com Cristo, continuou sob Paulo e foi confiado a Timóteo, que por sua vez o transmitiu a outros homens fiéis, que por sua vez, ensinaram a outros (2Tm 2.2).

Esta história realmente não é a meu respeito, nem a respeito de Jared ou da Igreja *Covenant Fellowship*. É sobre ter uma definição de sucesso no evangelho que desperte sonhos, não apenas para nós mesmos, mas para nossos filhos, netos e bisnetos.

Talvez você seja pastor; talvez não (nem tenha o desejo de ser). Porém, nenhum de nós pode gastar a vida dedicada a um trabalho que glorifique a Deus sem um plano para confiá-lo aos que nos seguirão depois. A ambição piedosa visa encontrar pessoas de fé e fidelidade a quem transferir o evangelho de Cristo, insistindo que elas façam o mesmo. O verdadeiro sucesso significa que entregamos as coisas à geração mais jovem de forma que eles corram mais fortes e mais velozes, tendo a nós para animá-los.

## QUAL É A SUA HISTÓRIA?

Isto conclui esta história, mas há outra se abrindo para você... e para todos que resgatam a ambição pela glória de Deus. A ambição piedosa trata da *sua* história — a parte que ainda não foi escrita. A parte onde Deus inspira as transformações em sua vida hoje, a fim de cumprir a sua história amanhã.

Este livro é um pedido apaixonado. Quero atear em você a espécie de sonhos que realmente importam. Não os sonhos autocentrados, as ambições que usam as pessoas e avaliam o sucesso apenas pela ascendência, que só pensam naquilo que podemos ver e fazer. Não, estou falando daquela ambição branca de tão quente, corajosa, ferozmente humilde, e humildemente feroz que arde por ver o nome de Cristo exaltado e os propósitos de Deus avançados — agora e para todos os tempos.

Carecemos de uma ambição que não descanse até que mais pessoas sejam alcançadas, mais igrejas plantadas, mais casamentos ajudados, mais arte criada, mais empresas iniciadas, mais discípulos formados. Precisamos de uma ambição que viva em alegria hoje, mas deseje mais *para* Deus e *de* Deus amanhã.

Talvez você tenha começado a considerar sua história de modo diferente. Pode ser que até sinta que Deus quer que você tome passos específicos para gastar e deixar-se desgastar para sua glória. Será sempre uma experiência empolgante sentir isso; contudo, a história não será completa até que você *aja*. Quando terminar este livro, quais os passos que você vai tomar para começar a escrever um futuro que glorifique mais a Deus?

A ambição trata do *trabalho* — trabalho que desejamos realizar para Deus. Mas o trabalho que queremos fazer está sempre edificado sobre a obra que já foi feita para nós. Ambição piedosa é a ambição pelo evangelho. Sonhamos porque Deus resgatou nossas ambições egoístas, corrompidas, e nos deu a capacidade de desejar, sonhar, e trabalhar por sua glória.

Então, deseje grandes coisas. Sonhe grandes sonhos. Saia e vá trabalhar! Este mundo precisa de pessoas redimidas, ambiciosas pela glória de Deus e dispostas a fazer algo a respeito disso.

Por que não deve ser você?

## PÓS-ESCRITO
# POR QUE ESCREVI ESTE LIVRO

E por falar em ambição...
Minha ambição de escrever este livro se formou em duas décadas de ministério enquanto eu observava uma estranha inabilidade entre cristãos quando chegavam a este assunto.

Havia os tipos de mexer e sacudir que pareciam impelidos pela ambição —perpetuamente insatisfeitos, sempre esperando que o próximo ministério, emprego ou símbolo de *status* trouxesse realização. Mas não os chame de ambiciosos — essa palavra lhes provoca brigas.

Do outro lado estavam os tipos *relaxados* — pessoas cujo impacto nunca parecia combinar com seus talentos e dons. Sabiam que tinham potencial, mas simplesmente jamais conseguiam saber o que fazer com ele. Todo mundo parecia confuso. Suponho que eu era um desses. Pessoas como eu querem fazer grandes coisas, mas não confiam em seus motivos, e assim, são paralisados por não querer fazer as coisas pela razão errada. Vivem numa espécie de frustração culposa, sabendo que as oportunidades são abundantes, mas o tempo está acabando.

Descobri também que a ambição é um pouco semelhante ao sexo. Supõe-se que seja uma expressão daquilo que somos como seres humanos, mas na experiência de muitas pessoas, ela se torna em frustração cheia de culpa. A ambição parece ter uma importante função, mas na vida real, torna-se bastante complicada. Assim como o sexo.

Antes de me arriscar, exagerando a comparação da "ambição com o sexo", deixe que eu lhe diga como as duas coisas são diferentes. Verifique em sua livraria local. Em contraste ao sexo, que impulsiona maior número de publicações que qualquer outro assunto na galáxia, quase não há nada sobre ambição. É sério, nada. Tentei achar, mas não encontrei.

Você raramente encontra o assunto mencionado até mesmo em livros sobre empreendimentos e negócios. O sexo vende; a ambição pede desculpas por aparecer. Existem, é claro, muitas qualidades girando em volta da ambição que as pessoas não se importam de obter — competitividade, assertividade, e estar dirigido pelos alvos, entre muitos outros. Admiramos as pessoas que têm aspirações na vida. Estudos psicológicos fazem listas de termos tais como "motivação de realização" e "impulso para crescimento e domínio" como características desejáveis no desenvolvimento humano. Mas chame alguém de ambicioso, e pode bem chamá-lo de amoral, egocêntrico, traiçoeiro, escalador social, faminto por poder, *prima donna*. E se você quiser causar um choque a uma reunião de oração, simplesmente levante a mão e peça o povo que orem para que você seja mais ambicioso em sua vida. Não recomendaria isso.

Francamente, teria sido muito mais fácil escrever um livro de nome *Ambição negada* ou *Como ser bem sucedido sem ser ambicioso*. Mas estou convicto de que a ambição não deve ser deixada a afogar na sua má reputação. Existe tanto mais na ambição do que ditadores e chefes famintos por poder. Espero que você tenha chegado ao final deste livro vendo claramente que a ambição é algo com profundo propósito bíblico. É por esta razão que acho que Deus quer que nós nos unamos a ele neste esforço de resgate. A ambição precisa ser libertada e colocada no lugar certo para atuar junto à convicção bíblica e clareza evangélica.

## UMA LONGA LUTA

Na minha pesquisa para este livro, descobri que a luta com a ambição não é nova. Os cristãos tem estado desconfortáveis com ela desde os tempos bíblicos. Por quê? Acho que é principalmente porque, ao seguirmos nossas ambições

— como na busca por sexo e dinheiro — inevitavelmente nos encontramos vagando nos mesmos campos em que o mundo joga. A ambição é ativa; joga você no tempo real, na interação central com o mundo a seu redor. Sempre foi assim.

Eis o grande quadro: a ambição é algo que Deus intenta para o bem (conforme temos visto neste livro), mas ela é facilmente corrompida. De fato, quando corrompida, é plutônio, completamente incandescente de depravação.

Pode ser por isso que a ambição sofreu golpe mortal no começo da história cristã e nunca se recuperou completamente. Entre os pais da igreja, a ambição estava carregada de uma suposição de pecado. Essa visão se derramou na cultura ocidental em geral, que durante séculos era muito influenciada pela igreja. A ambição tornou-se sinônima de amor a posição e honra na terra. Significava vanglória, busca por fama — coisas realmente radioativas.

É compreensível que as vozes respeitadas através da história deploravam a ambição. Nas suas *Confissões*, Agostinho chamou a ambição "apenas um desejo ardente de honra e glória".[1] João Calvino chamou-o de "a mais escravizadora de todas as disposições".[2] O sentimento que prevalecia foi resumido bem por Shakespeare nas palavras de Wolsey a Cromwell, em Henry VIII: "Eu te ordeno, joga longe a ambição: Por tal pecado caíram os anjos".[3]

A despeito da imprensa negativa, a ambição da espécie mundana continuou florescendo. Levou homens e mulheres a erguer impérios, lançar infindas guerras, galgar hierarquias de poder (até mesmo na igreja).

Claro, a forma mais limpa da ambição não desapareceu simplesmente em todo o tempo. Às vezes, tal ambição certa era notavelmente evidente. Combinada a uma forte moralidade religiosa, atiçou avanços sociais e reformas de governo muito necessárias — até mesmo ajudou a espalhar o evangelho por todo o mundo.

Nos anos de 1800s, Spurgeon falava a respeito de duas espécies de ambição. Havia a boa ambição: "o desejo de usar ao máximo as capacidades que

---

1 Agostinho, *Confissões*, livro 2, cap. 6.
2 João Calvino, *John*, Vol. II (Grand Rapids: Baker, 2003), 46.
3 Shakespeare, *King Henry VIII*, Act 3, Scene 2.

temos, especialmente para a glória de Deus e para o bem de nosso próximo e das outras criaturas". Existia também o tipo de ambição que o cristianismo sempre condenou: "aquele desejo ardente de obter a aparente 'glória' que faz o homem cortejar a homenagem de seu próximo, e que não o deixará contente a não ser que esteja sobre um alto pedestal para que os tolos o contemplem!"[4]

Spurgeon também instaria para que os crentes orassem por "uma mais nobre ambição do que a que o cristão comum possui — que seja encontrado fiel a Deus no final, e ganhe muitas coroas por seu Senhor e Mestre".[5]

Contudo, desde os dias de Spurgeon, o quadro da ambição só ficou mais embaçado. Isso acontecia à medida que as sociedades e culturas estavam cada vez mais redefinidas e redirecionadas para longe de uma visão da vida centrada em Deus, para uma perspectiva centrada no homem, e a Escritura era suprimida pela razão humana como fonte de autoridade.

> Ambição nos aponta adiante e nos convida a aspirar algo que ainda não vimos.

Mais recentemente, o pós-modernismo trouxe uma negação em toda a cultura de qualquer verdade ou autoridade objetiva. Isso rapidamente causou erosão no terreno que é necessário estar sob a ambição. Tem praticamente matado a espécie de ambição que promete um futuro de esperança, já que "ser ambicioso é ter a mente no futuro".[6] A ambição nos faz sonhar em como seria a vida se nos aplicássemos a ela. Ambição nos aponta adiante e nos convida a aspirar algo que ainda não vimos.

No final, somente nossa crença na verdade objetiva, e a jornada esperançosa rumo a ela, podem produzir indivíduos e sociedades que sejam corajosas,

---

4 Charles Haddon Spurgeon, do sermão "Restless! Peaceless!", pregado em 21 de maio 1876, no Tabernáculo Metropolitano de Londres. Sermão No. 2886 *de Spurgeon's Sermons: The Metropolitan Tabernacle Pulpit*, Vol. 50 (1904), 268.
5 Charles Spurgeon, conforme citado por Kerry James Allen, *Exploring the Mind and Heart of the Prince of Preachers* (Oswego, IL: Fox River, 2005), 7, 232.
6 Joseph Epstein, *Ambition: The Secret Passion* (Chicago: Ivan R. Dee, 1980), 5.

industriosos, e empreendedoras. Sem isso, escorregamos para o que D. A. Carson chama de "um mundo sem heróis".[7] Onde a verdade objetiva é negada — onde não há significado, nenhuma verdade maior, nada mais grandioso que nós mesmos — a ambição sufoca. Progresso e coisas comunais dão lugar à apatia e ao egoísmo.

Ninguém sai procurando assassinar a ambição. Mas era esse o efeito. Enquanto muitas gerações anteriores foram impulsionadas pela ambição egoísta, hoje encontramos uma questão diferente — uma geração de jovens homens e mulheres a quem falta a aventura de aspirar por algo melhor. A visão transcendente foi perdida. A máquina da ambição queda silenciosa.

Não muito tempo atrás, ouvi uma entrevista de rádio com um professor de faculdade cristã que contrastava os estudantes universitários de hoje com os do passado. Há décadas, os primeiranistas que chegavam eram marcados pelo orgulho — eles podiam tornar-se líderes (e o seriam), os agentes que transformariam, os inovadores da indústria, do governo e do comércio. Suas ideias influenciariam a sociedade e determinariam o curso da civilização. Era turma após turma de estudantes orgulhosos, famintos, ambiciosos. Mas com o passar dos anos, o professor notou uma distinta mudança. As classes de primeiranistas se transformaram em outra coisa. Desapareceu o impulso para o sucesso — de aspirar por uma vida melhor. Em lugar disso, ficou apenas o impulso por simples conforto. O professor relatou quantos nesta geração têm ímpetos e sonhos que não vão além de sua própria facilidade.[8] Não existe uma causa que os empolgue,

---

[7] "O individualismo, uma vez aliado com uma presunção social de verdade objetiva e veracidades eternas poderia gerar no mínimo alguns homens e mulheres de coragem, honra, visão; o individualismo aliado ao pluralismo filosófico e relativismo raramente qualificado da pós-modernidade gera um 'mundo sem heróis'" D. A. Carson, *The Gagging of God* (Grand Rapids: Zondervan, 2002), 49.

[8] Em um livro de tirar o chão sobre tendências educacionais para o século XXI, Mark Edmundson observa: "É a falta de capacidade de entusiasmo que define o que cheguei a pensar ser o estilo reinante da geração atual. Quer os estudantes sejam de tipo de fraternidade, aficionados de grunge, praticantes de piercing e tatuagens, negros ou brancos, ricos ou de classe média (infelizmente, quase nenhum de meus estudantes é proveniente de origem realmente pobre) são eles, quase todos, muito, muito autocontidos. Nos bons dias, eles demonstram um brilho leve, atraente; nos dias maus descontentamento desviado. Mas existe muito pouco fogo, pouca paixão a ser encontrada... Esta cultura é intensamente compromissada com uma norma tranquila e desinteressada". Mark Edmundson: "O Debate: quanto aos usos de uma educação liberal – como leve entretenimento para estudantes entediados das faculdades" em *The Social Worlds of Higher Education*, ed. Bernice A. Pescosolido and Ronal Aminzade (Thousand Oaks, CA: Pine Forge Press, 1999), 84–85.

nenhuma busca que inspire a imaginação. Não é simplesmente a perda da iniciativa. É que a própria ambição está morrendo, sobrevivendo com aparelhos, ofegando para respirar.[9]

As faculdades não são o problema; apenas refletem o problema. Numa cultura embaçada pelo pós-modernismo, tristemente, a garra, razão, e o argumento jazem dormentes. O futuro não é intencionalmente asfixiado; o pós-modernismo simplesmente coloca um cartaz dizendo "Não perturbe" acima das portas de oportunidades. Poucos arriscam a chatice de bater à porta. Poucos ainda exercem o esforço de entrar pela porta com expectativas. Em vez disso, saímos para tomar um capuchino.

## RECUPERAR O FUTURO

Sem perceber a influência dessas tendências culturais, a igreja passa por uma vagarosa e insensível atrofia. O órgão da ambição — o impulso implantado por Deus de melhorar, produzir, desenvolver, criar, realizar – é negligenciado e está a caminho da paralisia. Para alguns cristãos, os sonhos são entorpecidos. Para outros, não existem sonhos; a vida simplesmente acontece. Diz Os Guinness:

> Por um lado, é nos dito por uma miríade de palestrantes cristãos, que devíamos estar pensando em nosso legado — o claro conhecimento de nossa contribuição após nosso tempo sobre a terra. Por outro lado, outros incontáveis nos dizem que a ambição sempre é errada; sinônima ao egoísmo, é egoísta e bastante não cristã. As duas posições

---

9  Mark Bauerline faz uma lista de qualidades comuns compartilhadas por um número crescente de *Twixters* — jovens adultos entre as idades de vinte e trinta anos: "Em vez de procurar empregos ou estudos de pós-graduação que os ajudem em planos de carreira a longo termo... passam por uma série de empregos de serviço como garçons, balconistas, babás e assistentes. Em vez de mudar-se para uma moradia própria, voltam à casa paterna ou a um apartamento com diversos colegas na mesma situação que eles. Em vez de formar relacionamentos em longo prazo que levem ao casamento, eles praticam "ficar" em série. Apesar dessas circunstâncias, os *Twixters* não são jovens marginais se afundando na subclasse. Vagueiam pela casa de seus vinte anos emperrados no trabalho e não guardando nenhum dinheiro, mas dizem que é assim que gostam" *The Dumbest Generation* (New York: Tarcher, 2008), 170.

estão erradas. Na verdade, são o caminho oposto. Como seguidores de Jesus, podemos e devemos ser ambiciosos, mas jamais deveremos nos importar com os nossos legados.[10]

Recobrar essa ambição sobre a qual Os Guinness fala que podemos e devemos ter é razão pela qual escrevi este livro. Eu o escrevi porque não quero o passado roubando nosso futuro. Não quero que as pessoas que amo e as que você ama sejam conformadas ao modo de pensar do mundo quanto a hoje e amanhã.

Como cristãos, há muito no passado que amamos, porém, somos também chamados para o futuro. É um futuro assegurado pela cruz e comissionado pelo Salvador. Futuro tanto dado quanto agarrado, protegido e procurado. É *nosso* futuro se ousarmos crer nas promessas de Deus.

Esse futuro é importante demais para procrastinar até amanhã. Temos de sonhar com ele hoje.

Creio que Deus queira a ambição de volta em nosso entendimento da piedade e da saúde espiritual. Certamente não devemos falhar em avaliar nossos motivos e lutar pela humildade — isso é essencial. Mas não sejamos paralisados pela autoanálise.

Deus nos chama a correr "com perseverança, a carreira que nos está proposta" (Hb 12.1). Ele nos chama a correr de modo tal que ganhemos o prêmio (1Co 9.24), esquecer do que fica para trás e nos esforçar por aquilo que está à frente (Fp 3.13), investir nossos talentos com sabedoria (Mt 25.14-30), e ser pessoas "zelosos de boas obras" (Tt 2.14). São essas as formas bíblicas de exclamar: "mantenha os pistões da ambição ligados por Deus!"

Não vamos apenas começar uma conversa de arranque, de pegar no tranco. Vamos entrar no futuro com a expectativa de que Deus nos use para fazer diferença.

Foi por essa razão que escrevi este livro.

---

10 Os Guinness, Prophetic Untimeliness: A Challenge to the Idol of Relevance (Grand Rapids: Baker, 2003), 92.

# AGRADECIMENTOS

Alguém disse certa vez: "Os que escalam as montanhas são amarrados juntos por cordas para manter sem desistência aqueles que têm sua sanidade". Não sou escalador de montanhas, mas escrever sempre me faz sentir que estou escalando alguma espécie de pico impossível de se passar. Aqui está minha estratégia: eu me amarro em mentes mais brilhantes e mais centradas e grito: "Puxem!" Até que tenhamos terminado a subida. Então, todos nós entramos em colapso.

Aqui, portanto, estão meus colegas de escalada, e eu não posso agradecer suficientemente a Deus por eles, e por termos estado amarrados juntos pela mesma corda neste projeto.

Andy Farmer, cuja estampa sobre este livro espelha seu impacto sobre minha vida. Yo, A.J., obrigado por embeber-se do evangelho e respingá-lo onde quer que você ande!

Secretária extraordinária, Erin Sutherland. Obrigado por sua surpreendente dedicação em me fazer parecer melhor do que sou. Não é tarefa fácil, como Kimm certamente atestará.

Sarah Lewis, o talento editorial emprestado por meus amigos nos Ministérios *Sovereign Grace*. Obrigado por encontrar alguma clareza em meio ao meu caos de autor.

Rob Flood, que desatrelou alguns de seus múltiplos dons neste projeto, com impressionante zelo, clareza e ambição de servir. Rob "se encostou dentro" deste projeto de maneira muito séria.

À equipe pastoral da Igreja *Covenant Fellowship*. Obrigado por amar o evangelho de modo tão infeccioso que a igreja não consegue deixar de ver! Somente os meus filhos poderiam desviá-los de tamanha dedicação.

C. J. Mahaney, cuja visão deste projeto foi demonstrada ao compor o prefácio. Que honra é servi-lo, colega.

Obrigado a Toby Kurth por contribuir sua perícia acadêmica ao capítulo sobre Brainerd e a Tim Ashford por ajudar na conversão do capítulo 10.

Thomas Womack trouxe alguma séria editoração em prol da *Crossway*. Quer goste quer não do livro, pode agradecer a Deus que Thomas o tenha aprimorado.

Por falar em *Crossway*, essa gente é simplesmente excepcional. Al, o *designer*; Justin, bem inteligente; James o homem do mercado; Josh, em plantão de capa — um time bastante impressionante formado para servir modestos autores como este. Obrigado.

Permita que eu ofereça um rápido grito a uma lista de pessoas que acresceram ideias e interação a este projeto: David Sacks, Matthew Bomberger, Adam Carey, e Tony Reinke. Obrigado a todos.

Finalmente, à minha família: Kimm, Tyler, Asa, Shelby, e Alyce (e seu marido novinho em folha: Colin!). Vocês abrem mão de mim com tanta graciosidade e fazem com que vir para casa seja tão divertido!

Minha gratidão.